나는 왜 늘 인정받으려고 애쓸까

WILL I EVER BE GOOD ENOUGH?
: Healing the Daughters of Narcissistic Mothers (Book+E-book) by Karyl McBride

Copyright © 2008 by Karyl McBride
All rights reserved.

This Korean edition was published by Dolbegae Publishers in 2025 by arrangement with Karyl McBride c/o Susan Schulman Literary Agency through KCC(Korea Copyright Center Inc.), Seoul.

이 책은 (주)한국저작권센터(KCC)를 통한 저작권자와의 독점계약으로
돌베개에서 출간되었습니다. 저작권법에 의해 한국 내에서 보호를 받는 저작물이므로
무단전재와 복제를 금합니다.

나는 왜 늘 인정받으려고 애쓸까
— 나르시시스트 엄마로부터 벗어나 나답게 서는 법

Will I Ever Be Good Enough?

캐릴 맥브라이드 지음
이현정 옮김

추천의 글

"우리는 왜 엄마를 성역화했을까?"
이 책을 읽는 내내 내 마음속 질문이었다. 그렇게 하지 않으면 직면하게 되는 진실이 너무나도 아프고 고통스럽기 때문이라는 결론에 이른다. 『나는 왜 늘 인정받으려고 애쓸까』는 그 고통을 외면하지 않고 마주하게 하는 용기의 책이다. 나르시시스트 엄마와의 관계를 다루며, 사랑과 용서의 진짜 의미를 되묻게 만든다. 이해 없는 용서는 또 다른 성역화일 뿐이다.
책 후반부의 "엄마의 선물을 찾아보라"는 대목은 특히 어려울 수 있다. 엄마에게 선한 부분이 없어서가 아니라, 가장 중요한 것, 내 마음을 알아주고 거기에 관심을 기울여주는 것이 처음부터 부재했음을 떠올리게 하기 때문이다. 부디 사랑이나 용서 같은 단어가 주는 허들에 걸려 책을 덮지 않길 간절히 바란다. 저자의 의도처럼 관계의 회복을 바라는 마음은 충분히 이해되지만, 무리하지 않아도 괜찮다. 나르시시스트 엄마에 대한 통찰력 있는 진실을 한가득 나눠주고 있기에 그것만으로도 책의 가치는 충분하다. 나르시시스트 엄마를 이해하는 것 자체가 거의 불가능한 영역인데, 이만큼 진일보했다는 사실이 그저 놀랍다. 인류가 발전하듯, 모녀 관계도 발전 중인 걸까. 이 책은 그 가능성을 믿게 한다.

성유미
(정신건강의학과 전문의, 『이제껏 너를 친구라고 생각했는데』 저자)

이런 따스함에는 당해낼 재간이 없다. 상처 입은 내면아이의 슬픔으로 잠 못 이루는 모든 사람을 위한 따스한 연대와 공감의 말이 가득한 책이다. '이제 나의 상처 입은 내면아이는 그만 보살피고 싶다'라는 생각이 들 때에도, 꼭 이런 좋은 책이 나와 가슴을 두근거리게 한다. 내면아이의 트라우마는 한 번 보살피면 끝나는 것이 아니라, 평생에 걸쳐 적극적인 돌봄과 무조건적인 응원이 필요함을 새삼 깨닫게 된다. 이 책은 내면아이inner child를 돌보는 그 어떤 책들보다도 직접적인 호소력으로 독자의 마음에 노크한다. 바로 '나르시시스트 엄마를 둔 자녀들'의 상처 입은 마음을 꾸밈없이 고백하는, 소름 끼치게 정직한 언어다. 이 책은 당신의 마음에 깊이 묻어둔 상처, 곧 '나르시시스트 엄마의 그림자' 아래에서 자라며 생긴 존재의 아픔을 조용히 어루만진다. 이 위로는 단순한 감정적 토닥거림이 아니라 날카로운 지적 통찰을 담고 있기에 더욱 뼈아프게 다가온다. 당신이 트라우마의 터널을 벗어나 적극적인 자기돌봄의 주체가 될 수 있도록, 이 책은 길을 열어줄 것이다. 그리고 책장을 덮는 순간, 당신 안의 내면아이가 외치는 눈부신 선언이 들릴 것이다. 마침내 당신은 이제 내면아이의 트라우마를 딛고 세상 밖으로 나갈 준비가 되었다고. 당신은 상처입은 치유자wounded healer가 되어 온 세상의 아픔을 위로할 수 있는 강철 같은 심장을 지닌 존재라고.

정여울 작가
(『다시 만난 월든』 『나를 돌보지 않는 나에게』 저자, KBS 〈정여울의 도서관〉 진행자)

이 책에 쏟아진 찬사

"스스로의 가치를 입증받기 위해 타인의 인정을 끊임없이 구하는 악순환에서 벗어날 수 있도록 돕는 책이다. 맥브라이드 박사는 나르시시즘이라는 미묘한 특성을 인식하게 하고, 이러한 성향을 지닌 엄마가 딸의 자아상과 관계, 세계관에 어떤 영향을 미치는지를 생생한 사례를 통해 보여준다. 감정적으로 얽힌 가족 역동에 대한 통찰을 깊게 해준다."

― 모니카 라미레즈 바스코(임상심리학 박사, 『Never Good Enough』 저자)

"마땅히 받아야 할 사랑과 지지를 받지 못한 모든 여성의 가슴속에 맺힌 응어리를 풀어주는 구체적인 치료 단계를 제시한다."

― 『퍼블리셔스 위클리』

"나르시시스트 엄마를 둔 여성들의 생생한 목소리가 담긴 책. 같은 처지에 놓인 수많은 여성의 사례를 보며 치유의 여정을 떠나보자."

― 샌디 호치키스(『나르시시즘의 심리학』 저자)

"심리적 학대와 방치로 서서히 자아를 파괴하는 비극을 멈추게 해주는 안내서. 정신 건강을 위해 소장해야 할 책."

― 『라이브러리 저널』

"이 책은 많은 이들이 겪고도 이름 붙이지 못한 상처, 나르시시스트 엄마 손에서 자라며 생긴 마음의 상처를 조명한다. 맥브라이드 박사는 그 상처를 치유하고 삶을 온전히 살아갈 수 있는 명료하고 근본적인 길을 안내한다."

— 크리스티안 노스럽(의학 박사, 『엄마-딸의 지혜』『여성의 몸 여성의 지혜』 저자)

"나르시시스트 엄마는 자신이 필요할 때에만 당신을 찾는다. 모든 시선이 자신에게 집중되어야 하며, 마음대로 안 되면 잔인한 모습을 보이기도 한다. 이런 엄마와의 관계에서 건강한 경계를 세우는 일은 여간 어려운 일이 아니다. 강압적이고 자기밖에 모르는 부모의 그늘에서 자란 여성이라면 반드시 읽어야 할 책이다."

— 내넷 가트렐(정신의학과 전문의, 『현명한 그녀는 거절하는 것도 다르다』 저자)

"나르시시스트 부모가 아이의 평생에 걸쳐 미치는 파괴적인 결과는 익히 잘 알려졌지만, 이를 위한 실질적 조언은 거의 없었다. 저자는 나르시시스트 엄마에 대한 세세한 설명과 딸에게 미치는 부정적인 영향을 통찰력 있게 잘 그려내고 있다."

— 키스 캠벨(심리학 박사, 『여자는 왜 나쁜 남자에게 끌리는가』 저자)

"자기 의심과 자기 거부로 가득한 마음을 변화시켜줄 이상적인 상담사가 바로 여기에 있다. 한 장 한 장 책장을 넘길 때마다 영혼이 풍부하게 살찔 것이다."

— 타마 키브스(『This Time I Dance!』 저자)

"저자는 아이를 기르는 데 빼놓을 수 없는 중요한 영역을 참신하고 뛰어난 작업으로 개척하기 시작했다. 전문가는 물론, 나르시시스트 엄마가 미치는 부시부시한 영향을 이해하고, 평생 숨통을 조여 온 이 족쇄에서 벗어나려는 사람이라면 모두 읽어야 할 책이다."

— 데이비드 볼로코프스키(가족법 변호사, 심리학 박사)

"나르시시스트 엄마가 딸에게 미치는 영향을 명확하게 전달하는 책."

— 린다 본(상담사)

"나르시시즘을 다각도로 훌륭하게 고찰하고 있다. 손에서 놓기 어려울 정도로 흥미로우며 읽기도 쉬우면서 동시에 많은 정보를 싣고 유용하며 치료법도 단계별로 잘 짜여 있다. 나르시시스트를 사랑하는 모든 사람이 반드시 읽어야 할 책이다."

— 르네 리커(아동·청소년 상담사)

"가족 치료를 하는 상담사라면 자기 책장에 이 책이 꽂혀 있는지부터 살펴보라. 이 책은 비단 나르시시스트 엄마를 둔 여성뿐만 아니라 전문가에게도 유익할 것이다. 실용적이고, 통찰력 있으면서 저자의 안타까운 마음이 여실히 담긴 이 책은 해결법이 별로 없는 이 분야에 많은 도움이 될 것이다."

― 패러 휴즈(가족 상담사)

서문

 이 세상에 태어나는 순간부터 우리와 엄마 사이의 관계는 시작된다. 우리는 첫 숨을 내쉬며 본능적으로 엄마의 품에서 보호받고 사랑받기를 갈망한다. 뱃속에서 잉태되어 탯줄이 잘릴 때까지 우리는 엄마와 하나로 연결된 생명체였다. 엄마는 바로 우리에게 세상의 빛을 보여준 여성이다. 그렇게 시작된 엄마와의 관계는 이후 삶 전체에 걸쳐 우리의 행복에 중대한 의미를 지니게 된다. 그런데 이상하게도 나는 이 점을 믿고 싶지 않았다.

 우선, 페미니스트 세대 엄마로서 아이들이 제대로 성장하지 못한 책임을 엄마와 여성에게만 부담 지우려는 게 싫었다. 아이의 삶에 영향을 미치는 요소가 어디 엄마의 양육 방식뿐이란 말인가. 두 번째로는 엄마에게서 사랑받지 못했다는 느낌 때문에 나와 내 인생이 얼마나 자기파괴적이었는지 대면하기가 싫었다. 홀로 내동댕이쳐진 아픔을 인정하려면 그 상처를 똑바로 들여다보아야 하는 법이니까.

 수년 동안 연구를 거듭하면서 모녀 관계에 대한 책을 수도 없이 읽었다. 그때마다 나도 모르게 흐르는 눈물을 주체할 수 없었다. 애착, 깊은 친밀함, 엄마의 향수에 대한 추억,

엄마 피부의 감촉, 요리하며 부르는 엄마의 노랫소리, 나를 흔들어주고, 안아주고, 위로해주는 그 따스한 위로의 느낌, 엄마가 읽어주는 동화를 들으며 느끼는 기쁨과 지적인 자극에 대한 기억 따위는 내게 하나도 없기 때문이다.

물론 나 같은 경우가 비정상적이기는 하지만 이러한 내 경험을 설명해 주는 책은 한 권도 보지 못했다. 내가 망상에 빠진 것인지, 아니면 그저 엄마와의 추억이 별로 없는 불쌍한 소녀인지 간절히 알고 싶었다. 엄마에게서 버림받은 이 느낌이 무엇 때문인지, 우리 엄마처럼 자식을 돌보지 않는 엄마가 진짜 있는지에 관한 책은 찾을 수가 없었다. 게다가 이런 엄마를 향한 갈등, 늘 채워지지 않는 사랑, 심지어 때때로 느껴지는 분노를 다루는 책 역시 그 어디에서도 찾을 수가 없었다. 엄마와 있었던 좋지 않은 경험들을 털어놓는 사람은 없었다. 착한 딸이 엄마를 나쁘게 얘기하는 것은 말이 안 되는 일이니 당연한 것이리라. 위대하고 아름다운 모성애를 지닌 엄마라는 존재는 어느 문화를 막론하고 신성시되기에 부정적인 얘기는 나올 수가 없었다. 그러나 나는 모성애 없는 엄마로 인해 성장기의 어린 소녀는 물론 어른이 된 여성들이 받는 고통이 얼마나 큰지에 대해 책을 쓰기로 마음을 먹었다. 마치 엄청난 금기 사항을 어긴 것 같았다.

모녀 관계를 다룬 책을 읽으면 예외 없이 홀로 감당해야 했던 깊은 상실과 두려움이 나를 짓눌렀다. 복잡한 모녀 관계와 그 안에 존재하는 실로 엄청난 갈등과 모순에 대해 전문가들이 쓴 책은 있었지만, 내가 느끼는 감정, 즉 이해와 관심, 사랑을 받지 못해 느끼는 공허한 감정과는 다른 것이었다. 수년 동안 나는 내 감정을 이해하지 못한 채 스스로를 합리화시켰다. 가족들과 나를 도우려는 동료 상담사들은 여러 가지 이유를 들어 나의 행동을 설명했고, 나는 어린 소녀처럼 변명거리와 비난의 대상을 찾아다녔다. 그러다가 나의 내적인 공허함이 바로 나르시시스트 엄마를 두었기 때문인 것을 알게 되자 그제야 의문의 조각들이 하나둘씩 맞춰지기 시작했다. 그리고 엄마의 나르시시즘에 대해 알게 될수록 내가 겪었던 슬픈 일들이 왜 일어났는지, 왜 나에게는 엄마와의 아름다운 추억이 없는지 이해되기 시작했다. 이런 과정을 통해 엄마로부터 독립된 나만의 정체성을 찾게 되었다. 나만의 공간을 확보하니 이제는 거짓된 가면을 쓰지 않아도 되었고, 점점 나를 뚜렷하게 인식하게 되었다. 나다움을 찾지 못했다면 지금도 나는 끊임없이 헤매고, 잘못을 저지르고, 공허함에 휩싸여 자학하다가 결국 인생을 파탄으로 끝냈을 것이다.

나는 왜 엄마의 사랑을 받지 못하고 컸을까? 이에 대한 해답을 찾기 위해 나는 오랫동안 연구하고 어린 시절을 되돌아보며 내적인 성찰을 해왔다. 그리고 이 모든 것을 통합하여 이 책에 실었다. 이제는 나와 같은 의문을 품는 여성들을 돕고, 결코 자신의 잘못이 아니라는 것을 알리기 위한 바람으로 이 책을 펴내게 되었다.

물론 모든 것을 엄마 탓으로 돌리라는 말은 결코 아니다. 분노의 투사가 아니라 이해를 향한 여정을 나와 함께 떠나

자는 것이다. 자신의 상처가 아물기를 바란다면 자기 자신과 엄마를 사랑과 용서로 감싸 안아야만 한다. 건강한 삶을 영위하기 위해서는 우선 나르시시스트 엄마 손에서 자랐기 때문에 겪은 일이 무엇인지 알아야 한다. 그 후 잘못된 것을 바로잡기 위한 치료단계를 밟아야 한다. 엄마가 어떤 사람인지 그로 인해 우리의 삶이 어떻게 되었는지를 알지 못하면 우리의 상처도 나을 수가 없다. 억누르고 부정하라고 배웠지만, 이제는 진실을 똑바로 마주할 때이다. 그러니 그토록 갈구해온 엄마의 따스함과 사랑은 채워질 수 없으며 엄마가 바뀔 거라는 우리의 소망도 이루어지지 않는다는 사실을 분명히 인식해야 한다. 우리는 거짓의 가면을 써서라도 가족은 긍정적으로 보아야 한다고 세뇌되었다. 그래서 남들 눈에는 바람직하게만 보이는 우리 집에 분명 문제가 있는 거 같은데도 "무시하라"고만 배웠다. 이처럼 위선적인 환경 때문에 얼마나 힘들었는가. 그런데도 미소 짓고, 예쁘게 보이고, 만사가 잘 돌아가는 것처럼 행동하지 않았는가?

아직도 나르시시스트 엄마를 둔 여성들을 상담할 때면 나와 내면이 어찌나 비슷한지 깜짝 놀랄 때가 많다. 외모도 다르고, 생활 방식도 다르지만, 심리 상태는 똑같았다. 이런 여성들이 이 책을 통해서 자신의 진짜 감정을 인정하고, 그것에 가치를 부여하고, 나아가 현재 자신의 모습을 건강하고 진실한 하나의 인격체로서 받아들이길 진심으로 바란다.

나는 이 책을 집필하면서 내면의 수많은 갈등과 마주해야 했다. 첫째로는 작가가 아니어도 책을 쓸 수 있다는 믿음을 가져야 했다. 둘째로는 엄마와 이 책을 두고 얘기를 나누어야 했다. 처음에 엄마에게 이렇게 말했다. "엄마, 좀 도와주세요. 제가 지금 모녀 관계에 대한 책을 쓰고 있는데 엄마 생각이나 조언이 필요해요. 그리고 제 개인적인 일을 쓰는 것도 허락해주셔야 하고요." 그러자 엄마는 깜짝 놀라면서 대답하셨다. "아빠에 관한 책을 쓰렴." 분명 이상적인 모습으로는 그려지지 않을 테니 걱정이 되어 한 말씀이리라. 엄마도 내가 이 책을 쓰는 게 엄마를 비난하려는 것이 아니라 상처를 치유하기 위함임을 알고 계실 것이다. 그래서인지 잘해보라고 말씀도 하셨다. 사실 나는 엄마가 이렇게 말씀하시길 바랐다. "뭐 우리가 같이 의논하거나 작업해야 할 게 있어?" "어릴 때 상처받은 게 있었던 거니?" "지금이라도 할 수 있는 게 없을까?" "같이 상처를 아물게 해볼까?" 물론 바람은 이루어지지 않았다. 수년간 치료단계를 밟은 터라 애초에 엄마가 내 심정을 헤아려 주시기를 기대하지는 않았다. 오랫동안 망설이기는 했지만 결국 큰 용기를 내서 엄마에게 책에 대해 말씀드린 것은 다행이라고 생각한다. 예전 같으면 이런 대화는 꿈도 못 꾸었을 테니까.

그렇게 한 번 용기를 내고 나자, 엄마와 사적인 얘기나 연구에 대해서 숨기지 않고 대화를 하는 게 쉬워졌다. 사실 나의 내담자들을 위해서라면 사적인 얘기는 하지 않는 게 바람직하다. 하지만 나 역시 나르시시스트 엄마를 둔 여성으로서 그 심정을 백번 이해하고도 남는다는 걸 알리고 싶었다. 나도 전부 똑같이 겪은 일이다.

이 책은 심리 치료 단계에 따라 3부로 구성되어 있다. 1부에서는 엄마의 나르시시즘 문제를 다루며, 2부에서는 그 문제로 파생되는 결과와 딸의 삶에 미친 영향을 살펴보고, 마지막 3부에서는 치료법으로 마무리한다.

자기 자신과 엄마를 알아가는 이 여정을 나와 함께 걷지 않겠는가. 모든 여정이 그렇듯 불편하고 어려운 점도 있을 것이다. 부정하는 것도 멈추어야 하고, 힘든 감정에 맞서다 약해질 때도 있으며, 또 보기 싫을 수도 있는 자신만의 성격도 들여다보아야 한다. 우리는 지금 내면으로의 여행을 떠나려고 한다. 재밌을 때도 있고, 자신을 알고 치유하는 과정에서 가슴이 아주 많이 아플 때도 있을 것이다. 그러나 결국 이 모든 과정을 통해서 왜곡된 엄마의 사랑에서 벗어나고 당신의 아이들에게는 진정한 사랑을 전해줄 수 있게 될 것이다. 진실하게 자신의 삶을 돌아보면 결국 자신을 더욱 사랑하게 되고, 아이들도 더 잘 기를 수 있으며, 인간관계는 물론 다른 모든 것도 더 잘하게 될 것이다.

심리적인 유산은 마치 유전자처럼 우리도 모르게 다음 세대로 전해진다. 어떤 "유산"은 사랑스럽고 소중해서 감사한 마음이 들지만, 다른 어떤 "유산"은 너무나 아프고 파괴적이라 더는 이어져서는 안 된다. 이제 우리가 직접 그 고리를 끊어내고 악순환을 없애야 한다. 나 역시 엄마에게서 이어진 왜곡된 유산을 극복한 경험이 있기에, 그 길을 함께 걸어줄 수 있다.

나와 함께 이 여정을 밟도록 해보자. 나랑 나란히 앉아서 같이 얘기하고 울고 웃어보자. 이렇게 우리가 함께하면 당신 마음속에 남은 상처도 치유할 수 있다. 지금까지는 항상 "엄마가 세상의 중심"이었지만 이제는 바로 당신이 주인공이다. 그러니 지금부터 한 번도 만난 적 없거나 심지어 있는지조차도 몰랐던 진정한 자신을 찾아보자.

차례

서문   11

1부   문제 인식하기

1. 깊은 내면의 상처   22
2. 텅 빈 거울 - 엄마와 나   42
3. 나르시시스트 엄마의 유형   72
4. 아빠는 어디에 있었을까? - 나르시시즘 가정의 또 다른 부모   104
5. 이미지가 전부야 - 웃어야지, 보기 좋게   128

2부   나르시시스트 엄마가 당신 인생 전반에 미친 영향

6. 나는 정말 열심히 해요! - 과잉성취형 딸   146
7. 애써 봐야, 뭐가 달라지는데? - 자기파괴적인 딸   164
8. 사랑이 뭔지 몰라서 - 실패한 연애 속에 숨어 있는 엄마의 그림자   180
9. 도와주세요! 엄마처럼 되어가고 있어요 - 엄마를 닮아 가는 딸   202

3부   유산의 종말

10. 치료의 첫걸음 - 숨겨온 진짜 감정 느끼기   222
11. 엄마의 일부, 그러나 독립된 존재 - 엄마에게서 독립하기   250
12. 나답게 피어나는 길 - 소중한 나   266
13. 엄마와 나 사이, 내가 주체 - 회복 과정에서 엄마 마주하기   292
14. 텅 빈 거울 채우기 - 나르시시스트 엄마로부터 받은 유산 끝내기   326

일러두기

1. 역주는 ( )로 표시했다.
2. 단행본·정기간행물은 겹낫표 『 』, 영화·노래·TV프로그램은 홑화살괄호 〈 〉로 표시했다.
3. 본문에 소개된 상담 내용들은 저자가 실제 내담한 사례이며, 인명은 가명이다.

(1부)

문제 인식하기

1

깊은 내면의 상처

이마 한가운데에 곱슬머리가 살짝 내려온 어린 소녀가 있었다.
이 소녀는 아무리 잘하려 애써도, 결국 비난을 피할 수 없었다.

— 엘런 골롬Elan Golomb 박사,
  『거울 속에 갇혀서』Trapped in the Mirror 중에서

오랫동안 나는 어떤 상황에서도 나 자신을 몰아붙이는 내면의 비판자들과 함께 살아야 했다. 어디를 가든, 무엇을 하든, 그 목소리들이 늘 따라붙어 내 마음을 짓눌렀다. 뭔가 해보려고 할 때마다 "넌 안 될 거야. 이번에도 결국 망치고 말겠지." 하고 속삭였다. 봄맞이 대청소를 하거나 집을 정리하며 애쓸 때면, "이 집은 아무리 해도 네가 원하는 모습이 안 될 거야" 하고 비아냥거렸다. 운동할 때면 "힘도 없으면서 뭘 해? 그렇게 해선 아무 효과도 없어. 더 무거운 것도 못 드니?" 하고 야유를 퍼부었다. 돈을 관리하면서 결정을 내릴 때면, "넌 원래 수학을 잘못했잖아. 그러니까 돈 문제도 역시 이 모양이지."라며 비난했다.

그 목소리들은 특히 내가 남자들과의 관계에서 어려움을 겪을 때 더 잔인해졌다. "봐봐, 또 잘못된 사람을 만났잖아. 넌 원래 그런 애야. 그냥 포기해."라고 속삭였다. 그리고 무엇보다 가슴 아픈 건, 아이들과의 관계에서 힘들 때마다 "다 네 탓이야. 네가 내린 선택들이 결국 아이들에게 상처를 줬어. 부끄러운 줄 알아야지."라며 나를 죄책감 속에 몰아넣었다.

이 끊임없이 들려오는 비난에 단 하루도 마음 편할 날이 없었다. 그들은 쉴 새 없이 나를 몰아세우고, 잔소리를 퍼붓고, 깎아내리며 하나의 메시지를 반복했다. "아무리 노력해도 넌 결코 성공할 수 없어. 넌 아직 부족해." 이 목소리들에 나는 너무도 예민해져, 남들도 나를 사정없이 비난한다고 생각하게 되었다.

결국에 나는 이 '비판자들'이 내 감정을 갉아먹고 있다는 걸 깨달았다. 그리고 이 목소리들을 반드시 없애야겠다고 결심했다. 그것은 말 그대로 내 생존이 걸린 문제였다. 다행히 그 결심은 나를 회복의 길로 이끌었고, 이후의 연구와 임상 활동, 그리고 이 책을 쓰게 된 계기가 되었다.

내면의 비판자들을 몰아내기 결심한 뒤, 내가 처음으로 해야 했던 일은 그 목소리들이 어디에서 비롯됐는지를 알아내는 것이었다. 심리 상담사로서 경험에 미루어 이 문제가 가족사와 관련이 있을 거라 생각은 들었지만, 겉보기에 우리 가족에게는 별문제가 없어 보였다. 우리는 뿌리 깊은 네덜란드, 독일, 노르웨이, 스웨덴의 피를 이어받은 데다가 성격이나 행동에 별문제 없이 근면 성실한 것을 자랑스러워하는 가족이었다. 내 안의 자기방어적 부정은 나를 타일렀다. "너는 집도 있었고, 옷도 있었고, 먹을 것도 있었어." 그렇다면 도대체 뭐가 문제란 말인가? 나는 꼭 그 답을 찾겠다고 스스로에게 약속했다.

나는 왜 자신감이 없는가?

나는 28년 동안 수백 명의 여성과 가족들을 상담해 왔다. 그 경험은 내 내면의 문제를 풀어내는 데 큰 도움이 되었다. 나는 이미 나와 똑같이 과민반응, 우유부단함, 남의 시선 의식하기, 자기 불신, 반복되는 인간관계 실패, 아무리 성취해도 채워지지 않는 자신감, 뿌리 깊은 불안감 증세가 있는 여성을 수십 명이나 치료했다. 나를 찾아온 사람 중에는 여러 명의 상담사와 몇 년 동안 심리 요법을 이어왔지만 별다른 성과가 없었던 이도 있었고, 고통의 본질적인 원인을 짚어내지 못하는 자기계발서만 잔뜩 쌓아놓고 읽기만 했던 사람도 있었다. 내담자들의 직업도 매우 다양해서 기업 중역부터, 성공한 전문가, CEO, 자녀 뒷바라지에 인생을 건 주부, 정부 보조금으로 연명하는 마약 중독자, 유명인사까지 있었다. 이들은 모두 나처럼 삶에서 항상 매우 중요한 무언가가 빠져 있다고 느끼고 있었다. 그 결핍은 왜곡된 자아상과 성인이 되어서도 유령처럼 따라다니는 불안감에 깊이 얽혀 있는 것처럼 보였다. 우리 모두 하나같이 자신은 결코 잘해 낼 수 없다고 믿고 있었다.

** 진(54세)은 모든 일에 후회와 걱정이 많다. "저는 항상 뒤늦게 후회를 해요. 똑같은 대화를 끊임없이 반복하여 떠올리면서 만약 다른 결정을 내렸다면 어떻게 되었을지 생각하거나 수치심에 가득 차서 얼굴이 달아올라요. 이렇게 쩔쩔맬 만한 이유가 없는 걸 아는데도 전 여전히 당황해서 어쩔 줄을 모르겠어요. 다른 사람이 저를 어떻게 생각할지 심각하게 걱정하기도 해요."

** 에블린(35세)은 자기 자신에게 엄격하다 못해 가혹하기까지 하다. "저더러 성공했다며 칭찬하는 사람들이

많아요. 전 홍보학 석사학위도 땄고 관련 계통에서 인정도 받았습니다. 아동용 책까지 썼지요. 그런데 저 자신은 그런 칭찬을 받을 만하다는 생각이 안 들어요. 오히려 못한 거나 아쉬운 걸 계속 집어내면서 자신을 몰아붙여요. 제가 친구들에게는 얼마나 긍정적인 말을 많이 해주는데요. 그런데 스스로에게는 한마디도 못 하겠어요."

** 수잔(62세)은 노력이 특기라고 말했다. "남편에게 제가 죽으면 비석에다가 이렇게 새겨달라고 했어요. '노력하고, 노력하고, 또 노력하다가 결국 잠들였노라'라고 말이죠."

수년 동안 연구하고 상담을 하다 보니 나와 똑같이 정신을 좀먹는 증상으로 힘들어하는 여성들의 원인이 심리학에서 말하는 나르시시즘, 특히 엄마의 나르시시즘에 있다는 것을 알게 되었다. 나르시시즘에 대해 내가 알고 있는 사실들은 보통 남성과 관련된 것이었지만, 자세히 들여다보니 분명한 점 한 가지가 눈에 들어왔다. 우리에게는 애정결핍에다가 자기밖에 몰라서 딸을 조건 없이 사랑할 수도, 또 딸에게 힘을 실어 줄 수도 없는 엄마가 공통적으로 존재한다는 것이었다. 나와 엄마의 문제는 물론 내가 상담한 여성들의 모녀지간에 있던 문제도 분명히 엄마의 나르시시즘에 원인이 있었다.

나를 그렇게도 괴롭혔던 문제는 바로 평생을 갈구했던 엄마의 따뜻하고 공감 어린 사랑을 못 받은 데서 비롯했다. 더 심각한 문제는 엄마도 할머니에게서 그런 사랑을 받지 못해 모두가 고통에서 신음하는 가운데 잘못된 사랑이 대물림되고 있다는 점이었다. 그래서 나르시시즘이 모녀 관계에 미치는 영향을 연구할수록 이런 처지에 놓인 여성들에게 더 열성적으로 스스로에 대한 이해와 자기 신뢰, 또 자기애를 심어주려고 노력했다.

나는 이 책에서 우선 엄마의 나르시시즘이 딸에게 어떻게 작용하는지 설명할 것이다. 그리고 당신의 문제를 엄마 탓으로 돌리지 않고 극복할 방법을 제시할 것이다. 진정한 치유는 비난이 아니라 이해와 사랑에서 온다. 따라서 엄마가 우리에게 왜 사랑을 줄 수 없었는지를 이해하여 진정한 행복의 길로 안내하고자 한다. 이를 바탕으로 이해의 폭을 넓히고 삶을 스스로 책임지며 마음의 상처를 깨끗하게 치료할 수 있게 되기를 바란다.

이 책을 통해 자신은 물론 엄마까지 사랑하게 될 것이다. 물론 첫 발걸음을 내디딜 때는 심한 상처, 슬픔, 화, 심지어 분노까지 느껴질 것이다. 그러나 이런 반응은 지극히 정상이며 치유를 위한 필수 과정임을 명심하라. 엄마의 나르시시즘을 더 이해하게 되면서 엄마에게서 받은 왜곡된 사랑의 상처를 지우고 그 자리를 새로운 사랑으로 채우게 될 것이다.

왜 모녀 관계에 초점을 맞추는가?

나르시시스트 부모에게서 태어난 아이들은 모두 정신적 고통 속에 몸부림치게 된다. 특히 엄마라는 존재는 딸에게 매우 특별한 의미를 지닌다. 엄마는 딸이 어린 소녀에서 한 여성으로 성장해가는 모든 시기에서 최우선 역할 모델이기 때문이다. 친구관계는 물론 남자를 사귀고 결혼을 하고 아내와 엄마가 되는 것까지 모두 해당된다. 그런데 만일 엄마가 나르시시스트라면 딸에게 어떤 영향을 미칠까? 모녀간의 독특한 관계 때문에 딸은 남자 형제와는 달리 심각한 갈등을 겪게 되며 딸의 삶은 은밀하고 천천히 파괴된다.

나르시시스트 엄마는 딸을 고유한 정체성을 가진 분리된 존재가 아니라 자신의 분신으로 여긴다. 엄마가 원하는 방식 그대로 행동하며 반응하라고 딸에게 압력을 행사한다. 엄마의 사랑과 인정을 받으려면 무조건 엄마가 '꼭 원하는 방식'을 찾아 그대로 해야 한다. 안 그러면 엄마가 거들떠도 안 봐주니까. 그런데 엄마를 기쁘게 하기 위한 방식이란 무엇인가? 자기밖에 모르는 엄마가 제멋대로 만든 원칙 아닌가? 그러나 어린 딸이 이를 알 리가 없고, 더욱 심각한 건 엄마가 딸을 있는 그대로 인정하는 법이 없다는 점이다. 따라서 이런 엄마에게서 자란 딸은 자신감 있는 여성으로 성장하기가 상당히 어렵다.

성장기에 엄마의 인정을 받지 못하고 자란 여성은 자신을 아무런 쓸모없는 존재로 여기게 된다. 엄마와 돈독한 관계를 한번 맺어보려고 눈물겨운 노력을 하지만 결국 수포가 된다. 그러면서 본인에게 문제가 있어서 엄마의 사랑을 못 받는다고 여기며 나아가 누구에게든 사랑받을 자격이 없다고 느낀다. 엄마의 욕구를 들어주고 엄마가 좋아할 만한 행동을 하면서 엄마의 사랑을 '쟁취'해야 한다고 생각한다. 이것을 어찌 진정한 사랑이라 할 수 있겠는가. 사랑에 대한 자기 생각이 잘못되었다는 것을 알지 못하고, 진실한 사랑이 무엇인지도 모른다. 자신의 정체성을 없애고 오로지 엄마에게만 맞추는 왜곡된 사랑 때문에 커서 이성 관계를 맺을 때도 무시무시한 결과를 마주한다. 여기에 관한 더 상세한 사항은 이 책 후반에서 더 살펴보기로 하겠다.

나르시시즘이란?

나르시시즘이라는 용어는 그리스 신화에 등장하는 나르시스narcissus(나르키소스) 이야기에서 유래하였다. 잘생긴 외모에 거만했던 나르시스는 오로지 제 생각만 하다가 결국 자기 모습을 사랑하게 되었고, 물에 비친 제 모습에 푹 빠져 다른 사람과는 사귀지도 못한 채 자신만 바라보다 죽고 만다. 여기서 유래하여 '나르시시스트'는 스스로 잘난 줄 알고 자기 자신에게만 집착하는 사람을 일컫게 되었다. 이와는 반대로 '자기 존중'이라는 말은 스스로 가치를 인정하고 존중하며 다른 사람을 사랑할 수 있는 건강한 형태의 사랑을 일컫는 말로 쓰이게 되었다.

『정신질환의 진단 및 통계 편람』DSM-Diagnostic and Statistical Manual of Mental Disorders에서는 나르시시즘을 아래의 아홉 가지 특징을 가진 인격 장애로 분류하고 있다. 나르시시즘은 스펙트럼 장애이기 때문에 아홉 가지 특징 중에서 정도에 따라 해당 사항이 몇 개밖에 없을 수도 있고 아홉 가지를 모두 다 가지고 있을 수도 있다. 미국정신의학회American Psychiatric Association에서는 나르시시즘 성격 장애가 있는 여성들이 미국에만 약 150만 명에 이를 것으로 추정한다. 그러나 실제로는 의학적 장애로 분류되지 않은 나르시시즘이 더 흔하다. 솔직히 나르시시즘적 특징을 한두 가지 지닌 것은 지극히 정상이다. 하지만 그 수가 많아지면 문제가 된다. 그리고 수가 많을수록 문제도 더 커지기 마련이다.

그러면 이제부터 나르시시즘의 아홉 가지 특징과 모녀간에 일어날 수 있는 예를 한번 살펴보자. 나르시시즘에 빠진 사람들은:

1. 자만심이 매우 강해서 성취나 재능을 과장하며, 잘하지 못했을 때도 무조건 뛰어나다는 소리를 듣고 싶어 한다.

예: 딸에게는 관심도 보이지 않고 자기 자신이나 자신과 관계있는 일만 이야기하는 엄마

샐리는 어린이 병원에서 자원봉사한 경험을 쉴 새 없이 늘어놓는 엄마를 사람들에게 소개하기가 싫다. 게다가 엄마는 자기가 의사인 것 마냥 의학적 소견까지 내놓으면서 마치

수많은 생명을 살린 것처럼 얘기한다.

2. 성공, 권력, 능력, 아름다움, 또는 사랑이 영원할 거라는 망상 속에 산다.

예: 자신의 유명 고객들을 통해서 자신의 명성도 자자해질 것으로 생각하는 판매원 엄마

메리의 엄마는 자신의 '중요' 고객들에 대해서 끊임없이 얘기하면서 자기가 없어서는 안 되는 존재여서 고객들이 깊은 감사를 표한다고 한다. 게다가 얼마 안 있으면 그들 중 한 명과 함께 영화에 출연한다는 꿈에 빠져 있다.

3. 자신이 특별하고 유일무이하다고 생각해서 특별한 사람이나 고위층하고만 어울리고 그들만이 자신을 이해할 수 있다고 믿는다.

예: 가족들과 외식하러 가서 여왕이나 된 듯 웨이터를 노예처럼 대하는 엄마

캐리는 엄마하고는 외식하러 나가기가 싫다. 엄마가 마치 사교계의 여왕이라도 된 것처럼 행동하기 때문이다.

4. 엄청난 존경을 받고 싶어 한다.

예: 상대에게 해준 모든 것에 대해서 칭찬과 감사의 말을 들어야 하는 엄마

제인의 엄마는 손자가 뛰는 축구 경기를 보러 가끔 딸 집에 와서는 시간을 들여 수고스럽게 온 것에 대해 감사의 말을 듣고 싶어 한다. 걸핏하면 이렇게 말씀하신다. "이게 다 너희 애들 잘되라고 하는 거잖아!"

5. 특권 의식이 있어서 별다른 이유 없이 특별대우를 기대하거나 자신의 기대에 맞춰주기를 바란다.

예: 자신은 너무나 특별해서 줄을 서서 기다리는 것 따위는 할 수 없다고 생각하는 엄마

마르시의 엄마는 극장이나 카지노에 가면 도착하자마자 휠체어를 찾는다. 아무런 장애가 없는데도 휠체어를 타면 누군가 밀어줘서 편하게 맨 앞자리까지 가니까 말이다. 게다가 슈퍼에 가서도 통로 한가운데 서 있다가 생전 처음 보는 사람에게 이렇게 말한다. "이것 좀 찾아 줄래요?"

6. 자신의 목적을 달성하기 위해 사람들을 이용한다.

예: 자기 인생의 목표에 도움이 되는 사람만을 친구로 생각하는 엄마

사라의 엄마는 친구 얘기를 할 때면 그 친구의 장점에 대해서는 한마디도 하지 않는다. 오로지 친구가 자신에게 어떻게 이득이 되는지만 늘어놓는다. 오랜 친구 하나가 최근 결핵성 피부병인 낭창에 걸리자 자기에게 무언가를 바랄까 봐 그 친구와 절교를 해버렸다.

7. 공감 능력이 없다. 다른 사람들의 감정이나 욕구를 인정하거나 알아차리지 않으려고 한다.

예: 딸이 얘기할 때마다 말실수를 바로 잡으면서 딸의 얘기는 듣지 않는 엄마

캔디스는 엄마가 옆에 있으면 계속해서 문장을 고치거나 비판을 하거나 체면을 깎아내려서 입도 뻥긋하기가 싫다.

8. 질투심이 많거나 다른 사람들이 자신을 부러워한다고 생각한다.

예: 거의 모든 여자가 사신을 질투히기 때문에 여자 친구가 없다고 말하는 엄마

수의 엄마는 자신이 너무 예뻐서 다른 여자들이 위협을 느낀다고 생각한다. 그러면서 '예쁘다고 미워하지는 마세요.'라는 예전 샴푸 광고 문구를 입버릇처럼 달고 산다.

9. 도도하고 거만한 행동이나 태도를 보인다.

예: 값비싼 물건이 적은 아이들과는 수준 차이가 난다고 같이 놀지 말라고 하는 엄마

제키의 엄마는 제키에게 웬만한 아이들은 제키처럼 귀한 공주님하고 어울리기에는 격이 안 맞으니 부잣집 친구들하고만 놀라고 했다.

위의 아홉 가지 특징들에는 한 가지 공통점이 있다. "항상 내가 중심이야" "너는 부족해"라는 생각이 깔려 있다는 것. 나르시시스트들은 공감할 줄도 모르고 사랑할 줄도 모른다. 깊이 있는 감정도 못 느끼고 밖으로 드러나는 이미지만 중시하기 때문에 머릿속은 다른 사람들이 자신을 어떻게 볼지에 대한 걱정으로 온통 가득하다. 엄마가 당신에 대해서 모르는 것 같은가? 그렇다면 위의 항목 중 당신의 엄마에게 해당하는 항목이 얼마나 되는지 살펴보라. 해당 항목이 많을수록 다른 것이 들어올 틈은 없다. 자식인 당신도 예외일 수 없다. 나르시시즘에 빠진 엄마를 둔 우리 같은 여성들은 자신의 존재 이유가 엄마에게 있다고 생각하면서 심지어는 어

릴 때부터 엄마의 욕구와 감정을 만족시켜 주는 것이 의무라고까지 여긴다. 그렇게 안 하면 엄마에게 불필요한 존재라는 생각이 드니 당연한 결과 아니겠는가.

엄마에게서 공감과 사랑을 못 받았는데 다른 사람들과는 어떻게 깊이 있는 관계를 맺을 수 있을까? 그래서 이런 여성들은 내면이 늘 공허하고, 욕구불만인 채로 남게 된다. 엄마의 자기애 경향이 강하면 방치나 학대가 자행된다. 심지어 부모의 기본적인 역할조차도 내팽개치게 된다. 엄마의 나르시시즘을 미처 깨닫지 못했을 때는 이유도 모른 채 공허함과 상실감에 시달리며 성장한다. 내가 이 책을 쓰는 이유가 바로 여기에 있다. 이제는 정체 모를 괴로움의 근원을 찾아 거기서 벗어나고 싶지 않은가?

유대감 없는 모녀 사이

인간은 발달 단계대로 자라기 마련이다. 그래서 부모가 애정을 쏟고 사랑해주면 심리적 욕구가 만족되고 안정감을 느끼게 된다. 반대로 이러한 사랑을 받지 못하면 자신감이 없고 불안할 수밖에 없다. 이럴 때는 혼자서 자신감과 안정감을 찾아야 하는데, 자신이 왜 그렇게 늘 공허함에 시달리는지 이유를 모르는 상태에서는 결코 만만치 않은 작업이 된다.

엄마라면 아기와 교류하는 게 당연하다. 그래서 아기가 조금만 움직이거나 말해도 관심을 보이고 뭐가 필요한지 살펴서 제때 주려 한다. 이 과정에서 엄마와 아이 사이에 신뢰와 사랑이 싹튼다. 아이는 엄마가 육체적 욕구를 채워주고 따뜻한 마음을 전해주며 성원을 해주고 인정해주는 존재라는 것을 믿게 되고 이를 통해 자기 신뢰감을 형성해나간다. 그런데 엄마가 아이를 잘 돌보지 못하면 모녀지간에 유대감이 형성되지 않는다. 이런 엄마들은 자기에게 득이 될 때만 아이에게 관심을 보인다. 그러면 아이는 엄마를 신뢰할 수 없게 되고 버려질까 봐 걱정하거나 의심이 많아진다.

게일은 어려서부터 한 가지 꿈을 반복해서 꾸었다. 게일의 꿈 이야기를 통해 엄마의 나르시시즘이 딸의 삶에 어떤 영향을 일으키는지 생각해보자.

** 저는 우람한 나무가 그늘을 만들고 섬세한 야생화로 가득 수놓아진 한여름의 푸른 들판을 가로지르며 춤을 추고 있었어요. 길게 자란 풀 사이로 개울물의 노랫소리가 속삭이듯 들려왔죠. 빈터에서 아름답고 힘이 넘치는 암말, 완벽한 백마가 풀을 뜯는 것을 몰래 보고 있었는데, 제가 다가가도 말은 당황하는 기색이 없었어요. 저는 신이 나서 그 말에게 달려갔어요. 제가 딴 사과를 주면 고마움과 칭찬의 표시로 울음소리를 낼 거라 기대하면서 말이죠. 그런데 말은 저와 사과를 못 본 척 무시하면서 오히려 제 어깨를 아주 세게 물었어요. 그리고는 아무 일도 없다는 듯 다시 유유히 풀을 뜯더라고요.

게일은 내게 이 꿈 얘기를 들려주더니 슬픔에 잠긴 채로 내게 물었다. "우리 엄마가 저를 사랑할 수 없는데 대체 누가 절 사랑한단 말인가요?" 게일은 꿈속의 말이 자신이 상상 속의 엄마를 의미한다는 것을 이미 알고 있었다. 동시에 자신이 그토록 받고 싶었던 사랑이나 인정은 거절하며 돌아섰던 현실 속의 엄마라는 것도 말이다.

엄마로부터 진정한 사랑을 받고 싶어 하지 않는 사람도 있을까? 우리 모두 엄마의 가슴에 얼굴을 묻고 엄마의 사랑과 공감이 주는 안정감과 따뜻함을 느끼고 싶어 하지 않는가. 손을 뻗어 엄마를 찾으면 엄마가 "얘야, 엄마 여기 있어" 하며 대답해주기를 바라지 않는가. 억지주만으로 제대로 성장할 수 있는 사람은 없다. 사람은 누구나 믿을 수 있고 자상한 부모로부터 조건 없는 사랑을 받아야 한다. 그래야 심신이 건강하게 성장할 수 있다.

베티(60세)는 따뜻한 엄마 품에 한번 안겨 보는 게 소원이다. 그러나 이룰 수 없는 소망임을 알기에 이미 오래전에 포기했다고 한다. "절 사랑해주고 맛있는 수프도 끓여주는 엄마가 있었으면 좋겠다고 생각했어요. 그런 생각을 하면서 울다가 지쳐 잠든 적이 얼마나 많았는지 몰라요."

하루는 딸의 친구인 세레나(30세)와 함께 그녀의 엄마에 대해 이야기를 나누었다. 대화 도중에 세레나가 당시 받고 있었던 상담 얘기도 나왔다. "상담하면서 선생님 무릎에 앉거나 같은 소파에 웅크리고 앉아 얘길 나누면 얼마나 좋을까 하는 생각이 들 때가 있어요. 선생님이 마치 제 상상 속의 엄마인 것처럼 말이에요." 얼마나 엄마의 사랑이 받고 싶었으면 이런 생각을 다 했을까?

어디 비단 이 여성들뿐이랴. 나르시시스트 엄마를 둔 여성은 누구나 엄마의 사랑에 심한 갈증을 느낀다. 그러나 엄마의 나르시시즘과 상처를 극복하는 법을 더 잘 알게 되면 결국 자기 자신을 있는 그대로 인정하며 사랑하게 될 날이 온다. 그러면서 그 오랜 갈증을 해소할 방법도 알게 될 것이다.

희망의 발걸음을 내디디며

엄마를 이상적으로만 그리는 우리 사회에서, 나르시시스트 엄마를 둔 여성들이 과거를 되돌아보는 일은 여간 힘든 게 아니다. 딸을 사랑하지도, 돌보지도 못하는 엄마란 상상하기조차 어렵다. 무엇보다도 엄마가 자신을 사랑하지 않고 방치했다는 사실을 누가 믿고 싶어 할까. 여성들 스스로도 엄마는 아이들에게 헌신하는 존재라고 믿는다. 사회에서도 그 위대한 모성애를 기리는 의미로 어머니날 Mother's Day(우리나라의 어버이날에 해당)까지 만들지 않았던가. 엄마라면 가족들을 조건 없는 사랑으로 돌보고, 언제 어디서나 무한한 애정을 쏟는 존재여야 한다는 기대가 우리 문화 속에 자리하고 있다.

하지만 이렇게 지나치게 비현실적인 엄마 역할을 완벽하게 해내는 사람이 얼마나 있겠는가. 엄마를 이상적인 존재로 그린다는 것은 엄마를 향한 비난을 잠재울 수 있는 특권을 준 거나 다름없다. 누구에게나 엄마는 위대한 존재여서 엄마를 비판하는 것은 마음 놓고 들어갈 수 없는 성역이나 마찬가지다. 따라서 아이(또는 미성숙한 어른)가 엄마의 실제 모습을 솔직하게 털어놓기는 엄청나게 어렵다. 특히 이상적인 모습과는 정반대인 엄마를 둔 자녀는 훨씬 더 큰 고통을 감수해야 한다. 바람직하지 않은 엄마의 모습을 떠올리면 내면에 자리 잡은 이상적인 엄마에 대한 사회적 통념이 뒤흔들리기 때문이다. 착한 딸이 되려면 사회나 가족의 기대에 부응해야 하니 부정적인 감정은 인정하지 않거나 무시하라고 배운다. 그러니 엄마에 대한 부정적인 감정은 감히 드러낼 수도 없는 치부가 된다. 자기 엄마가 쌀쌀맞거나 가식적이고 이기적이라는 걸 대체 누가 믿고 싶어 하겠는가.

딸에게 처음부터 나쁜 엄마가 되고자 하는 엄마들은 없을 것이다. 하지만 애초에 품은 좋은 마음가짐을 더 이상 지속시키지 못하는 엄마들이 있다. 그래서 딸에게 평생 자양분이 되는 사랑으로 뿌리내리지 못하게 된다. 그 과정에서 엄마의 본심과는 달리 죄 없는 아이만 고스란히 상처를 받고 만다.

일단 우리 엄마가 정말 나르시시스트라는 쓰라린 진실을 마주하기 시작하면 우리가 지금까지 살면서 계속해서 키워온 괴로운 감정에 대해 털어놓을 수 있을 것이다. 그러니 쉽지는 않겠지만, 아래의 질문들에 솔직히 답하면서 용기를 가지고 과거를 되돌아보자.

- 왜 나는 사랑스럽지 않다고 느낄까?
- 왜 나는 항상 부족하다고 느낄까?
- 왜 나는 이렇게 공허할까?
- 왜 나는 항상 자신을 의심할까?

우리가 지금 이 여정을 떠나는 목적은 무엇인가? 마음을 치유하여 더 나은 삶을 찾기 위함이 아닌가? 앞으로 엄마의 나르시시즘 때문에 겪은 일의 진실과 계속 마주하게 될 것이다. 그 뼈아픈 진실에 맞서 어떤 태도를 갖춰야 하겠는가? 선택은 오로지 당신에게 달렸다. 힘들어서 좌절하고 다시 지금처럼 살려고 이 책을 읽고 있는가? 아니면 아무리 쓰라려도 변화하여 자유롭기를 원하는가? 자신을 보호하고 진짜 자신의 모습을 받아들이려고 굳게 마음먹어라. 그래서 당신 아이만큼은 그런 불행한 과거가 없도록 하라. 사랑받을 자격이 없는 여성은 이 세상에 없다. 나와의 여정을 통해 엄마를 이해하고 여러 이야기와 조언을 통해 힘을 얻어서, 지금까지 끊임없이 품어온 이상적인 엄마에 대한 갈망에서 벗어나 자유를 만끽하길 바란다. 그래서 정체성을 확립하고 자신을 진심으로 사랑하게 되기를 바란다.

자, 그러면 우선 다음 질문에 답해보면서 엄마의 나르시시즘이 어느 정도인지 살펴보자. 나르시시즘의 특징 아홉 가지가 모두 있지는 않더라도 그 때문에 상처를 받은 건 부인할 수 없는 사실일 테니까.

우리 엄마가 나르시시스트인가?

해당 사항이 몇 개밖에 없어도 딸에게 서서히 부정적인 영향을 미칠 수 있다. 현재나 과거에 엄마와의 관계에 해당하는 사항을 모두 체크하라.

1. 당신의 인생 문제를 엄마와 이야기할 때, 화제를 엄마 자신의 이야기로 몰고 가는가?
2. 당신의 감정을 이야기할 때, 당신보다 자신의 감정을 더 우선시하는가?
3. 당신을 질투하는 듯한 태도를 보이는가?
4. 당신의 감정에 공감하지 못하는가?
5. 당신이 하는 일 중, 엄마 자신이 '좋은 엄마'로 보일 수 있는 일에만 지지를 보내는가?
6. 엄마와의 심리적인 애착을 지속해서 느끼지 못하는가?
7. 엄마가 당신을 좋아하거나 사랑하는지 계속 의문이 생기는가?
8. 다른 사람들이 있을 때에만 당신에게 잘해 주는가?
9. 당신에게 어떤 문제(사고, 질병, 이혼)가 생겼을 때, 당신의 감정보다 그 일이 자신에게 어떤 영향을 미칠지를 더 생각하는가?
10. 다른 사람들(이웃, 친구, 가족, 동료)이 자신을 어떻게 생각할지 지나치게 의식하는가?
11. 엄마가 자기 자신의 감정을 부정하거나 외면하는가?
12. 자신의 행동이나 감정에 대해 책임지기보다는 당신이나 다른 사람을 탓하는가?
13. 쉽게 상처받고, 갈등이 생겨도 오랫동안 풀지 못한 채 불만을 간직하는가?
14. 당신이 엄마의 노예 같다는 생각이 드는가?

15. 엄마의 두통, 스트레스, 질병 같은 문제들이 당신의 책임이라 느껴 본 적이 있는가?
16. 엄마의 신체적 욕구를 어린아이처럼 돌보아야 하는가?
17. 엄마가 당신을 있는 그대로 받아들이지 않는 것 같은가?
18. 엄마가 당신에게 비판적인 것 같은가?
19. 엄마가 옆에 있으면 무력감을 느끼는가?
20. 엄마 때문에 창피한 적이 많은가?
21. 엄마가 '진짜 당신'의 모습을 모르는 것 같은가?
22. 세상이 자신을 중심으로 돌아가야 한다는 것처럼 행동하는가?
23. 엄마와 당신 자신을 분리하기가 어려운가?
24. 당신이 결정한 바에 관여하려 하는가?
25. 엄마는 자아도취적인 모습과 우울한 기분을 오가며 감정기복이 심한가?
26. 엄마가 어딘가 가식적으로 느껴지는가?
27. 엄마의 심리적 욕구를 어린 아이처럼 돌보아야 하는가?
28. 엄마가 함께 있으면 조종받고 있는 것 같은가?
29. 당신을 있는 그대로의 모습이 아니라 무엇을 해냈는지로 평가한다는 생각이 드는가?
30. 순교자나 희생자처럼 행동하면서 자기 마음대로 하려고 하는가?
31. 당신에게 실제 느낌과 다르게 행동하라고 강요하는가?
32. 당신과 경쟁하려고 하는가?
33. 언제나 자신의 방식을 고집하는가?

참고: 위의 문항들은 모두 나르시시스트적 특성과 관련이 있는 질문이다. 체크한 것이 많을수록 당신의 엄마는 나르시시스트일 가능성이 크다. 이로 인해 당신은 어릴 때는 물론 어른이 되어서도 힘든 점이 많았을 것이다.

텅 빈 거울

엄마와 나

성인이 되면 자신의 가치를 스스로 찾아 소중한 사람이라는 걸 깨달을 수 있다. 하지만 질풍노도의 시기에 있는 소녀는 자신의 가치를 찾는 데 도움의 손길이 필요하다. 소녀의 여린 손을 엄마보다 더 확실히 잡아줄 사람은 없다.

— 얀 월드론 Jan Waldron,
  『버림받은 사이먼』Giving Away Simone 중에서

나르시시스트 엄마가 권력을 휘두르는 집안에서 자랐는가? 그렇다면 당신은 성인이 된 지금도 '착한 딸'이 되려고 매일 사투를 벌이면서 사랑받고 존중받으려면 최선을 다해 다른 사람들을 기쁘게 해주는 게 당연하다고 생각할 것이다. 이와 동시에 자존감과 자신감을 무너뜨리는 부정적인 목소리에 늘 시달릴 것이다.

당신이 나르시시스트적인 엄마의 딸이라면, 이런 목소리를 평생 마음속으로 반복하며 살아왔을 것이다.

- 난 아직 부족해.
- 나는 뭘 해내야만 가치 있는 사람이야.
- 아무도 날 진심으로 좋아하지 않을 거야.

어릴 적 충분한 정서적 돌봄을 받지 못하고, 자신을 부정하는 메시지를 되뇌며 자란 탓에, 당신은 지금도 다음과 같은 감정과 어려움을 겪고 있을 수 있다.

- 내면이 공허하고, 전반적으로 만족감을 느끼기 어렵다.
- 진실하고 꾸밈없는 사람들과 어울리길 원한다.
- 이성교제에 어려움을 겪는다.
- 엄마처럼 될까 봐 두렵다.
- 좋은 부모가 될 수 있을지 걱정한다.
- 사람들을 믿기가 어렵다.
- 본보기로 닮고 싶은 여성상이 없다고 생각한다.

- 엄마와 자신을 분리하기 어렵다.
- 자신의 감정을 온전히 느끼고, 믿는 것이 어렵다.
- 엄마 옆에 있으면 불편하다.
- 나만의 진정한 삶을 추구하는 데 어려움을 느낀다.

이 중 몇 가지만 해당하여도, 심리적으로 어마어마한 불안감과 불편함을 안고 살아가는 것이다. 나르시시즘과 관련된 엄마와 딸의 관계를 더 깊이 이해하게 되면, 왜 지금과 같은 감정을 느끼게 되었는지 그 원인을 분명히 알 수 있을 것이다.

나는 연구를 통해, 나르시시스트 엄마와 딸 사이에 흔히 나타나는 10가지 관계 패턴을 발견했다. 나는 이를 '10가지 고통 관계'라고 부른다. 엄마의 나르시시즘 정도에 따라 해당 사항이 다르겠지만 심할수록 개수는 많아질 것이다. 이를 생생하게 이해할 수 있도록, 실제 임상 사례와 영화나 소설 속 이야기를 예로 들어 설명하겠다.

10가지 고통 관계

1. 엄마에게서 사랑, 관심, 인정을 얻기 위해 끊임없이 애쓰지만, 엄마를 만족시킬 수는 없다고 느낀다.

어릴 때 부모로부터 관심과 사랑, 칭찬을 받는 것은 매우 중요하다. 누구나 엄마를 기쁘게 하고 인정받고 싶어 한다. 여기서 중요한 점은 부모가 바라는 모습이 되어서가 아니라, 있는 그대로의 모습을 인정받는 것이다. 그러나 나르시시스트적인 엄마는 딸을 끊임없이 비판하며 바꾸려 들며, 아이의 있는 그대로의 모습을 좀처럼 받아들이지 않는다.

** 상담 첫날, 제니퍼의 얘기를 들으며 나르시시스트 엄마와 딸 사이의 관계를 어쩜 이렇게 잘 보여줄 수 있을까 하는 생각이 들었다. "전 길거리 모퉁이에서 '사랑을 받으려면 일하라'라는 표지판을 든 채 서 있는 거 같아요. 엄마를 즐겁게 해주려고 많이 노력했어요. 한 번은 엄마와 함께 백화점에 갔는데 엄마가 작고 예쁜 동전지갑을 들고 있는 모습을 보았어요. 정말 갖고 싶은 눈빛이었죠. 여덟 살배기 어린 꼬마에게는 비싼 물건이었지만 어떻게든 엄마에게 선물하기로 마음을 먹었어요. 몇 주 동안 학교에서 점심까지 거르면서 모은 돈으로 마침내 지갑을 샀을 때는 얼마나 뿌듯했는지 몰라요. 그리고 빨간 반짝이 포장지에 싸서 크리스마스가 오기만을 손꼽아 기다렸어요." 크리스마스 아침, 제니퍼는 엄마가 기뻐하는 모습을 기대하며 설레는 마음으로 선물을 건넸지만, 엄마는 도둑질한 거냐며 그녀를 몰아붙였고, 방바닥에 지갑을 던지며 소리쳤다. "나는 도둑질한 선물 따위 받고 싶지 않아!"

** 민디는 자신은 '지저분하기 짝이 없는데' 반해 엄마

는 '깔끔 그 자체'라고 했다. "엄마한테 칭찬받으려고 깨끗이 청소도 하고 물건 정리도 해보려고 얼마나 애썼는데요. 그런데 어떻게 해도 엄마처럼은 안 되더라고요. 전 우뇌형이거든요. 물건들을 보기 좋게 정리하고는 싶어도 결국은 엉망으로 어질러 놓아요. 우뇌형이라 창의력이 풍부했던 거죠. 그런데 엄마는 그게 싫으셨나 봐요. 제 나이가 이제는 쉰이나 되었잖아요. 그런데도 엄마는 저 보러 우리 집에 오셔서는 거실 바닥에 신문이 펼쳐져 있으면 여전히 잔소리하셔야 직성이 풀리시나 봐요."

** 리넷은 한 번도 엄마에게 인정을 받은 적이 없다. 유명한 피아니스트였던 엄마처럼 되고 싶어 오랫동안 피아노에 매달려 연습하고 연주회도 열었지만, 엄마 마음에 들기에는 턱없이 모자랐다. "제가 실수하면 아직도 지적하시는걸요." 그래서 이번엔 연애가 돌파구가 될 수 있을 거라 기대했다. "남편을 처음 만났을 때 이런 생각을 했어요. '이 사람을 엄마가 보면 정말 좋아하시겠지. 나에게 잘 만났다고 하실 거야.' 엄마가 그 사람을 좋아해 주면, 드디어 나를 인정해줄지도 모른다고 기대했어요." 하지만 리넷의 엄마는 그를 만나고 나서 이렇게 말했다. "얘, 넌 설마 저 남자가 진짜 괜찮다고 생각하는 거야?" 엄마는 그가 세련되지 못하고 어딘가 거칠어 보인다고 느낀 것이다. 리

넷이 기대했던 반응은 끝내 돌아오지 않았다.

** 브릿지는 엄마에게 자기 사랑을 증명하고 싶어서 선물을 자주 했던 기억이 있다. 특히 마음에 남는 건, 어머니날 선물로 '세계 최고의 엄마'라는 문구가 적힌 패를 준비했다. "엄마가 정말 싫어하셨어요. 잠깐 걸어두시더니 곧 치워버리셨죠. 얼마 후에 부엌을 새로 단장했는데 인테리어와 어울리지 않는다며 다시 저한테 돌려주셨어요. 저는 아직도 그걸 간직하고 있어요. 처음엔 말할 수 없이 슬프더니만, 시간이 지나니 단념하게 되더라고요."

2. 딸이 어떻게 느끼는지보다, 엄마에게 어떻게 보이는지가 더 중요하다.

나르시시스트 엄마는 자신의 감정보다 타인의 시선을 더 중요시한다. "내 기분이야 어떻든, 남들에게 잘 보이는 게 우선!"이라는 신념으로 살아간다. 그녀에게 가장 중요한 것은 가족, 친구, 이웃에게 어떻게 보이느냐이지, 자신이 실제로 어떤 감정을 느끼는지가 아니다. 이런 엄마는 딸을 독립된 존재로 보기보다, 자신을 확장한 존재로 여긴다. 그래서 딸이 예뻐 보여야 자신도 빛난다고 느낀다. 겉으로는 딸을 걱정하는 것처럼 보일 수 있지만, 실상 모든 것은 그녀 자신이 다른 사람들에게 남기는 인상을 위한 것이다. 당신이 어떻게 보이고 어떻게 행동하느냐는, 그녀의 불안정한 자존감을 비춰주는 거울과 같다. 그래서 당신이 다른 사람들과 만나는 자리가 아니라면, 엄마에게서조차 당신의 존재감이 흐려진다. 슬프게도, 당신이 마음속에서 어떤 감정을 느끼고 있느냐는 그녀에게 별로 중요하지 않다.

** 콘스탄스(28세)는 엄마가 원하는 모습으로 살기 위해 노력해 왔다. "엄마는 제 모든 걸 간섭하셨어요. 제 몸매, 옷, 머리색, 심지어 제 직업까지도요. 전 한 번도 살찐 적이 없었는데 열두 살이 되니 다이어트 약을 먹이셨어요. 열다섯 살 때부터는 '안 가꾸는 여자에게는 남자들이 눈길도 안 주는 거 몰라?'라고 하시며 화장을 해주기 시작하셨어요. 제가 엄마의 취향에 동의하지 않으면, 꼭 저를 깎아내리고 비난했어요. 그리고 성인이 된 지금도, 부모님 댁에 들를 때면 늘 '엄마가 원하는 모습'인지 점검하세요. 그래서 날씬해 보이려고 집에 가기 2주 전부터 굶기 시작하죠."

** 글래디스는 엄마가 자기에게 잘해 주려 한 적도 있다며 어린 시절의 일화를 들려주었다. "고등학교 때 연극부 오디션에서 떨어져 상심했던 적이 있어요. 너무 속상했던 저는 그냥 엄마가 안아주면서 위로해주길 바랐죠. 그런데 엄마는 제 감정에 공감해주지 못했어요. 속으로는 안타까워했을 수도 있지만, 그때 엄마가 한 행동은 정말 이상했어요. 갑자기 밖에 나가서 롱부

츠를 사 와서는 뿌듯해하며 이렇게 말씀하셨거든요. '물론 창피할 거야. 하지만 내일 이걸 신고 학교에 가면 최소한 예쁘게 보일 수는 있을 거야.' 지금 생각해보면 제가 오디션에 떨어져서 창피한 사람은 엄마였던 것 같아요."

3. 엄마가 딸을 질투한다.

자녀가 빛나지 않기를 바라는 부모란 세상에 없을 것 같지만, 나르시시스트 엄마는 자신의 딸을 위협적인 존재로 인식한다. 당신이 엄마보다 더 주목을 받는 순간, 어김없이 비난이나 폄하, 혹은 보복이 따라왔던 기억이 있을 것이다. 엄마는 여러 이유로 딸의 외모, 소지품, 성공, 교육 심지어 부녀지간까지 시기한다. 이런 질투에는 특히 이중적인 메시지가 담겨 있어서 더욱 혼란스럽고 고통스럽다. "잘해서 엄마를 자랑스럽게 만들어야 해. 하지만 너무 잘해서는 안 돼. 엄마보다 더 빛나면 안 되니까." 나르시시스트 엄마는 모순으로 가득 차 있다.

** 사만다는 늘 집안에서 가장 날씬한 사람이었다. 다른 친척들은 대부분 살이 찐 편이고, 엄마는 특히 비만이었다. 그녀가 22세가 되던 해, 엄마는 사만다의 옷장에서 옷을 모두 끄집어내더니 침실 바닥에 내동댕이치면서 소리를 질렀다. "누가 요즘에 44사이즈를 입니? 네가 그렇게 잘났어? 넌 아마 거식증에 걸렸을 거

야. 그러니 우리 모두 힘을 합쳐 네가 치료받도록 해야겠지!"

** 펠리스(32세)의 가는 허리도 엄마에게 문제였다. "엄마는 저더러 항상 예쁘게 하고 다니라고 하셨어요. 하지만, 너무 예뻐 보이면 안 되었어요. 전 허리가 잘록했는데, 허리선이 드러나도록 벨트를 하면 엄마는 '그렇게 입으면 창녀 같아 보여'라고 말하곤 했죠."

** 메리는 우울한 목소리로 이렇게 말했다. "엄마가 늘 지더러 못생겼다고 하셨어요. 그런데 또 밖에 나가서는 끝내주게 예쁘게 보여야 한다고 하시죠. 고등학교 졸업파티에서 퀸 후보로 뽑혔을 때, 엄마는 친구들 앞에서는 저를 무척 자랑스러워하는 척했어요. 하지만 그분들이 돌아가고 나선 저를 비난하셨어요. 머릿속이 정말 뒤죽박죽이었죠. 진짜 나는 못생겼는데, 사람들 앞에서는 예쁜 척 행동하라는 게 말이 되나요? 전 아직도 이해할 수 없어요."

** 에디는 고등학생 시절 모델이 되고 싶어 관련 학교와 진로 프로그램을 알아보기 시작했다. 그러던 중 지방 백화점의 모델로 뽑혔고, 막상 자신이 그렇게 꿈꾸던 일을 하게 된 것에 흥분을 감출 수가 없었다. 그런데 이를 질투한 엄마가 에디의 꿈을 가로막았다. 엄마는

인터넷을 뒤져 40세 이상 미인 대회들을 찾아서는 에디에게 등록시켜 달라고 했다. 그리고 실제 그중 하나에서 수상을 했다. 다음 해 엄마는 그 대회에서 상을 받은 자신의 사진으로 가족 크리스마스 카드를 만들었다. '인생에서 원하는 걸 하기에 늦은 나이란 없다'라는 문구까지 곁들여서 말이다. 에디는 굉장히 당황하고 깊이 실망했지만, 이 기분을 감히 엄마에게 털어놓을 수는 없었다. 엄마와의 경쟁이 너무 벅차게 느껴져서, 애디는 결국 모델이라는 자신의 꿈을 끝까지 이어가지 못했다. 상담하며 그 일을 떠올린 에디는 슬픔을 감추지 못하며 이렇게 말했다. "결국 그 일은 끝까지 제 이야기가 아니었어요."

** 로라(50세)는 지금도 어릴 적 아버지와 나눈 친밀한 기억을 또렷이 떠올린다. "그런데 엄마는 제가 아빠 곁에 있는 것을 싫어하셨어요. 마치 저희 관계를 질투하는 것처럼 느껴졌죠. 언제나 주목은 엄마에게 쏠려야만 했거든요. 그래서 '너는 아빠만 좋아하고, 나한텐 정이 없어' '아빠를 위해서라면 뭐든 다 하겠네' 같은 말을 자주 하셨어요." 로라의 말을 들어보면, 엄마는 남편이 딸에게 보내는 애정에 위협을 느꼈던 것으로 보인다. 로라가 아빠와 함께 화단에 꽃을 심고 있을 때, 엄마가 돌멩이를 집어 던질 정도였으니 말이다.

4. 엄마가 딸의 건강한 자기표현을 지지하지 않는다. 특히 그것이 엄마의 욕구와 충돌하거나, 엄마를 위협한다고 느껴질 때 더욱 그렇다.
아이들은 자라면서 새로운 것을 경험하고, 자신이 무엇을 좋아하고 싫어하는지 스스로 선택해보며 '자기다움'을 형성해간다. 하지만 나르시시스트 엄마는 딸의 흥미와 활동을 자신의 기준에 맞게 통제하려 한다. 그 기준이란 대개 엄마에게 흥미롭거나 편리하거나, 위협이 되지 않는 것들이다. 딸이 진심으로 원하는 것이나 필요한 것을 찾도록 응원하지 않는다. 심지어는 딸이 스스로 아이를 낳고자 하는 것에 대해서도 자신이 결정권을 행사하려고 한다.

** 〈애정의 조건〉Terms of Endearment을 보면 가족들과 함께 하는 저녁 식사 자리에서 딸이 임신 소식을 전하는 장면이 나온다. 이 소식을 듣자마자 엄마는 "난 할머니가 되기 싫어! 준비가 안 되었단 말이야!"라고 소리를 지르면서 방을 뛰쳐나간다. 이 장면에서 분명한 건, 딸의 임신이 딸의 일이 아니라, 엄마 자신의 문제로 받아들여졌다는 점이다.

** 이 영화 속 딸처럼, 제리 역시 자신의 욕구밖에 보지 못하는 엄마의 태도 때문에 자기표현의 가능성을 억눌린 채 살아야 했다. 어릴 적부터 제리는 예술적 감각이 뛰어났고, 초등학교 3학년 때부터 미술로 상을 받기 시작했다. 나중에는 미술 학교로 진학하면 전액

장학금을 주는 대회에서 우승을 거머쥐었지만, 그 기회를 끝내 살리지 못했다. "그 장학금은 결국 못 탔어요. 엄마가 저를 학교에 데려다주는 게 번거롭다면서 그냥 포기하라고 했거든요."

** 루비는 학교 활동에 적극적으로 참여하고 싶어 했다. 그래서 학교 뮤지컬에서 주연을 따냈을 때 무척 기뻤지만, 엄마는 불같이 화를 냈다. "그 많은 연습에 다 나갈 시간이 어딨어? 집안일은 누가 할 건데!"라며 고함을 질렀다. 루비는 대사를 외우기는커녕, 숙제를 시작하기도 전에 매일 온갖 집안일을 마쳐야 했다. 엄마는 연습 기간 내내 루비를 몰아세웠다. 그런 방해에도 불구하고 루비는 결국 무대 위에서 멋지게 해냈다. 그러자 엄마는 "내 딸이 주인공이야"라며 자기 친구들을 불러다 놓고 성대한 파티를 열었다. 하지만 정작 루비의 친구들은 한 명도 초대받지 못했고, 엄마는 끝내 루비에게 "잘했다"는 말 한마디도 해주지 않았다.

** 딸의 성공을 위협으로 여긴 나머지, 딸의 졸업식조차 참석하지 않은 엄마도 있다. 마리아는 자신의 대학 졸업식에 엄마가 오지 않은 이유를 이렇게 말했다. "그날 날씨가 너무 더워서 못 가겠대요. 그게 전부였어요." 하지만 마리아는 놀라지 않았다. 엄마는 돌아가신 아버지가 딸의 대학 등록금을 대려고 남긴 적금을

단 한 푼도 쓰지 않았다. 대신 그 돈은 모두 엄마 자신을 위해 사용됐다. "저는 등록금을 내려고 뼈 빠지게 일해 돈을 모아야 했어요. 엄마는 단 한 푼도 보태주지 않으셨죠."

5. 가족 내 중심은 언제나 엄마다.
이 책 전반에서 '모든 것이 엄마 중심이다'라는 주제를 다루지만, 이런 태도가 실제로 모녀 관계에서 어떻게 나타나는지 여기에서 구체적으로 보여주고자 한다. 나르시시스트 엄마는 완전히 자신에게만 몰두해 있어서 자신의 행동이 다른 사람들, 특히 자녀들에게 어떤 영향을 미치는지를 전혀 인식하지 못한다.

최근에 나의 엄마도 바로 이 다섯 번째 태도를 적나라하게 드러낸 일이 있었다. 하지만 다행히도 이번에는 내가 어떻게 대처해야 할지 알고 있었다. 내가 이 책 마감일에 막 쫓기고 있을 때였다. 그런데 엄마가 새로 이사한 집을 보러오라는 거였다. 며칠 전에 두 분이 이미 우리 집에 오셨던 데다가 지금은 상담하고 글을 쓰느라 눈코 뜰 새 없이 바쁘다고 말씀드렸다. 이 책을 끝내면 바로 찾아뵙겠다고 분명히 말씀드렸는데도 "누구나 계획은 많아. 그렇다고 전부 다 해내는 거 봤니? 너도 이제는 남들처럼 사는 게 좋지 않겠어?"라고 하시는 거였다. 듣자 하니 내 사정은 아랑곳없이 결국 엄마 바람대로 새집을 방문하는 것이 제일 중요하다는 말이었다. 예전 같으면 내 일정이 어떻든 또 금전적 여유가 있든 없든 그저 엄마가 원하시는 대로 했을 것이다.

하지만 이제 나는 엄마의 나르시시즘을 이미 극복한 사람 아닌가! 회복이란 정말 감사한 일이다. 이번에는 내 입장을 분명히 밝혔다. 일이 어느 정도 정리되면 찾아가겠다고 말하며, 단호하게 내 뜻을 지켜냈다.

** 소피는 수개월 동안 이어진 우울증으로 삶의 모든 영역이 무너져서 결국 병원을 찾았다. 의사를 만나고 나서야 비로소 큰 안도감을 느낄 수 있었다. 의사는 항우울제 복용을 권했고, 소피는 오랜만에 지금보다 나아질 수 있을 거라는 희망을 품게 되었다. 그녀는 엄마에게 프로작Prozac을 복용해볼 거라고 말하며 약통을 보여주었다. 그러자 엄마가 약통을 낚아채 쓰레기통에 던지며 소리를 질렀다. "어떻게 네가 감히 나한테 이럴 수 있어? 내가 그렇게까지 나쁜 엄마였다는 말이야?"

** '모든 것이 엄마 중심이다'는 말은 때로 노골적인 경쟁심으로 드러난다. 페니의 엄마는 결혼을 앞둔 딸에게 쏟아지는 스포트라이트를 가로챘다. "한창 결혼을 준비하던 어느 날, 한 가게에서 아주 예쁜 애프터눈티 세트를 봤어요. 정말 마음에 들어서 나중에 가족들에게 축의금을 받게 되면 그걸 꼭 사야겠다고 말했죠. 그런데 다음 주에 다시 가게에 갔더니, 그 세트가 없

어졌더라고요. 그 뒤론 까마득히 잊어버리고 있었죠. 그 일이 다시 떠오른 건 크리스마스 아침이었어요. 선물을 열어보는데 아빠가 엄마에게 준 선물이 바로 그 그릇 세트였던 거예요. 알고 보니 엄마가 그 가게에 아빠를 보내서 자신을 위해 사 오게 했던 거였죠."

"그뿐만이 아니에요. 심지어 제 결혼식 전 파티에서도 엄마는 그 그릇을 자기 걸로 자랑하며 저를 무색하게 만들었어요. 미국 남부 지방에선 결혼식 전에 차를 마시며 결혼 선물들을 테이블 위에다 전시하는 전통이 있는데, 엄마가 본인이 받은 선물을 보여주는 테이블을 마련하셨지 뭐에요. 사람들이 제 테이블을 둘러보고 나면 엄마는 '이제 이쪽에서 제가 받은 예쁜 애프터눈 티 세트를 한 번 보세요'라고 하셨어요. 엄마는 자신의 경쟁심이 저에게 어떤 상처를 주는지 전혀 모르는 것 같았어요." 이렇듯 나르시시스트 엄마는 모든 상황에서 자기가 중심임을 보여주기 위해 정말 집요할 정도로 애를 쓴다.

** 패트리샤 엄마는 뉴욕 출신이다. "만약 제가 무슨 이야기를 꺼냈는데 엄마는 그 말에 대꾸하기 싫으면, 늘 특유의 표정을 지으며 뉴욕식 억양으로 '아, 됐고'(원문은 'What eva', Whatever를 툭 내뱉는 말)라고 말하고는, 바로 자기가 겪고 있는 상황이나 감정에 대해 긴 하소연을 시작하세요." 그녀의 엄마가 내뱉는 이 짧은

단어는 빠르고 날카롭게 패트리샤의 마음을 할퀸다.

** 나르시시스트 엄마는 모든 일을 자신에게 끼치는 영향으로만 해석하기 때문에, 심지어 갓난아이의 행동조차 오해할 수 있다. 〈에이프릴의 파편〉Pieces of April에서 엄마(패트리시아 클락슨Patricia Clarkson분)는 자신이 왜 딸 에이프릴(케이티 홈즈Katie Holmes분)을 미워하는지 자세히 늘어놓는다. "걔는 아기 때 젖을 먹일 때, 내 젖꼭지를 물고 빨다가 깨물기까지 했어." 그러면 갓난아기가 "진심은 아니었어요. 전 태어난 지 겨우 몇 달밖에 안 된 데다가 요즘 이가 나기 시작해서 너무 간지럽다고요!"라고 대답이라도 해야 한단 말인가.

6. 엄마가 공감을 못 한다.

공감 능력의 결여는 나르시시스트 엄마의 대표적인 특징이다. 이런 엄마 밑에서 자란 딸은 자신이 중요하지 않은 존재처럼 느끼게 된다. 자신의 감정이 보잘것없게 여겨지고 존재가 부정당하는 것이다. 이런 경험은 어린 시절뿐 아니라 사춘기를 지나 성인이 된 뒤에도 반복된다. 결국, 자기 이야기를 꺼내는 것을 포기하고 자신의 감정에 귀 기울이는 법을 잊은 여성들이 적지 않다.

** 앨리스가 이혼 절차를 밟으면서 정신없이 지낼 때, 엄마는 연신 구체적인 질문을 퍼부으며 엘리스를 더욱

지치게 만들었다. "집은 누가 가져가? 양육권은 어떻게 할 건데? 변호사는 누구를 썼어?" 앨리스는 마지못해 엄마의 질문에 전부 대답했다. 그런데 정작 이혼을 겪는 심정을 얘기하려고 하자 엄마는 듣지 않으려 했다. 대신 위자료는 얼마를 청구해야 하는지, 또 변호사의 역할은 무엇인지 현실적인 얘기만 쏟아냈다. 앨리스의 엄마는 딸의 고통스러운 감정에는 아무런 반응도 보이지 않았다. 앨리스는 자신이 중요하지 않은 존재처럼 느껴졌고, 마음 깊이 비참한 기분이 들었다. "그런데 내 감정은 어쩌라고? 나는 안 중요해?"

** 〈헐리웃 스토리〉Postcards From The Edge에서 딸 수잔(메릴 스트립Meryl Streep분)은 자신의 고통은 인정해주지도 않고 관심도 없는 엄마 도리스(셜리 맥클레인Shirley MacLaine분)에게 내내 화를 낸다. 마약 재활 치료를 받기 위해 시설에 들어갔을 때, 수잔을 보고 엄마가 건네는 말이라고는 머리 모양이나 화장, 방 인테리어에 관한 이야기가 전부다. 수잔의 회복 상태나 마약을 끊은 후 새로운 삶에 관한 얘기는 일언반구도 없다. 수잔이 퇴원하자 엄마는 파티를 열었다고 했지만, 정작 초대한 사람은 전부 자기 친구들이었다.

그 파티에서 엄마와 딸 사이의 감정싸움은 더욱 두드러진다. 도리스가 수잔에게 노래를 부르라고 하자, 수잔은 〈당신은 저를 몰라요〉You Don't Know Me라는 곡을 택한다. 그러자 도리스는 곧바로 무대 위로 가더니 〈내가 곁에 있잖니〉I'm Here를 부르며 무대 위에서 딸에게 모욕을 준다. 그 선곡의 의도는 끔찍한 재활 기간 동안 자신이 딸을 위해 얼마나 희생을 했는지를 보여주려는 것이었다. 마침내 수잔은 〈이 상처투성이 호텔에서 이제 나가려 해〉I'm checkin' out of this heartbreak hotel를 부르며 전쟁 같은 파티를 마무리한다. 공감이라고는 눈곱만큼도 할 수 없는 엄마로부터 탈출하는 것, 그것이야말로 수잔에게 꼭 필요했던 일이었다.

나는 내가 엄마로부터 받은 상처를 극복했던 순간을 떠올렸다. 그때 나는 엄마가 나에 관한 얘기는 전혀 듣고 싶어 하지 않는다는 사실을 완전히 깨달았다. 그렇지만 아직도 나는 엄마와 통화 중에 일종의 반항처럼 내 이야기를 일부러 꺼내서 억지로 듣게 한다. 그러면 엄마는 적당히 듣다가 대화를 끊으면서 아빠에게 수화기를 넘겨 버리신다. 나는 이따금 그 시간을 재보기도 했다. '과연 이번엔 내가 몇 초 동안 말하면 아빠 목소리가 들릴까?' 하고 말이다.

엄마는 내 심정을 헤아릴 수가 없어서, 부모 역할을 아빠에게 넘기고 계신 것이다. 단 몇 초 만에 또다시 아빠를 바꿔주신 날, 나는 더 이상 엄마를 몰아붙이지 않기로 했다. 이제 확실해졌으니까. 굳이 서로 불편하게 만들어 봤자 뭐하겠는가.

7. 엄마가 자신의 감정을 제대로 다루지 못한다.

나르시시스트들은 감정을 다루기 싫어한다. 자신의 감정조차도 그렇다. 나를 찾아온 많은 내담자 중에는 엄마가 원하는 대로 맞춰주려고 자신의 솔직한 감정을 억누르거나 부정하며 자란 사람들이 많았다. 감정을 드러내려고 하면 엄마가 "완전히 냉정하게" 대하거나 아니면 "사라져 버린다"고 표현했다. 엄마가 표출하는 감정이라고는 화밖에 없는데 그것도 자주 표출한다고 말한 사람도 있었다. 감정표현이 차갑거나 무표정하거나 분노뿐이고, 딸이 자기감정을 표현하는 것조차 허락하지 않는 엄마 밑에서는 정서적으로 연결된 유대관계를 기대할 수 없다. 결국 두 사람의 관계는 껍데기만 남고, 서로에 대한 진심은 닿지 못한 채 머물게 된다.

** 브렌다의 엄마는 자주 화를 냈다. "엄마는 감정을 마치 허리케인처럼 다뤄요. 지나가는 모든 걸 쓸어버리지요. 고래고래 소리를 지르고 욕도 많이 하셨어요. 모든 것을 남 탓으로 돌리셨죠. 감정을 어떻게 처리해야 하는지 모르셨어요."

** 헬렌은 대학 졸업 후에 유럽 여행을 하며 멋진 시간을 보내고 있었다. 여행 중 한 남자를 만나 결혼까지 생각하게 되었고, 설레는 마음으로 미국에 계신 엄마에게 자신의 마음을 알리려고 전화를 걸었다. 자신의 감정을 털어놓고 싶었기 때문이다. 엄마는 "난 그런 얘

기는 하기 싫어"라는 말만 남기고 전화를 끊어버렸다. 헬렌은 아직도 엄마가 그때 대체 무슨 심정이었는지 궁금하지만 40대에 접어든 지금까지 한 번도 여쭤본 적이 없다. 이미 어린 시절부터 '감정'에 대한 얘기는 꺼내는 게 아니라고 배웠으니까.

** 스테이시는 어릴 적 이야기를 엄마와 꼭 나누고 싶었다. 지금까지 그런 대화라고는 해본 적이 없었는데, 어릴 때 엄마가 너무 심하게 화를 내곤 했기 때문이다. 상담하면서 마음의 상처가 많이 아물었던 스테이시는 엄마와 긴 대화를 나누기 위해 부모님 댁으로 찾아갔다. 이제는 자신도 많이 변했기 때문에 엄마와 다른 식으로 소통할 수 있을 것이라 기대하면서 말이다. 스테이시와 엄마는 뒷마당에서 아이들에 대해 얘기하고 가족들의 바비큐 모임에 대해서도 얘기를 나누었다. 그러다가 엄마에게 자신과 애들이 대화하듯이 엄마와도 마음을 터놓고 대화하고 싶다고 말을 건넸다.

하지만 스테이시가 어린 시절의 감정에 대해서 말을 꺼내자마자 엄마는 화제를 딴 데로 돌리더니 결국 정원의 잡초를 뽑는 일에 몰두하기 시작했다. 예전에는 화를 내시더니 이번에는 완전히 입을 닫고는 또다시 스테이시만 홀로 내팽개쳐 버리셨다. 어색한 정적의 순간이 흘러가고 스테이시와 엄마는 마치 아무 일도 없었던 것처럼 다시 음식 얘기를 주고받았다. 스테이시가 이 이야기를 털어놓기에 내가 그때 어떤 느낌이었냐고 물었다. 그러자 스테이시는 아무 말도 하지 않은 채 몇 분 동안 가만히 앉아 눈물만 계속 흘렸다. 그리고는 마침내 한숨을 내쉬며 말했다. "저는 없어요. 엄마와 함께 있는 한, 저라는 존재는 절대 있을 수가 없다고요."

스테이시는 엄마가 자신의 감정은 물론 딸의 감정도 다룰 능력이 없다고 했다. 그래서 엄마와의 심리적 거리를 좁힐 수 없었던 것이다.

8. 흠잡기를 좋아하고 비판적이다.
어릴 때부터 끊임없이 비판받거나 평가당하며 자란 사람은, 어른이 되어서도 그 상처를 극복하기가 매우 어렵다. 그래서 사사건건 과민반응을 보이게 되고, 스스로를 계속해서 검열하게 된다. 나르시시스트 엄마는 자신 안의 불안정하고 깨어지기 쉬운 자아를 감추기 위해 흠잡기를 잘하고 비판적인 경우가 흔하다. 이런 엄마는 딸을 자신이 느끼는 부정적인 감정의 희생양으로 삼고, 자신의 불행이나 불안감을 딸 탓으로 돌리곤 한다. 기분이 안 좋을 때마다 엄청 날카롭게 쏘아대는 엄마를 커서도 이해하기가 어려운데 어린아이이면 오죽하겠는가. 어린 시절에는 엄마 스스로 기분이 나빠서 그런 식으로 행동한다는 걸 알지 못한다. 그래서 그 비난이 부당하다거나 엄마의 좌절감에서 비롯된 것으로 생각지 않고 오히려 고스란히 받아들이게 된다. "내가 나쁜 아이니까 엄마가 나를 이렇게 대하는 거야." 이처럼 어린 시절부터 매사에 엄마에게 이런 부정적인 메시지를 전달받게 되면, 이것이 내면화되어 결국엔 진실처럼 믿게 되고, 어른이 된 후 큰 난국에 부딪히게 된다. 그렇게 "난 절대 잘할 수 없어"라는 메시지가 딸의 내면에 뿌리 깊게 자리 잡는다. 이 감정을 떨쳐내는 것은 믿을 수 없을 만큼 어렵다.

** 마릴린의 엄마는 자신의 관점에서만 딸을 보며 야단치느라 정작 마릴린의 천부적인 재능을 제대로 보지 못했다. 훌륭한 댄서였던 엄마는 음악을 좋아하고 춤을 잘 추는 사람을 높이 평가했다. 그래서 마릴린이 걸음마를 떼고 말문을 터트리자마자 발레와 탭댄스를 배우게 했다. 그런데 마릴린은 춤이 아니라 노래에 천부적인 소질을 보였다. 엄마는 딸의 장점을 보려 하지 않고, 자기 기준에서 단점으로 여겨지는 부분만 골라 딸을 비난했다. "엄마는 절 '가르칠 수 없는 애'라고 했어요. 완전 몸치라고요. 심지어 친구들에게도 그 얘길 하셔서 절 웃음거리로 만드셨어요. 제가 아무리 노래에 소질을 보여도 엄마는 관심이 없으셨어요. 그저 이렇게 말씀하실 뿐이었죠. '쟤는 춤을 못 춰서 너무 안타까워.'"

** 샤론은 엄마가 쏟아낼 경계와 비난의 소리가 싫어서

세 번째 결혼 소식을 부모님께 알리기가 쉽지 않았다. 이 소식을 부모님께 조심스럽게 알리자 엄마는 이렇게 소리를 질렀다. "내가 기네스북에 올라야겠네. 딸은 하나밖에 없는데 사위가 셋이나 되니까 말이야!" 샤론은 내게 이 얘기를 털어놓으면서 상담시간 내내 거의 울기만 했다. 솔직히 말하자면, 나도 함께 울 수밖에 없었다.

** 앤은 엄마에게서 벗어나려고 무척 애썼다. 하지만 아무리 상담을 받아도 엄마가 세상을 바라보던 방식이 머릿속에서 지워지지 않았고, 자기 자신을 대하는 감정에도 늘 엄마가 끼어들었다. "전 제 능력에 자신이 없어요. 무언가를 할 때마다, 엄마가 항상 제 어깨너머에서 쳐다보시는 것 같아요. 작은 실수라도 저지르면 엄마가 마치 거기서 저를 평가하고 있을 것만 같죠. 무슨 일을 하든 '엄마는 뭐라고 할까' 하는 생각이 따라다녀요. 엄마 목소리가 항상 제 귀에 속삭이는 것처럼요."

** 크리스는 결혼식에 엄마를 초대하기가 두려웠다고 고백했다. "엄마는 자신이 모든 것을 다 안다고 생각하시는 데다 언제나 비판적이세요. 엄마가 결혼식 중에 '내가 보기엔 얘네 길어봐야 2년도 못 가' 같은 말을 할까 봐 정말 무서웠어요."

9. 엄마는 딸을 자녀가 아니라 친구로 대한다.

건강한 모녀 관계에서는 엄마가 부모 역할을 하며 아이를 돌본다. 딸은 성장하는 동안 엄마에게 보살핌을 기대할 수 있어야지, 그 반대여서는 안 된다. 특히 자녀 양육기 동안 엄마와 딸은 친구나 동등한 관계로 왜곡되지 않아야 한다. 하지만 나르시시스트 엄마는 조부모에게서 제대로 보살핌을 받지 못하고 자랐을 가능성이 커서, 내면에 여전히 돌봄을 갈구하는 어린아이와도 같은 면모가 있다. 이들에게 딸이라는 존재는 그토록 목말라하던 관심과 애정, 사랑을 채워줄 영원한 샘물이나 마찬가지다. 그래서 딸을 자식이 아니라 친구처럼 여기고 버팀목처럼 기대면서 심리적 욕구를 채워줄 대상으로 삼는다. 때로는 친구 역할을 할 때만 칭찬해주는 엄마도 있다. 딸 스스로 그런 역할을 기꺼이 자청하기도 하지만, 그러면 나이를 한참 먹고 나서야 엄마와의 관계에 심각한 문제가 있다는 사실을 깨닫기도 한다.

** 트레이시는 언제나 엄마와 단짝 친구처럼 지냈다. "제가 열두 살밖에 안 되었을 때였어요. 저는 엄마와 엄마 친구들과 함께 어울려야 했어요. 그분들 머리를 잘라주기도 하고 같이 다이어트도 했어요. 엄마와 저는 한시도 떨어질 수가 없었죠. 엄마는 듣기 불편한 얘기도 서슴지 않고 하셨어요. 자기 친구들 이야기, 아빠와의 관계, 심지어 성적인 이야기까지 전부 저한테 털어놓으셨어요. 제가 그런 얘기를 듣고 불편해하

든 말든 중요하지 않았어요. 엄마는 그저 곁에 있어 줄 사람이 필요했던 거죠."

** 셰릴 엄마는 홀로 아이를 키우면서 항상 남자를 만났다. 데이트를 마치고 집에 온 엄마는 누구를 만났는지, 무엇을 했는지, 느낌은 어땠는지 셰릴에게 빠짐없이 털어놓았다. "엄마의 인생은 데이트가 전부였어요. 그리고 그 무모한 탈출구 얘기를 들어줄 사람이 필요했던 것뿐이고요. 저는 엄마가 저나 제 일에 관심을 주시길 바랐지만, 우리의 대화는 늘 엄마 남자친구의 엄마의 감정에 대한 것뿐이었어요." 엄마는 셰릴을 보모와 함께 집에만 두고, 자신은 바깥일에만 열중했으며, 학교 행사에는 한 번도 온 적이 없었다. "엄마는 제가 누구를 만나는지 학교에서 무슨 활동을 하는지 전혀 모르셨어요. 하지만 저는 엄마의 사교 생활을 낱낱이 꿰고 있었죠."

아이들이 접해서는 안 되는 어른들 세계의 이야기는 정말 많다. 아이들은 아이들답게 커야 하며 자신들에게 중요한 것에 관심을 가져야 한다. 어른들의 문제를 짊어져서는 안 된다. 그러나 나르시시스트 부모들은 아이들을 너무 이른 시기에 어른들의 세계로 끌어들인다. 남편과의 관계에서 겪는 어려움을 딸에게 자꾸 털어놓는 나르시시스트 엄마는 그게 아이에게 얼마나 고통스러운 일인지 이해하지 못한다. 딸은 당연히 엄마와 아빠 양쪽의 특성을 모두 가지고 있다. 그러니 어린 딸에게 아빠를 비난하는 말은 곧 딸 자신에 대한 비난처럼 들릴 수밖에 없다. 딸은 두 부모 모두에게 의지할 수 있어야 하지만, 엄마가 어른들의 걱정을 계속 들려주는 상황에서는 그런 건강한 의존이 불가능해진다. 부모 누구에게도 의지할 수 없게 된 딸은 불안하고 외롭다고 느낀다. 나아가 부모의 문제를 자신이 바로잡지 못하는 것에 대한 죄책감까지 느낀다. 그래서 결국 내면에 다음과 같은 부정적인 메시지를 품게 된다. "(엄마 문제도 못 고치는 나는) 착한 딸이 아니야." 이런 자기부정적인 생각이 딸의 이성교제에 어떤 영향을 미치는지는 2부에서 더 살펴보기로 하자.

10. 모녀지간에 경계나 프라이버시가 없다.

정신적으로 성숙하려면 딸은 자라면서 엄마와 심리적인 경계선을 그어야 한다. 하지만 나르시시스트 엄마는 딸이 독립적인 한 개인으로 자라도록 내버려 두지 않는다. 딸은 오직 엄마의 욕구나 바람을 위해 그 자리에 그대로 있어야 할 뿐이다. 이로 인해 딸에게는 심각한 문제가 생긴다. 경계나 프라이버시가 없는 가족생활이 펼쳐지는 것이다. 엄마는 해서는 안 되는 얘기도 모두 딸에게 털어놓고, 창피할지도 모를 딸의 사생활도 사람들에게 함부로 얘기한다. 나르시시스트 엄마는 그런 행동이 얼마나 잘못되었는지, 또 딸에게 얼마나 나쁜지 전혀 인식하지 못한다. 그녀에게 딸은 단지 자기 자신의 연장선일 뿐이다.

** 셰릴은 오랜만에 고등학교 친구와 다시 연락이 닿았을 때, 엄마가 선을 넘어버렸다고 느꼈다. "친구를 다시 찾게 되어 얼마나 들떴는지 몰라요. 졸업 후에 어떻게 지냈는지 궁금했거든요. 우리는 중고등학교 때 엄청 친했는데 한동안 연락이 끊겼죠. 친구가 제 전화번호를 잃어버렸지만, 전화번호부에서 저희 부모님을 찾아냈더라고요. 문제는 그 전화를 엄마가 받았다는 거예요. 엄마는 제 친구에게 제가 의사라고 자랑을 하셨어요. 그리고는 곧장 제 연애 실패담을 구구절절 늘어놓으셨어요. 제가 직접 친구와 통화했을 때, 친구는 제 연애 문제를 제일 먼저 물어봤어요. 그 순간 얼마나 창피하고 민망했는지 몰라요. 도대체 엄마는 어디까지 끼어드셔야 직성이 풀리실까요? 엄마는 왜 제가 제 친구에게 직접 제 얘기를 하도록 하지 않으셨을까요? 제가 겪었던 일들에 대해, 왜 그렇게 되었는지는 제 방식대로 설명하고 싶었는데 말이에요."

** 마리온의 엄마는 가끔 마리온의 집 열쇠로 문을 따고 들어가 살림살이를 몰래 점검한다. 그리고는 쪽지에 심한 말을 남기시는데 가장 최근에는 이렇게 적으셨다. "이게 사람 사는 집이니! 내가 너를 이렇게 키웠어? 좀 있으면 냉장고에 벌레가 아주 득실거리겠어! 이 곰팡이들을 모아서 페니실린이라도 만들 생각이야?"

** 루스의 엄마는 루스의 남자친구를 아무런 거리낌 없이 대한다. "제가 남자친구와 헤어지기라도 하면, 엄마는 그 사람을 안고 뽀뽀하고 심지어 함께 자기도 해요. 한 번은 제 생일 파티 때 친구들이 모두 보는 앞에서 제 전 남자친구와 키스를 하기 시작하셨어요. 심지어 엄마는 그때 아직 결혼한 상태였어요! 제가 따졌더니, 엄마는 '걔가 집에 같이 가자고 했는데 내가 거절했잖니'라고 하더군요. 그래서 저는 '그렇게나 저를 생각해주신다니 퍽이나 감사하군요!'라고 대꾸했어요."

** 니콜 스탠스베리Nicole Stansbury가 쓴 유명한 소설, 『엄마의 공간』Places to Look for a Mother에는 딸이 화장실을 쓰고 있는데 엄마가 불쑥 들어오는 장면이 그려져 있다. "엄마는 항상 아주 자연스럽게 화장실에 들어오시는군요. 화장실 문에 열쇠도 한 번 안 다셨죠. 게다가 노크하실 줄도 모르시고요." 이 말을 들은 엄마가 "이러니 내가 한시도 마음 편할 날이 없지. 긴장이 안 될 수가 있겠어? 조마조마해서 뭘 할 수가 없네! 어쩜 하는 것마다 잔소리야! 대체 뭐가 걱정이고 뭘 숨기는 건데? 머리에 피도 안 마른 어린애 주제에."라고 한탄한다. 엄마는 딸의 경계를 무시하고 프라이버시를 침해했을 뿐만 아니라, 자신의 무례한 행동을 딸의 탓으로 돌리며 다그친다.

딸이 건강하고 성숙하며 독립적인 여성으로 자라려면 자신이 엄마와는 분리된 존재라는 것을 알아야 한다. 나르시시스트 엄마는 이 사실을 이해하지 못하는 데다가 미성숙하고 욕구불만인 사람이어서, 딸이 건강하게 개별성을 형성하는 걸 오히려 방해하며 정서적 성장을 가로막는다.

엄마가 만든 나 말고, 진짜 나는 어디 있을까?

안타깝게도, 앞서 말한 열 가지 고통 관계가 낳는 극심한 폐해 때문에 나르시시스트 엄마를 둔 딸은 거울 속에서 진짜 '나'를 찾기 어렵다. 보이는 건 온통 엄마가 만든 이미지, 엄마 눈에 비친 왜곡된 나 자신뿐이다. 오히려 엄마가 엄마 자신을 보듯, 거울 속 나의 모습에서도 부정적인 자아상을 찾는 경우가 대다수다.

딸은 모든 성장 발달 단계에서 나르시시스트 엄마가 심어준 부정적인 메시지와 느낌을 어쩔 수 없이 내면화하게 된다. 구체적인 사건이나 심리적 충격은 잊어버렸을지라도, 자기 자신을 깎아내리는 메시지는 뇌리에 박혀 죽을 때까지 풀 수 없는 족쇄가 된다. 이 메시지는 무의식적인 감정 반응과 행동 패턴으로 이어져 삶에 여러 가지 문제를 일으키고, 쉽게 벗어나기도 어렵다. 하지만 이 메시지가 어디에서 비롯되었고, 어떤 영향을 끼치고, 또 어떻게 작동하는지를 알게 되면 그것들을 잠재우고 자신에 대한 건강한 믿음을 싹틔울 수 있다. 엄마가 그런 행동을 하게 된 이유를 더 잘 알게 될수록, 내면의 부정적인 목소리를 밀어내고 자신에 대한 이미지를 다시 그릴 수 있다.

다음 장에서는 자기중심적인 엄마가 얼마나 취약한 자존감을 지녔는지, 그로 인해 어떻게 자신의 자기혐오를 딸에게 투사하게 되는지를 살펴볼 것이다. 엄마의 나르시시즘은 여러 형태로 나타난다. 3장에서는 엄마의 나르시시즘 종류에 대해서 알아보기로 하자.

3

나르시시스트 엄마의 유형

모든 인생, 모든 역사는 몸속에서 일어난다.
나는 한때 나를 뱃속에 품었던 여성에 대해 알아가고 있다.

— 『야야 시스터즈의 신성한 비밀』Divine Secrets of the Ya-Ya Sisterhood 중
 시다 워커Sidda Walker의 말

딸에게 자신을 믿고 사랑하고 이해하는 방법을 가르쳐주려면 엄마가 먼저 그런 자질을 갖추어야 한다. 게다가 이를 제대로 전하려면 모녀지간에 의미 있고 균형 잡힌 관계가 형성되어 있어야 한다. 그런데 나르시시즘에 빠진 상태에서는 그 균형을 유지하기 어렵다. 나르시시스트 엄마를 둔 딸은 대체로 극단적인 가정환경 속에서 자란다. 진정한 사랑을 받지 못한 채 성장한 나르시시스트 엄마들은 대개 딸에게 지나치게 집착하거나, 반대로 심하게 방임하는 두 가지 방식으로 나뉜다. 겉보기에는 이 정반대의 양육방식 같지만, 아이들에게 미치는 영향은 놀라울 정도로 똑같다. 이런 엄마 손에서 자란 아이들은 자아상이 왜곡되고 뿌리 깊은 불안감을 품게 된다.

극성 엄마를 둔 딸은 자신의 욕구나 바람을 엄마가 이해하지 못하는 거 같아 숨이 막힐 지경이다. 당신의 엄마가 극성스러웠다면, 당신의 타고난 재능이나 추구하고 싶었던 꿈은 물론, 심지어 당신에게 가장 소중했던 인간관계조차 제대로 존중받지 못한 채 위태로웠을 가능성이 크다. 엄마는 당신의 진솔한 모습은 인정하지 않으면서, 엄마가 원하는 딸이 되라고 끊임없이 요구했을 것이다. 당신은 엄마에게 사랑과 인정을 받고 싶은 나머지 엄마 말이라면 어떻게든 맞추려 했고, 그 과정에서 결국 진짜 자신의 모습은 잃어버렸을 것이다.

반대로 방임하는 엄마에게서 자란 경우라면, 당신은 엄마에게 투명인간처럼 여겨진다는 느낌을 끊임없이 받아왔을 것이다. 그러나 사실 엄마는 단순히 가슴 속에 당신을 품을 공간이 부족할 뿐이다. 그래서 당신을 무시하고 하찮은 존재와 같이 취급한 것이다. 극도로 방임하는 엄마 밑에서 자란 아이는 삶의 방향을 제시받거나 정서적 지지를 받기는 커녕, 의식주와 같은 가장 기본적인 필요조차 충족되지 못하고 자라게 된다. 가정환경이 안정적이지 못하면, 아이는 심리적으로 불안하고, 몸도 아픈 것 같고, 학교에서도 자신을 스스로 열등생인 것처럼 느끼기 쉽다. 이렇게 심리적·육체적으로 방치되면 자신이 중요하지 않다는 메시지가 뿌리내리기 마련이다.

어떤 형태든 나르시시즘에 빠진 엄마 밑에서는, 건강하게 자기 정체성을 형성하거나 심리석으로 독립하기 어렵다. 정서적 욕구가 채워지지 못한 딸은 시간이 지나면 엄마에게서 사랑과 인정을 받을 수 있을 거라는 희망으로 계속해서 엄마에게 돌아간다. 반면 정서적으로 완전히 채워진 딸은 자신감을 가지고 건강한 방식으로 엄마로부터 분리되어 성숙한 어른으로 성장하게 된다. 이에 대한 자세한 사항은 회복 과정을 다룰 3부에서 깊이 있게 다룰 예정이다. 지금은 먼저 극성스러운 엄마와 방임적인 엄마가 어떻게 다른지, 그리고 그들이 각각 딸에게 어떤 영향을 미치는지를 살펴보자.

극성 엄마

극성 엄마는 딸의 삶을 하나에서 열까지 사사건건 간섭하고 조종하려 한다. 무엇을 입고, 어떻게 행동하며, 무슨 말을 하고, 어떤 생각과 감정을 가져야 하는지까지 모든 결정을 자신이 내리고 딸에게 이를 따르도록 압박한다. 이런 환경에서 딸은 자신만의 정체성을 찾아 꽃피울 여유도 없이 엄마가 강요한 삶을 살며 점점 엄마의 연장선으로 살아가게 된다.

그런데 극성 엄마는 겉보기에 훌륭한 엄마처럼 보일 때가 많다. 딸의 삶에 깊이 관여하고, 항상 딸을 위해 무언가를 하고 함께하는 모습이므로 가족이 아닌 사람들 눈에는 적극적이고 헌신적인 부모상으로 비치기 마련이다. 그러나 이 같은 양육방식이 딸에게 남기는 왜곡된 자아상과 깊은 무가치감은 참으로 비극적이다. 나르시시스트 엄마는 자신의 행동이 얼마나 큰 상처와 파괴적 결과를 남기는지 자각하지 못한다. 그러나 엄마가 알지 못했다고 해서 그 상처가 덜 아픈 것은 아니다. 딸은 결국 엄마의 그림자 속에서 자기 자신을 점점 잃어간다.

** 미리암의 엄마는 미리암(28세)이 약혼까지 했는데도 여전히 딸의 삶을 자기 마음대로 흔들려 했다. 미리암의 약혼자가 마음에 들지 않는다며 결혼을 방해하기 위해 온갖 방법을 동원했다. 심지어 그 남자의 직장 동료들에게까지 악담을 퍼뜨렸다. "엄마는 그런 말들이 제 귀에 들어오기를 바랐어요. 제 약혼자가 낙오자라는 소문이 돌고, 그가 결국 포기하고 이 도시를 떠나주길 바랐던 거죠."

** "남자를 사귈 때는 말이지…." 토비의 엄마는 시도 때도 없이 시시콜콜한 얘기까지 늘어놓곤 했다. 토비(48세)는 자신의 엄마를 "남자라면 사족을 못 쓰는 데다, 그들을 교묘하게 조종하는 법도 아는 사람"이라고 말했다. 토비가 데이트를 할 나이가 되자, 엄마는 남자의 관심을 끄는 법을 가르치며, 충분히 요염하지 않다며 핀잔을 주기 일쑤였다. "엄마는 제 블라우스 윗단추를 풀고는 섹시하게 행동하라고 알려줬어요." 특히 엄마의 경험에서 우러나온 조언은 아직도 생생하다. "남자들은 잠자리를 갖지 않으면 결국 헤어지게 돼."

** 샌디의 엄마는 딸에게 언제나 자기처럼 되라고 다그치면서, 사람들 앞에서는 딸이 그렇게 자기를 빼닮고 싶어 한다며 자랑스럽게 말하곤 했다. 샌디는 상담을 통해 상처를 치유하면서, 자신을 '엄마 판박이'로 보는 가족들의 고정관념과 싸워야 했다. "모녀지간이니까 떼려야 뗄 수는 없죠. 하지만 엄마가 저지른 잘못까지 제가 덮어쓸 이유는 없잖아요. 그래서 친척들에게 엄마와 저를 하나로 묶지 말라고 부탁해야 했어요."

극성 엄마들은 보여주기에 집착해 딸을 예쁜 어린이 선발대회에 보내거나 〈쇼비즈 맘 앤 대드〉Showbiz Mom & Dads와 같은 TV 프로그램에 내보낸다. 한 유명 잡지에 실린 해당 프로그램 광고에는 어린 공주를 무대 위로 올리는 엄마 사진과 함께 "딸을 스타로 키우고 싶은가요?"라는 문구가 실려 있었다. 이런 모습을 보면 걱정이 앞선다. 이렇게 엄마 욕심대로 끌려다닌 아이들이 어떤 생각을 품고 자라게 될지, 또 훗날 어떤 여성이 될지를 말이다.

뮤지컬 〈집시〉Gypsy에는 전형적인 극성 엄마가 등장한다. 무대 위에서 딸이 공연을 하자, 엄마는 "큰소리로 한 곡조 쫙 뽑아봐, 루이지." 오리지널 영화 버전에서는 로사린드 러셀Rosalind Russel이 마마 로즈 역을 맡았는데, 그녀는 두 딸 루이즈와 준을 연예계에 진출시키려는 호화스럽고 외향적인 성격의 나르시시스트 엄마다. 마마 로즈는 준이 더 재능 있다고 생각했기 때문에 준에게 더 많은 기대를 걸었지만, 막내딸 준은 결혼 후 집을 떠나버린다. 그러자 마마 로즈는 자신의 꿈을 이루기 위한 또 다른 수단을 찾기 위해 이제는 언니 루이즈(나탈리 우드Natalie Wood분)에게 집착하게 된다. 이 작품에서 두 딸이 엄마에게 보이는 반응이 흥미롭다. 동생 준은 "앙증맞은 소녀" 역할에 지쳐서 도망가고, 언니 루이즈는 반항심으로 유명한 스트리퍼 집시 로즈 리가 된다. 결국 두 딸 모두 엄마의 꿈을 실현 해주지 못한 채 곁을 떠나고 마는 것이다.

우리는 모두 저마다 자기 삶을 살고자 하는 깊은 열망을 지니고 있다. 엄마의 삶이 아니라, 나다운 삶을 살고 싶은 것이다. 그러나 나르시시스트 엄마는 딸에게 자신이 설계해 놓은 방식대로 살라며 끊임없이 압력을 가한다. 이런 환경에서 자란 아이는 인생의 크고 작은 선택마다 "엄마의 사랑과 인정을 받으려면 어떻게 해야 할까?"를 먼저 생각하게 되고,

결국 자기 마음보다 타인의 시선을 기준으로 살아가게 된다. 엄마가 대신 생각해주는 데 익숙해진 탓에, 그런 아이는 성인이 되어서도 자기 삶을 주체적이고 건강하게 꾸려나가는 데 어려움을 겪는다.

방임 엄마

방임 엄마는 딸의 삶에 방향을 제시하지도 않고, 정서적으로 지지하거나 공감하지도 않는다. 그들은 딸의 감정을 대수롭지 않게 여기거나 부정해 버린다. 우리 엄마는 늘 이렇게 말했다. "밥 먹고, 옷 입고, 지낼 집도 있는데 뭐가 문제니?" 하지만 나는 그런 말 속에서 깊은 내면의 고통을 겪고 있었다. 이런 엄마 밑에서 자란 다른 딸들도 마찬가지다.

** 코미디 영화 〈귀여운 바람둥이〉Mermaids에는 플렉스(셰어Cher 분)라는 무책임하고 자기밖에 모르는 엄마가 나온다. 이 영화에서 모든 것은 엄마와 그녀의 연애사 중심으로 돌아가고, 딸들의 감정 세계는 공허하기 짝이 없다. 딸들이 내뱉는 대사만 봐도 상황이 고스란히 드러난다. "이런 분이 우리 엄마예요. 그러니 우리를 위해서 기도해주세요." "엄마는 뭐든 다 갖췄죠. 정상이라는 점만 빼고요." "엄마, 저 투명인간 아니거든요."

운이 좋다면, 딸은 자신의 감정을 알아주고 존중해주며, 삶의 방향을 제시해주는 어른을 만나게 된다. 그런 어른은 아이가 깊은 늪에 빠져 허우적대지 않도록 붙잡아주는 정서적 구명줄이 되어 줄 수 있다.

** 마리는 사춘기를 지나며 꼭 알아야 할 문제에 대해 엄마로부터 아무런 도움을 받지 못했다. "13살에 초경을 막 시작했을 때도, 차마 엄마에게 말할 수가 없었어요. TV에 성적인 얘기가 나올 때마다 엄마는 '나한테 그런 얘기하지 마. 난 듣고 싶지 않아.'라고 말했죠. 생리대가 필요하면 언니나 선생님을 찾아가야 했어요. 생리가 뭔지 설명해 준 것도 선생님이었어요."

겉보기에는 엄마와 딸의 사이가 좋아 보이지만 실제로 아이는 깊은 상처와 혼란, 괴로움을 겪고 있는 경우를 수없이 많이 봐왔다. 그래서 나는 아이들에게 나를 항상 '감정'을 다루는 의사라고 소개한다. 내 진료실은 감정에 대해 마음껏 이야기해도 되는 곳이라는 메시지를 처음부터 명확히 전하고 싶기 때문이다. 아이들은 내 앞에서 엄마에게는 자주 무시당하거나 하찮게 여겨지고, 때론 부정되기까지 했던 감정들을 조금씩 말하게 되고, 오히려 부모보다 더 빠르게 자신의 감정을 표현하고 회복을 시작하는 때도 많다.

무시당하며 자란 아이는 깊은 정서적 결핍을 안고 살아가지만, 그 상처는 오랫동안 겉으로 드러나지 않을 수 있다.

반면 신체적 학대나 방임은 훨씬 더 쉽게 눈에 띈다. 나르시시스트 부모가 딸을 안전하게 지키고, 건강을 돌보며, 학교에 보내는 가장 기본적인 일조차 감당하지 못하거나 감당할 의지가 없을 때, 그 무책임함은 금세 드러나기 마련이다.

나는 학대받고 방임된 아이들을 수없이 상담해 왔다. 이 아이들을 상담하는 것이 어느새 내 전문 분야가 되었고, 이들을 치료하는 길로 접어들었다. 특히 입양을 기다리거나 위탁가정에서 지내며 한 번도 받아본 적 없는 엄마의 사랑을 애타게 그리워하는 아이들을 돕고 싶은 마음이 늘 간절하다.

나에게 같이 살게 해달라고 조르는 아이들도 많다. 한 번은 여덟 살짜리 소녀가 "게릴 선생님, 요리할 줄 아세요? 선생님 댁에는 침실이 몇 개에요? 장난감은 있어요?"라고 질문하다가 끝에 기어들어 가는 목소리로 말했다. "제가 선생님 댁에 살면 매일 설거지도 하고 창문도 다 닦아 놓을 거예요!" 상담 윤리수칙으로 금지되지만 않았다면 나는 진작 집에 고아원을 열었을지도 모른다. 나처럼 학대받고 방임된 아이들을 오랫동안 상담해 온 존경하는 동료 린다 본Linda Vaughan은, 나르시시스트 엄마에게서 분리되어 위탁가정에 보내진 한 아이를 오랜 시간 상담한 뒤 다음과 같은 시를 썼다.

> 사랑하는 엄마에게
> 저 요즘 정말 잘 지내고 있어요.
> 학교 성적도 전부 A를 받았어요.
> 그리고 이제는 잘 때 울지도 않아요.

새엄마는 울어도 된다고 하셨지만,
엄마가 눈물을 얼마나 싫어하셨는지를 기억해요.
울지 말라고 때리셨잖아요.
더 강해지라고요.
정말 그렇게 된 것 같아요.
현미경 쓰는 법도 배웠고,
머리카락도 5센티미터나 더 자랐어요.
예뻐요, 엄마 머리처럼요.
여기서는 집안일은 못 하게 해요.
그냥 제 방 청소만 하래요.
좀 이상한 규칙이죠?
엄마는 애 낳는 게 얼마나 힘든 줄 아냐며,
그 고생한 만큼 갚아야 한다고 하셨잖아요.
이제는 다른 애들을 돌보지 않아도 돼요.
나 자신만 잘 돌보면 된대요.
그게 좀 좋은 것 같아요.
전 아직도 무슨 잘못을 하면
배에 구멍이 난 것처럼 아파요.
실수할 때마다 거울에 붙은 문구를 봐요.
"애들은 실수도 하는 법이야, 괜찮아"
그걸 매일 읽어요.
가끔은 진짜로 믿게 돼요.
엄마는 가끔 절 떠올리시긴 하나요?
아니면 귀찮은 애가 사라져서 속이 시원한가요?

다시는 엄마를 보고 싶지 않아요.
그래도 사랑해요, 엄마.

이런 아이들 가운데는 제대로 먹지도 못 먹고, 더럽고 비위생적인 집에서 지내거나, 병원 한 번 가보지 못한 채 신체적·성적·정신적 학대를 겪는 경우도 많다. 안타깝게도 이런 학대와 방임은 생각보다 훨씬 널리 퍼져 있다. 사회복지기관이 종종 입방아에 오르긴 하지만, 그래도 이런 아이들에게 그런 기관들이 존재한다는 건 참 다행스러운 일이다.

** 사랑스리운 열 살싸리 쏘마 숙녀인 매들린은 집에서 대부분 스스로를 돌보며 살아간다. 그다지 좋은 환경은 아니지만, 그래도 마음속에는 여전히 희망을 가득 품고 있다. "엄마는 한 번도 밥을 해준 적이 없어요. TV에서처럼 가족끼리 식탁에 둘러앉아 함께 밥을 먹은 적도 없고요. 저는 늘 제가 알아서 챙겨 먹었어요. 통조림 수프나 맥앤치즈 mac and cheese(마카로니를 치즈 소스에 비벼먹는 미국 음식) 같은 걸 잘해요."

어느 날 매들린은 엄마를 위해 식사를 준비하기로 했다. 파스타와 과일 컵을 만들었고, 스스로 꽤 잘 만들었다고 생각했다. 하지만 저녁이 준비되었다고 말하자 엄마는 다이어트 중인 데다 배도 고프지 않다고 했다. "엄마와 같이 먹으려고 접시를 두 개 놓았거든요." 매들린이 씩씩하게 고개를 들고 말했다. "그래서 먼저 제 접시에 파스타를 담아서 전부 먹었어요. 그리고는 엄마 접시에도 파스타를 가득 담아서 그것도 제가 다 먹었어요. 엄마가 함께 있는 것처럼요. 두 사람을 다 연기했어요. '오늘 하루는 어땠어? 뭐하고 지냈어?' 이런 대화도 주고받았어요. 마치 진짜 엄마가 거기 있는 것처럼 말이에요."

이혼 사건에서 부모가 자녀를 무시하는 경우를 숱하게 보았다. 법적 절차가 기본적으로 대립 구조에 기반하다 보니, 부부는 결국 각자의 편에 서게 되고, 가족에게 조언을 해주는 전문가들 또한 엄마 편 아니면 아빠 편으로 나뉜다. 면접 교섭권을 다루는 절차에서도, 논의의 초점은 법이 명시한 '아이의 최선의 이익'이 아니라 '부모에게 무엇이 더 유리한가'에 맞춰지는 경우가 많다. 양육 시간 배정을 평가하는 전문가들과 판사들조차 아이에게 무엇이 최선인지를 따지기보다, 부모의 요구에 더 귀를 기울이는 현실은 씁쓸하기 그지없다. 덴버시에서는 심지어 "저 평가자는 아빠 편" "저 사람은 엄마 편"이라는 말까지 돈다. 그렇다면 "아이 편"은 어디에 있는가?

또한, 이혼 과정에서 부모 중 한쪽이 양육권 싸움에서 유리한 고지를 점하려고 자녀를 이용해 다른 부모를 헐뜯거나 멀어지게 만드는 경우가 있다. 이는 대표적인 정서적 아동학대로, 그 부모가 생각하는 것보다 훨씬 더 깊은 상처를 아이에게 남긴다. 이는 자녀의 신체적 필요는 챙길지언정, 정서적 필요는 철저히 외면하는 행위다.

** 케리의 엄마는 이혼 과정에서 부녀관계마저 망가트려 버렸다. "엄마는 제가 아빠와 함께 보내는 시간을 엄청나게 질투했어요. '아빠 보러 가. 난 괜찮아.'라고 말해놓고는, 정작 다녀오면 열흘 넘게 침울하게 지내셨어요. 그게 다 제 탓 같아서 죄책감이 들었죠. 엄마가 힘들어하는 걸 더는 볼 수 없어서, 결국 아빠를 만나러 가지 않게 됐어요. 그러다 아빠가 갑자기 돌아가셨는데, 저는 장례식 근처에도 갈 수 없었어요. 엄마 앞에서는 마음 놓고 슬픈 기색을 보이지도 못했어요. 아빠 일로 슬퍼하기라도 하면 엄마는 더 예민하고 날카로워졌거든요!"

아동을 학대하거나 방치·무시하는 엄마들의 행동 양식은 대체로 식별할 수 있다. 하지만 나르시시스트 엄마가 극성맞으면서도 동시에 방임하는 행동을 함께 보일 때, 그 양상은 훨씬 더 복잡하고 혼란스러워진다. 지금부터 이런 양면적인 행동이 구체적으로 어떻게 나타나는지 살펴보자.

극성과 방임의 조합

내 연구에 따르면 대부분의 나르시시스트 엄마는 한 가지 유형의 양육방식을 보이지만, 두 가지 방식이 함께 나타날 수도 있다. 어떤 엄마는 자녀에게 극성맞게 행동하다가도 금세 방임하고 양극단을 오가는 모습을 보이기도 한다. 영화 〈애정의 조건〉 속 엄마가 바로 그런 경우다. 주인공 오로라(셜리 맥클레인 분)는 갓난아이가 숨을 잘 쉬고 있는지 확인하려고 아기를 자꾸 들여다본다. 잠자는 아기를 일부러 흔들어 깨우고, 아기가 울면 안도의 한숨을 내쉬며 중얼거린다. "그렇지. 그래야 좀 낫지." 말하고는 아기가 침대에서 울어 젖히는 데도 눈 하나 깜짝하지 않고 문을 닫고 나가버린다.

우리 엄마는 두 딸을 전혀 반대로 키우셨다. 막내인 동생에게는 지나칠 정도로 관여했고, 나에게는 철저히 무관심했다. 나는 엄마의 이런 행동이 우리의 출생 순서와 당시 엄마의 상황과 관계있다고 생각한다. 간단히 말해, 나는 빨리 자라서 엄마 자신은 물론 가족을 돕는 일손이 되기를 바라셨고, 내 동생은 하나부터 열까지 손수 해주시며 유아기에 머무르길 바라셨다. 둘째인 나는 스스로 모든 것을 하게 하시면서 동생에게는 뭐든지 대신해주셨다. 심지어 동생이 아이처럼 책임감 없이 굴 때도 마찬가지였다. 엄마는 내게는 "너 혼자서 해내야 해"라는 신호를 줬고, 동생에게는 "너는 혼자서는 아무것도 못 해"라는 메시지를 강하게 심으셨다.

좋은 엄마가 된다는 것은 자녀에게 자유를 허용하면서도, 필요할 때는 적절히 제어하는 균형을 유지하는 일이다. 이런 균형 속에서 자란 아이는 자신의 재능과 열정을 꽃피울 수 있으며, 자신의 감정이 존중받고 있다는 느낌을 통해 정서적으로도 건강하게 성장한다. 그렇지 않고 한쪽 극단으로 치우친 채 자란 아이는 건강한 사랑을 맺고, 만족스러운 진로를 선택하며, 훗날 다정하고 따뜻한 부모가 되기까지 많은 고통과 장애물을 마주하게 된다.

나르시시스트 엄마의 여섯 가지 유형

연구를 계속하면서 나르시시스트 엄마의 극단적인 과보호와 방임 사이에 여섯 가지 유형이 있다는 것을 알게 되었다. 한 유형에만 속할 수도 있고 여러 유형에 동시에 속할 수도 있으며, 극성과 방임이라는 양극단은 여섯 가지 유형 모두에 나타날 수 있다. 엄마가 어디에 속하는지 잘 살펴보라.

1. 화려하고 외향적인 유형
이 유형의 엄마는 마치 영화 속 주인공처럼 살아간다. 다른 사람들 앞에서는 연예인처럼 빛나며 모두의 사랑을 받지만, 집 안에서는 배우자나 자녀에게 두려움의 대상이 되기도 한다. 그녀의 인생극장에 함께 출연할 수 있다면 다행이지만, 그렇지 못하면 어떤 대가를 치러야 할지도 모른다. 엄마는 사람들의 이목을 끌고, 화려하며, 유쾌하고, 늘 '한껏 과장된 상태'로 존재한다. 어떤 이들은 그런 엄마를 좋아하지만, 당신에게 엄마가 세상 앞에서 벌이는 겉치레 쇼는 그저 불편하기만 하다. 그 쇼 안에서 당신은 엄마에게 정말로 중요한 존재가 아니라는 것을 알기 때문이다. 엄마에게 당신이 중요한 이유는, 오직 다른 사람들이 엄마를 어떻게 보느냐에 당신이 어떤 도움이 되느냐일 뿐이다.

사람들이 엄마를 칭찬하고 따르는 모습을 볼 때면 혼란스럽다. 엄마는 친구, 직장 동료, 가족, 심지어 처음 보는 사람들에게도 따뜻하고 매력적으로 행동하지만, 정작 딸에게는 쌀쌀맞기 그지없다. 딸은 "엄마가 나를 사랑해주기만 한다면, 엄마가 어떻게 살아도 괜찮을 텐데"라고 느낀다. 엄마에게 이해받고 싶은 마음이 절실하면서도, 동시에 엄마가 자신을 있는 그대로의 모습으로 내버려 두기를 바란다. 이런 엄마들은 흔히 남들의 부러움을 사며, 딸도 자신의 사회적 세계에 잘 어울리고, 자신이 원하는 틀에 맞춰 살기를 바란다.

** 셰리(55세)의 엄마는 이 유형의 전형적인 예였다. 늘 주목을 받기 위해 애썼고, 외모는 날씨처럼 자주 바뀌었다. 물론 항상 극적인 효과를 노렸다. "저는 엄마의 원래 머리 색깔을 본 적이 없어요." 셰리는 쓴웃음을 지으며 말했다. 그녀는 엄마의 수많은 시기를 기억하고 있다. "1960년대에는 재키처럼 커다란 모자를 쓰고 다니셨죠. 그 유행이 지나가자 선글라스를 끼고 미니스커트를 입으셨고요. 배우처럼 해 다니는데 시선을 안 끌래야 안 끌 수가 없죠. 저는 항상 엄마처럼만은 되지 말자고 다짐했어요. 하루는 팬티스타킹 위에 핫팬츠를 입은 엄마를 부끄러워했던 기억이 나요. 흰

색 롱부츠와 킬힐은 기본이었죠. 늘 지나치게 과했어요. 어쩐지 본인도 자기 모습이 진짜가 아니란 걸 알고 있었던 것 같아요. 생전에 자기 묘비에 이렇게 새기고 싶다고도 했거든요. '진짜 베티는 이제 일어나 주시겠어요?'라고요."

** 에이미의 엄마는 독특하고 화려한 사람이었다. 특유의 매력 때문에 별의별 일에 휘말리면서도 늘 요리조리 빠져나오곤 했다. 그녀는 구두만 144켤레나 갖고 있었고, 각각에 맞는 핸드백과 시계도 빠짐없이 갖췄다. 스스로 영능력자라고 주장하던 그녀는 한때 케이블TV에서 자기 이름을 건 프로그램을 진행하기도 했다. 거짓말은 일상이었고, 수다스러운 성격 덕분에 동네 사람들을 불러모아 점을 쳐주며 시간을 보내곤 했다. "근처에 사는 어떤 여자가 엄마를 사탄이라고 몰아붙였어요. 그리고 이웃들을 설득해서 결국 우리 가족을 동네에서 쫓아냈죠." 에이미는 그렇게 회상했다. 하지만 엄마는 전혀 동요하지 않았다. "사람들이 영적인 얘기를 너무 많이 들으면 감당이 안되는 거야." 그녀는 그렇게 말하며 대수롭지 않게 넘겨버렸다. 에이미의 엄마에게는 늘 그럴듯한 변명이 준비되어 있었고, 잘못의 책임은 언제나 남의 몫이었다.

** 리나의 엄마는 스스로를 빛낼 완벽한 무대를 가지고

있었다. 화려한 분위기의 라운지 카페를 운영하던 그녀는 매일 저녁 드레스를 차려입고 카페에 나가 손님들을 접대하곤 했다. 한때 할리우드에서 블루스 가수로 활동했던 그녀는 데지 아르나즈Desi Arnaz와 함께 노래를 불렀고, 프랭크 시나트라Frank Sinatra와 파티를 즐겼으며, 캐리 그랜트Cary Grant의 무릎에 앉아본 적도 있다고 자랑했다. 리나에게 엄마는 그저 겉치레뿐인 사람이었다. "엄마는 자기가 누구를 아는지 말하는 걸 정말 좋아해요. 남들에게 어떻게 보이느냐가 전부인 사람이죠. 아직도 사람들의 시선을 끌기 위해 카페 안을 돌며 춤을 추거나, 일부러 모두가 주목할 수밖에 없는 방식으로 등장해요. 엄마에게 친구들을 소개하면 꼭 '걔들이 나를 만나게 된다니 얼마나 행운이니?'라고 말하는데, 들을 때마다 참 묘한 기분이 들죠."

2. 성취 지향적인 유형

이런 유형의 엄마에게는 '당신이 인생에서 무엇을 이루었는가'가 가장 중요하다. 그녀에게 성공이란 '당신이 어떤 사람인가'가 아니라 '무엇을 해냈는가'에 달려 있다. 딸이 최고의 성과를 내길 바라며 좋은 성적, 각종 대회 수상, 명문대 진학, 사회적으로 인정받는 직업 등에 목을 매고, 이를 남들에게 과시하는 데서 자부심을 느낀다. 하지만 딸이 기대에 어긋나기라도 하면, 수치심을 드러내거나 때로는 폭발적으로 화를 내기도 한다.

이 관계에는 혼란스러운 역학이 작동한다. 딸이 어떤 목표를 이루기 위해 애쓰는 동안, 그 시간과 에너지가 자신에게 향하지 않는다고 느껴 엄마는 별다른 지지를 보내지 않는다. 그런데 딸이 결국 목표를 달성하면, 시상식이나 발표회 자리에서는 자랑스러운 얼굴로 딸의 성취를 뽐낸다. 얼마나 모순된 메시지인가. 딸은 '크게 성공하지 않는 이상 엄마의 지지를 기대할 수 없다'는 교훈을 배우며, 자존감은 낮은 채로 성취 지향적인 삶에 길들여진다.

** 어릴 적 야스민은 말을 타는 걸 무척 좋아했다. 하지만 엄마는 시간까 비용이 많이 든다며 그 열정을 선뜻 지지하지 않았다. 대신 아빠가 함께 훈련하며 배럴 레이싱(말을 타고 장애물 주위를 빠르게 돌며 질주하는 서부식 경기)을 가르쳐줬고, 엄마는 그 모습을 못마땅해하며 화를 냈다. 그런데 야스민이 어린이 로데오 대회에서 최우수상을 타자 엄마의 태도가 돌변했다. "엄마는 얼굴에 승리의 미소를 가득 띠고 칭찬을 아끼지 않으시더니, 이내 주변에 자랑을 늘어놓기 시작했어요." 야스민은 그 기억이 혼란스럽고 아프게 남았다고 회상했다.

** 캐롤은 어릴 적부터 엄마의 야망에 휘둘리며 자랐다. 피아노 레슨을 7년 동안 받아야 했고, 연주회뿐 아니라 엄마의 친구들 앞에서도 피아노를 쳐야 했다. "연

주하다가 실수라도 하면, 엄마가 코웃음을 치는 소리가 들렸어요. 그럴 때마다 엄마의 실망이 고스란히 느껴졌죠. 엄마를 위해 완벽하지 않으면 안 될 것 같았어요." 조금 더 커서는 엄마가 원했던 피아노 아카데미 입학시험을 일부러 망쳐버렸다. 그리고는 12년 동안 피아노에는 손도 대지 않았다. "제가 독립해서 제 집을 갖게 되었을 때, 비로소 저만을 위한 연주를 하고 싶어서 피아노를 들였어요. 그렇지만 아직도 엄마 앞에서는 칠 수가 없어요." 상담을 받은 후로는, 피아노 연주가 엄마와 관련된 오래된 상처들을 건드리는 바람에 다시 멈춰야 했다. "제게는 피아노가 애증의 대상이에요. 어느 순간부터 엄마의 만족과 제 만족 사이의 경계가 무너졌던 것 같아요. 저는 엄마가 세상에 내세우기 위한 자랑거리였을 뿐이었죠."

** 엘리노어의 엄마는 사람을 오직 학벌로만 판단했다. 처음 만난 사람에게 늘 가장 먼저 묻는 건 어느 대학을 나왔느냐는 것이었다. "하버드와 스탠퍼드 출신이면 최고였죠." 그다음에는 무슨 학위를 받았는지 따졌다. "의사(M.D.)나 박사(Ph.D.)들을 높이 평가하셨죠. 그 밑으로는 별로 대접받지 못했어요. 엄마 친구들은 하나같이 '누구누구 박사님'이었거나, 아니면 남편이 박사였어요. 그 사람들의 인성이 어떤지, 우리 가족에게 친절했는지는 전혀 중요하지 않았어요." 엘

리노어는 의자에 기대서는 안도의 한숨을 내쉬며 말했다. "다행인 것은요, 제가 학창 시절에 A도 많이 받고 학위도 몇 개가 있다는 거예요. 안 그러면 엄마가 사람 취급도 안 하셨을 거예요. 불쌍한 아빠는 겨우 석사인데, 어떻게 엄마랑 살았는지 모르겠어요."

** 미아의 엄마는 청소에 집착했다. "완전히 강박 수준이었어요. 모든 게 완벽해야 했죠. 마치 누가 검사라도 오는 것처럼요. 물건 하나라도 제자리에 없으면 바로 알아차리고는 화를 내셨죠. 그냥 결벽증이라고 하기엔 한참 모자라요. 정말 심각했어요. 계절이 바뀔 때마다 제 옷장을 통째로 비워버리곤, 옷을 색깔별로 정리하게 했어요. 화장실 청소는 네 번이나 다시 해야 했어요. 엄마가 '완벽하다'고 인정할 때까지요."

** 영화 〈사랑하고 싶은 그녀〉The Other Sister에서는 발달장애가 있는 딸이 나르시시스트 엄마에게 이렇게 애원한다. "엄마, 왜 나를 안 봐? 제발 나를 좀 봐. 진짜 나 말이야. 나는 테니스도, 체스도, 미술도 안 하고 싶어. 그냥 나로 살고 싶어. 나는 그런 건 못해도, 사랑할 수는 있어." 이 얼마나 깊은 울림을 주는 말인가.

3. 심신증 유형
이 유형의 엄마들은 아프다는 말과 온갖 통증을 무기 삼아

교묘하게 가족들을 조종하고, 자기 뜻을 관철하며, 모든 관심을 자신에게 쏠리게 만든다. 이들은 딸을 포함한 주변 사람들의 욕구나 감정에는 아무런 관심도 없다. 딸이 엄마의 관심을 받을 수 있는 유일한 방법은 엄마를 돌보는 것이다. 엄마에게 응하지 않거나 심지어 반항이라도 하면, 엄마는 이내 아픈 척하며 상처받은 사람인 양 행동하거나, 갑작스러운 위기를 연출해 딸의 주의를 다시 자신에게 돌리고 죄책감까지 느끼게 만든다. 나는 이런 전략을 '통증 조종법'이라 부른다. 이 방식은 꽤 효과적이다. 엄마의 병치레에 반응하지 않은 딸은 냉정한 사람처럼 되는 데다가, 엄마에게 잘하지 못한 나쁜 사람이라는 죄책감에 시달리게 된다. 이 유형의 엄마에게 가장 중요한 것은 딸이 언제나 곁에 머물며 자신을 돌보고 이해해주는 존재가 되는 일이다.

심신증 유형의 엄마는 병을 핑계 삼아 자신의 감정을 회피하거나, 삶의 어려운 문제를 마주하지 않으려 할 때가 많다. 이런 엄마와 함께 사는 딸은 아버지나 다른 가족들로부터 "그 얘긴 엄마한테 비밀이야. 속상해서 병날 수도 있어"라는 말을 자주 듣는다. 그러면서 딸은, 자신도 아파야만 엄마의 관심을 조금이나마 받을 수 있다는 사실을 배우게 된다. 병이라는 공통분모가 있어야 엄마와 대화가 통하며 연결된다고 느끼는 것이다. 하지만 딸이 엄마보다 더 심하게 아프면 상황이 달라진다. 엄마는 자신이 돌봄을 받아야 한다고 여기기 때문에, 딸의 고통에 공감하기보다는 먼저 서운함과 소외감을 느낀다.

** 편두통이 실제로 고통스러운 병이긴 하지만, 메이의 엄마는 이를 집안 문제에서 도피하는 수단으로 삼곤 했다. 예방을 위해 스스로 관리하는 일에도 소홀했다. 예컨대 편두통의 주요 원인 중 하나인 스트레스를 해소하지 않았고, 사소한 일에도 쉽게 흥분하며 예민하게 반응했다. "엄마는 어떤 문제든 감당하지 못했어요. 뭐만 하면 바로 두통이 생겨서 급히 응급실에 가야 했고, 거기서 며칠 동안 의식을 잃을 정도로 강한 진통 주사를 맞곤 했죠. 그러면 집안의 모든 문제는 아빠와 제가 알아서 처리해야 했어요. 엄마에겐 그게 도피처였던 거예요." 이런 일은 메이가 성인이 된 이후까지 계속되었다. "한 번은 제가 연하 남자와 연애 중이라고 얘기했는데, 그 말이 끝나자마자 엄마가 갑자기 두통을 호소했어요. 하도 느닷없어서 우리 둘 다 무슨 일이 벌어진 건지 모를 정도였죠. 아마 엄마는 그 얘기가 아주 마음에 들지 않았던 모양이에요."

** 아이린의 엄마는 자신이 스트레스를 대처하지 못하는 책임을 아이린에게 덮어씌웠다. "집에서 무슨 일만 생기면 아빠는 늘 '너 때문에 엄마가 저렇게 됐잖아'라고 말했어요. 엄마는 방에 틀어박혀 엉엉 울거나 두통과 설사를 호소하며 몇 시간 동안 화장실에서 나오지 않으셨어요. 그리고는 머리에 찬 수건을 얹은 채 우울한 얼굴로 소파에 누워 있곤 했죠. 아빠는 엄마

편을 들면서 '너희 엄마는 스트레스에 약하잖아!' 소리를 치시며 우리를 탓했어요." 아이린은 자기 존재를 인정받고 싶었지만, 이런 방식의 관계에서 하나를 배웠다. "제가 엄마 기대에 못 미치기라도 하면, 엄마는 온몸이 아프다며 통증을 호소하고, 입안에 염증이 생기고, 이상한 발진도 나고, 감정적인 스트레스로 진짜 병이 나버려요. 그러니 모든 게 엄마 중심으로 돌아가야만 했어요."

** 재키의 엄마는 남편이 나이가 들어 아프기 시작하자 상태가 점점 더 나빠졌다. "엄마는 늘 아빠보다 더 아파야만 했어요. 제가 아빠에게 무슨 일이 생겨서 신경을 쓰면, 엄마는 꼭 '갑자기' 아프기 시작하셨어요. 한 번은 심장마비 흉내까지 내셨어요. 직장으로 전화까지 하셔서 놀라 한걸음에 달려갔더니, 막상 가보면 아무 일도 없었던 때가 한두 번이 아니에요. 딱 한 번, 엄마의 전화를 받고도 가지 않았더니, 며칠 내내 제게 말 한마디도 안 하셨어요. 그러고는 '딸한테서 평생을 버림받네'라고 쓴 원망 가득한 편지를 주셨죠."

** 모나는 아버지의 고관절 수술 이야기를 하며 상담 중에 눈물을 흘렸다. 나이 들고 약해진 아버지에게 그 수술은 힘든 일이었기 때문이다. 하지만 진짜 이유는 따로 있었다. "아빠가 수술을 받고 계시는 내내, 엄마

는 나도 고관절이 아프다며 자기도 수술이 필요하다고 했어요. 아빠에게 관심이 집중되는 걸 도저히 못 견디시는 거예요. 정말 병적인 수준이었죠. 사실 엄마 고관절엔 아무 문제도 없었어요. 아빠가 회복하고 나자, 엄마는 다시는 고관절 얘기를 꺼내지 않았어요."

** 셀레스트는 말했다. "엄마는 정말 앓는 소리를 많이 내세요. 일어서거나 앉을 때, 또 방안을 걸을 때마다 꼭 소리를 내요. 엄마 몸에는 아무 이상이 없거든요. 그냥 방 안에 있는 사람들이 자기를 쳐다보고 '어디 아프세요?'라고 묻게 만들려는 것 같아요. 그러면 꼭 엄마는 '당연히 괜찮지. 왜?'라며 되레 반문하세요."

4. 중독된 유형

레베카 웰스Rebecca Wells의 소설 『야야 시스터즈의 신성한 비밀』에서, 시다는 엄마의 목소리를 "버번위스키 다섯 잔이 뒤섞인 소음" 같다고 묘사한다. "3천 킬로미터나 떨어져 있어도 전화 너머로 얼음 부딪히는 소리가 들려요. 엄마가 또 술잔을 들고 있다는 걸 알 수 있죠. 누가 제 어린 시절을 영화로 만든다면, 그 배경음악은 늘 얼음 부딪히는 소리일 거예요. 엄마 손에서 위스키 잔이 떨어진 적이 없었으니까요."

이런 유형의 부모는 중독이 모든 것을 집어삼키기 때문에 언제나 나르시시스트처럼 보인다. 제정신이 들면 나르시시즘적 같은 행동이 사라지기도 하지만, 그대로인 경우도 많다. 하지만 중독 상태에 있는 동안만큼은 늘 자신을 중심에 두고, 중독 그 자체에 몰두한다. 알코올이나 약물 중독자를 부모로 둔 아이들은 술이나 약물이 무엇보다 우선이라는 현실을 뼈저리게 안다. 중독은 감정을 덮어두기에 매우 효과적인 수단이다. 하지만 그 결과, 타인의 감정이나 욕구도 뒷전이 되기가 십상이다. 딸의 합창 발표회에 술에 취해 나타나는 엄마를 보면, 그녀의 중심에 있는 건 딸이 아니라 오직 중독이라는 사실이 분명해진다.

** 한나는 어릴 때 스스로 알아서 생활을 꾸려야 하는 경우가 대부분이었다. "엄마는 몇 년 동안 알코올과 약물에 중독되어 있었어요. 완전히 현실에서 벗어나 있었죠. 제가 열 살쯤 되었을 때 엄마는 벌써 다섯 번째 결혼을 한 상태였어요. 우리는 남자들을 따라 이리저리 떠돌아다녔죠." 한나가 열네 살이 되던 해, 엄마는 스스로 목숨을 끊고 싶다고 털어놓았다. 한나는 엄마에게 애원하며 말했다. "엄마, 전 엄마가 없으면 안 돼요, 엄마 없이 전 못산다고요." 한나는 이 얘기를 하면서 잠깐 말을 잇지 못했다. 그녀의 고통은 말하지 않아도 고스란히 전해졌다. "하지만 엄마는 결국 죽음을 택하셨어요. 스스로 말이죠. 전 늘 엄마를 잃으며 살아왔어요. 처음엔 곁에 있어도 나와 함께 있지 않았던 엄마를, 그리고 나중엔 정말로 떠나버린 엄마를요." 엄마가 돌아가신 후, 한나는 이동 주택에서 살면

서 학교를 계속 다녔다. 처음엔 성적도 괜찮았지만, 고등학교 2학년이 되면서 결석이 잦아졌고, 결국 엄마처럼 술과 약물에 손을 대기 시작했다.

** 줄리아의 엄마는 거의 매일 밤 파티에 갔다. "제가 자랄 때 한 부모가 많은 동네에서 살았어요. 그리고 다들 파티를 자주 열었죠. 엄마는 우리 집에서 파티를 여는 걸 좋아했는데, 그럼 베이비시터를 따로 부를 필요가 없었기 때문이에요. 저는 반대로 점점 '바른 생활'하는 아이가 되었어요. 술 마시고, 담배 피우고, 야한 얘기나 욕을 하는 모습이 정말 싫었거든요. 그런 것들에 대해 엄마와 엄마 남자친구에게 불평을 자주 했더니, 두 사람은 넌더리를 내며 저를 '도덕 선생님'이라고 부르며 놀리기 시작했어요. 다음 파티를 준비할 때면 엄마는 꼭 '자 선생님, 오늘 밤엔 거칠고 재미있는 어른들의 파티가 있을 거예요. 보기 싫으면 방에 들어가서 안 나오면 돼요.'라는 식으로 얘기를 했어요."

이런 중독된 유형의 엄마를 가장 잘 설명해 주는 말은 빌리 홀리데이Billie Holiday의 한마디다. "피우고, 마시고, 생각 따위는 하지 마."

5. 은밀하게 학대하는 유형
이런 유형의 엄마는 자신이 아이를 학대한다는 사실을 다른 사람들에게 들키고 싶어 하지 않는다. 이들은 보통 밖에서는 따뜻하고 다정한 엄마인 척하지만, 집 안에서는 전혀 다른 얼굴을 드러낸다. 이처럼 이중적인 행동을 보이는 엄마 밑에서 자란 딸들은, 겉으로는 친절하고 사랑 많아 보이지만 실제로는 가혹했던 엄마의 모습에 강한 분노를 느낄 수밖에 없다. 특히 다른 사람들이 전혀 다른 모습으로 속아 넘어갔다면 더더욱 그렇다.

엄마가 이 유형에 속하면 당신은 이런 모순적인 행동이 얼마나 역겹게 느껴지는지를 알 것이다. 교회에서 엄마는 당신을 안아주고 다정한 미소로 가방에서 껌을 꺼내주겠지만, 집에서는 엄마에게 껌을 달라고 하거나 기대기라도 한다면 손찌검하고 험한 말을 퍼붓는다. 사람들 앞에서는 "딸애가 얼마나 대견한지 몰라요. 정말 예쁘지요?"라고 하다가도 집에만 오면 "얘, 살 좀 빼라. 머리 꼴은 왜 그렇게 엉망진창이니? 옷 입은 게 꼭 무슨 술집 여자 같네."라고 말할 수 있는 사람이다. 이렇게 예상하기 어렵고 이중적인 메시지들은 듣는 사람을 미치게 만든다.

** 베로니카의 엄마는 사람들 앞에서는 천사처럼 굴었지만, 집에서는 화를 잘 내고 아이를 학대하는 사람이었다. "엄마가 느끼는 감정이 무엇이든 간에, 그게 세상의 중심이고 온 가족들은 그 감정에 맞춰 움직여야만 했어요. 엄마가 두통이 있거나 우울하기라도 하면, 우리는 살얼음판을 걸어야만 했죠. 엄마는 자신의 감

정이 가장 중요했어요. 제 감정은 말 그대로 무시당했어요. 제 감정은 엄마의 감정 앞에서는 아무것도 아니라는 걸 일찌감치 배웠어요. 엄마는 항상 '네가 뭘 안다고 그래? 세상에 너만 힘든 줄 알아?'라는 말을 입에 달고 사셨어요. 그러다가도 집 밖에 나가기라도 하면, 세상에서 가장 사랑이 넘치는 듯 행동하는데 얼마나 가식적이신지 몰라요. 우리 집이 날마다 전쟁터나 다름없다는 걸 아는 사람은 아무도 없었죠."

** 로빈은 엄마의 행동이 늘 혼란스러웠다고 회상한다. "어릴 적엔 엄마를 정말 좋아했고, 엄마가 언제나 내 편이라는 생각을 했어요. 그런데 저와 남동생이 10대가 되었을 무렵, 엄마는 저희에게 악담을 퍼붓기 시작했어요. '애 낳을 생각은 꿈에도 하지 마라'라고 하셨죠." 로빈의 엄마는 로빈을 유산시키려고 일부러 계단에서 구르기도 하고 약까지 먹었다고 했다. "남동생도 유산시키려고 하셨을 거예요. 그런데 전쟁이 나서 남동생은 살아남았어요. 당시에는 아내가 임신 중이면 남편의 징집이 면제되었거든요." 엄마는 세 번이나 낙태했고 유산도 한 번 했기 때문에 로빈과 남동생을 "살아남은 애들"이라고 불렀다. "그런데 정말 이상한 건요, 엄마는 남들 앞에서는 아이들을 얼마나 사랑하는지, 저희를 낳기 위해 얼마나 노력했는지, 저희가 얼마나 기적 같은 존재인지 자랑하듯 말하곤 했다는 거

예요. 뭐가 뭔지 정말 모르겠어요."

** 헤일리는 결혼을 하면서 이중적인 엄마의 그늘에서 벗어나게 되는 자유를 만끽했다. "엄마는 제 남편을 달가워하지 않으셨어요. 그래서 저희 부부를 안 보려고 하셨죠. 얼마나 다행인지 몰라요! 그러다가 한 번은 엄마를 보러 가기로 마음을 먹었어요. 가보니 엄마는 이웃에 사는 연로한 할머니를 돌보는 일을 하고 계셨는데, 그 애처로운 할머니가 바로 앞에 계신데도 악담하시길래 깜짝 놀랐어요. 그날 그 할머니와 엄마랑 같이 점심을 먹었는데요, 할머니께서 잘 듣지 못하긴 했지만, 그래도 저는 그 앞에서 엄마가 못된 말을 한다는 게 너무 괴롭더라고요. '아무리 노친네 걸음걸이여도 그렇지, 굼벵이처럼 너무 느려터진 거 아니야?' 정말 악의적이고 무례하게 들렸어요. 생각해보니 저는 평생 이런 걸 견디면서 살았더라고요. 엄마에게는 상냥한 얼굴과 잔인한 얼굴, 두 얼굴이 있어요. 지금은 그 불쌍한 할머니가 엄마의 표적이지만, 그분이 돌아가시고 나면 다시 우리에게 화살을 돌릴 거예요. 지금은 그냥 그 할머니가 대신 화를 맞고 있는 거죠."

6. 애정결핍 유형

나르시시스트라면 누구나 어느 정도는 감정적으로 의존적인 성향을 지닌다. 그런데 어떤 엄마들은 이 특성이 특히 더 노골적으로 드러난다. 이런 유형의 엄마는 자신의 감정을 거침없이 표현하고 딸이 자신을 돌봐주길 기대한다. 자신이 부모의 역할을 하는 것이 아니라 거꾸로 애들이 자신의 마음을 달래주고 어른들의 문제를 귀담아듣고 해결해주기를 원한다. 딸은 엄마를 달래주고, 엄마의 어른스러운 고민을 들어주고, 문제를 함께 해결해야 한다. 이는 아이에게 너무도 가혹한 요구다. 물론 그 과정에서 딸 자신의 감정은 철저히 무시당하고, 딸이 엄마에게 해줘야 하는 만큼의 보살핌이나 애정은 결코 돌려받을 수 없다. 이런 상황에서 어떻게 아이들의 감정이 존중받고 제대로 자랄 수 있겠는가.

** 이베트의 엄마는 한술 더 뜨는 데 능하다. 이베트가 일주일 내내 일해서 진이 빠진다고 말하면 이렇게 되묻는다. "너 겨우 그 정도를 진짜 피곤한 거로 생각해?" 그리고는 자신의 하루가 얼마나 고되고 지쳤는지 한참을 늘어놓는다. 엄마의 이야기를 이겨낼 재간이 없다는 것을 아는 이베트는 이내 포기하고 그저 들어주게 된다. 이베트는 자신의 감정을 얘기하지 않는다. 괜히 마음의 상처만 받기 때문이다. "전 엄마에게 어떻게 지내는지만 묻고, 거기서 대화를 끝내요. 그러는 편이 엄마가 덜 흥분하시더라고요."

하니프 쿠레이쉬Hanif Kureishi가 각본을 맡은 영화『마더』*The Mother*의 주인공이 이 유형에 속하는 전형적인 인물이다. 딸

폴라(캐서린 브래드쇼Cathryn Bradshaw분)는 허무한 감정에 휩싸여 어떻게 살아야 할지 또 무얼 해야 할지 모른다. 게다가 엄마에게서 사랑이나 인정을 받아본 적도 없다. 폴라는 엄마를 돌보는 데 익숙해져서 자신이 돌봐줘야 하는 불쌍한 남자에게만 끌린다. 자기밖에 모르는 엄마 메이(앤 레이드Anne Reid분)는 아빠가 돌아가시자 애정의 손길에 더욱 목말라하다가 딸이 깊이 사랑하는 목수와 뻔뻔스럽게 불륜을 저지른다. 엄마는 딸에게는 미안한 기색도 걱정하는 마음도 없이 그저 자신의 상실감을 토로하며 관계를 하니 기분이 훨씬 나아졌다며 정당화한다. 영화 평론가인 마이클 윌밍턴Michael Wilmington은 "영화 속 인물들의 문제는 자아도취에 있다. 즉 성관계가 잘못된 것이 아니라 성격 자체가 죄이다."라는 말로 문제를 잘 설명했다.

지금까지 나르시시스트 엄마의 유형을 살펴보았다. 다음을 꼭 명심하라. 우리 엄마는 태어날 때부터 그런 것은 아니었다. 대부분은 어린 시절에 큰 시련을 겪어서 사랑하고 공감할 수 없게 되었을 가능성이 크다. 3부에서는 엄마의 성장 과정을 짚어볼 텐데 이 과제를 통해 엄마의 행동을 더 깊이 있게 이해할 수 있을 것이다. 물론 그렇다고 당신의 고통이 사라지지는 않겠지만, 엄마를 어느 정도 이해하고 용서하는 과정을 통해 상처가 아물기 시작할 것이다. 어떤 나르시시스트도 자신만의 이유로 그렇게 된 것이 아니다. 다음 장에서는 다른 가족 구성원들에 대해서 알아보도록 하자.

4

아빠는 어디에 있었을까?
나르시시즘 가정의 또 다른 부모

나르시시스트 가정은 겉은 반짝이고 안은 벌레 먹은 빨간 사과와 흡사하다. 보기엔 탐스럽고 식욕을 돋우지만, 한입 베어 무는 순간 그 안에 있던 벌레가 모습을 드러낸다. 사과의 나머지 부분은 멀쩡할지도 모르지만, 입맛은 이미 싹 달아나 버린 뒤다.

— 스테파니 도널드슨-프레스먼&로버트 프레스먼,
『나르시시즘 가족』The Narcissistic Family 중에서

나르시시스트 엄마가 있는 가정은 몇 가지 암묵적인 규칙에 따라 움직인다. 아이들은 그 규칙에 맞춰 사는 법을 배우긴 하지만, 그로 인해 부모와 감정적으로 가까워질 수 없어 늘 혼란과 고통 속에 놓이게 된다. 이 규칙은 들리지도, 보이지도 않으며, 누군가 명확히 알려주는 일도 없다. 하지만 바로 이 보이지 않는 규칙이 부모와 아이 사이의 경계를 무너뜨리고, 부모가 아이를 자기 뜻대로 통제하고 이용하게 만든다. 이 얼마나 끔찍한 일인가.

아빠는 어디에 있었을까?

"아빠, 왜 저를 지켜주지 않으셨어요? 제가 그렇게 힘들 때, 대체 어디에 계셨던 거예요? 왜 항상 엄마 편만 드셨어요? 저는 어떡하라고요?"

이 말들은 마르시가 상담 중 '빈 의자' 기법을 하며 터뜨린 울분이었다. 그녀는 눈앞의 빈 의자에 아버지가 앉아있다고 상상하며, 자신의 어린 시절과 가족 이야기를 꺼냈다. 사랑받지 못한 채 외롭게 버려졌던 기억들을 되짚으며, 곁에 있어주지 않았던 아버지에게 묻고 싶었던 말을 쏟아냈다. 마르시처럼, 나르시시스트 엄마 밑에서 자란 딸들이 결국 아버지에게 꺼내게 되는 질문이다. "그때… 아빠는 어디에 계셨어요?"

나는 연구와 실제 상담을 통해 한 가지 사실을 확실히 알게 되었다. 아버지는 엄마 주위를 도는 행성처럼 살아간다. 나르시시스트는 자신을 중심에 두고 모든 것이 돌아가야만 살아갈 수 있는 사람이다. 가정을 완전히 자기 손아귀에 넣고 흔들 수 있도록 내버려 두는 배우자와 결혼해야만 관계가 유지된다. 그래야 결혼도, 가정도 무너지지 않는다. 이런 가족이라는 무대에서 엄마는 주인공이고, 아빠는 조연 역할을 맡는다.

그렇다면 이런 가족 구조는 도대체 왜, 어떻게 가능해지는 걸까? 이유는 여러 가지가 있겠지만, 이 책에서 중요하게 다루는 건 아빠가 아내의 행동을 받아들이고 묵인한다는 점, 그리고 그런 방식으로 상황을 유지하려 한다는 점이다. 아빠 스스로 늘 그런 역할을 원했던 건 아닐 수도 있다. 하지만 오랜 시간에 걸쳐 그게 그녀와의 관계를 평화롭게 유지하는 유일한 방법이라는 걸 깨달았고, 결국에는 그렇게 행동하게 된다. 문제는 바로 여기서 시작한다. 아빠가 스스로 무릎을 꿇고 엄마에게만 집중하면서 그 역시 점점 나르시시스트처럼 보이게 되고, 딸의 욕구와 감정에는 귀 기울이지 못하는 부모가 되어버린다는 것이다.

** "아빠는 항상 엄마 뜻에 따르셨어요." 어린 시절 아버지의 모습을 떠올리며 에리카(40세)는 이렇게 말했다. "엄마는 대장이셨고 아빠는 엄마를 떠받들며 사셨죠. 엄마 그림자까지도 안 밟으려고 하실 지경이었다니까요. 텔레비전을 보다가 아이스크림 광고가 나

왔는데, 그걸 보고 엄마가 '와, 맛있겠네' 한마디만 해도 아빠는 벌떡 일어나 한걸음에 가게로 가서 사 오는 분이셨죠. 꼭 명령을 받는 사람 같았죠. 엄마는 이걸 자기 뜻대로 사람을 움직이는 수단으로 썼어요. 언제 심부름을 시킬지도 다 엄마가 정하는데, 꼭 아빠가 움직이기 싫어할 때(예를 들면 축구 중계를 보고 있을 때)가 많았죠. 제가 그런 걸 지적하면 엄마는 꼭 이렇게 말씀하셨어요. '아니, 아빠가 괜찮다는데 네가 왜 난리야?'"

** 다니엘이 엄마와 말다툼을 하면(상당히 빈번했다) 아빠는 항상 엄마 편을 들곤 했다. "예를 들어, 제 방 청소 문제로 말다툼을 하게 되면 엄마는 극도로 감정이 격해지다가 결국 울음을 터뜨리셨어요. 그러면 아빠가 끼어들어서 이렇게 말씀하셨어요. '네가 지금 무슨 짓을 했는지 좀 봐. 엄마가 얼마나 상처받았는지 안 보여?' 항상 그렇게, 문제의 초점은 저에게서 엄마 쪽으로 옮겨졌어요. 결국엔 늘 엄마의 감정이 더 중요했죠."

** 클레어(41세)는 엄마가 아빠는 물론 가족 전체를 완전히 장악했다고 회상한다. 엄마가 자신에게 말을 걸지 않으면, 아빠도 말을 걸지 않았다. "엄마는 알코올 중독이셨어요. 우리가 학교에서 돌아오면 술에 취해

소파에 뻗어 계신 날이 다반사였죠. 전 언제나 집 안 분위기부터 살폈어요. 눈치부터 보고, 조용히 있었죠. 그러다 큰오빠가 용기를 내서 아빠에게 엄마가 늘 취해 있다고 말했어요. 너무 세게 들릴까 봐, 직접 '술에 취해 있다'고 하진 않고, '요즘 술을 좀 자주 하시는 것 같아요'라고 돌려 말했죠. 그런데도 아빠는 오빠 뺨을 때리면서 버럭 소리치셨어요. '엄마한테 그게 무슨 말버릇이냐!' 아빠는 언제나 엄마 편이셨어요. 우리 쪽에 서주신 적은 단 한 번도 없었죠."

** 엄마를 보호하는 데에는 카르멘의 아빠를 따라올 자가 없다. "어떻게 보면 아빠는 자신의 욕구도 중요하게 여기지 않았어요. 예전엔 그게 안쓰럽기도 했는데, 지금은 알아요. 그게 두 사람을 붙들고 있는 방식이라는 걸요. 두 사람은 각자의 망가진 역할에 서로 기대면서, 그렇게 세상을 버텨온 거예요. 그게 두 분한테는 맞는 방식이었을지 몰라도, 저에게는 상처만 남겼어요. 저는 어떡하라고요? 저는 안 중요한가요?" 카르멘은 상담을 통해 마음의 안정을 얻으면서 자신이 어떤 양육을 받으며 자랐는지 엄마와 직접 얘기를 하고 싶어 했다. 그런데 엄마에게 말을 꺼내자마자 아빠가 끼어들어 엄마를 감싸고 돌았다. 카르멘은 두 사람 모두에게 외면당한 느낌이었다. 그러자 엄마는 거기에 대고 이렇게 말했다. "네 아빠는 정말 자상하지

않니? 세상 어디에도 저런 남편은 없을 거야." 카르멘은 쓸쓸하게 웃으며 말했다. "혹시라도 이게 엄마나 아빠 이야기가 아니라, 제 이야기일 수도 있다는 생각은… 그 두 사람은 한 번도 해 본 적 없을 거예요. 두 분이 모이면 하는 얘기는 늘 똑같아요. 자기들 결혼이 얼마나 멋졌는지, 서로에게 얼마나 만족하며 살아왔는지. 그럴 때마다 말해주고 싶어요. '아빠가 저한테 엄마 몰래 다른 여자랑 도망치고 싶다고 몇 번이나 말했었는지, 기억 안 나세요?' 두 분은 그냥 현실을 외면하고, 아닌 척하면서 계속 그렇게 살아가고 계세요."

나르시시스트 부모가 함께 만든 둥지 안에서 맺는 암묵적인 동맹은 어떤 자녀도 뚫고 들어갈 수 없는 견고한 벽이다. 특히 엄마가 자신의 경쟁상대로 여기는 딸이라면, 그 벽은 더 높고 단단하다. 카르멘은 장시간 치료에 전념하며 많은 것을 깨닫고 회복했지만, 여전히 그때의 상처 때문에 눈물을 펑펑 쏟았다. 비극적인 건, 이런 부모의 부정이 오히려 가족을 지탱하는 힘이 된다는 사실이다. 그래서 아이들에게 상처를 준다는 걸 알면서도, 많은 가족들은 끝내 진실을 마주하지 않는다. 언젠가 카르멘도 이 이야기를 눈물 없이 말할 수 있는 날이 올 것이다. 부모의 관계를 바꾸는 건 어렵겠지만, 그 관계가 자기 삶에 끼치는 영향만큼은 줄여갈 수 있을 테니까.

부모는 사랑이란 어떤 모습이어야 하는지를 삶으로 보여주어야 한다. 그런 본보기를 제대로 보지 못하고 자란 아이는, 어른이 되어 사랑에 서툴 수밖에 없다. 아이들은 부모가 무슨 말을 하느냐보다, 어떻게 살아가는지를 보고 배운다. 2부에서는 나르시시스트 엄마 밑에서 자란 딸들의 사랑 관계에 대해 살펴보고, 부모의 왜곡된 관계가 딸들에게 어떤 영향을 남기는지를 구체적으로 이야기할 것이다.

나르시시스트 엄마 밑에서 자란 딸들은 마음에 큰 상처를 안고 살아간다. 그건 사실, 아빠가 엄마와의 갈등을 피하고 가정의 평화를 유지하기로 선택한 결과다. 그런 환경에서 딸은 무력 무력감과 취약함을 반복적으로 겪게 되고, 그 감정은 말로 다 할 수 없을 만큼 크고 깊다. 그래서 회복의 첫걸음은, 그 상처 입은 마음을 있는 그대로 꺼내어 말하는 것에서 시작된다.

** 크리스틴(19세)은 슬픔에 젖어 이렇게 말했다. "가끔은 내가 왜 태어났는지 모르겠어요. 엄마는 절 원하지도 않았는데, 왜 하나님은 저를 그런 사람한테 보낸 걸까요? 차라리 죽는 게 낫겠다고 생각했던 적도 있어요. 그런데도 그냥 이렇게 살아 있어요. 전 예쁘다고 느껴본 적도 없고, 자존감도 바닥이에요. 뭔가를 해냈을 때도 스스로를 인정해주지 못하겠어요. 아빠는 절 사랑하셨고, 저를 지키려 애쓰셨어요. 하지만 엄마가 저한테 주는 상처는 거의 막아내지 못하셨어

요. 결혼 생활을 이어가려면, 결국 엄마 뜻을 따를 수밖에 없었거든요."

** 린다(26세)는 친부와 계부가 엄마를 대하는 방식이 얼마나 달랐는지 이렇게 말했다. "새아빠는 엄마 중심으로 모든 걸 맞춰서 살아가세요. 그게 엄마를 편하게 해주고, 두 사람 사이도 그럭저럭 유지되게 하죠. 엄마의 짜증도, 투정도 다 들어주니까요. 그런데 친아빠는 그걸 전부 잊기 위해 술에 의지했어요. 알코올 중독이셨죠."

부녀관계가 좋으면 엄마가 이를 질투한다고 고백하는 내담자들도 많다. 캔디스는 아빠가 파킨슨병으로 돌아가시던 시기에 겪은 가슴 아픈 기억을 들려주었다. "아빠는 병원 침대에 누워계셨고, 저는 바로 옆에 누워 있었어요. 정말 생의 마지막 순간이었죠. 그런데 엄마는 제가 아빠에게 너무 가까이 있는 게 못마땅하셨는지 비키라고 하시고는 대신 그 자리에 누우셨어요. 그렇게 돌아가실 것을 생각하니 정말 가슴이 아렸어요. 세상에서 저를 진심으로 사랑해준 유일한 사람이 아빠였다고 느꼈거든요. 몇 년 후에 가족들이 모두 모인 자리에서 엄마는 아빠 유산을 조정했다고 말씀하셨어요. '캔디스, 너는 살아 있을 때 아빠한테 너무 많이 받았잖니. 그러니까 너는 조금 덜 받아야 공평하지 않겠니?' 저는 결국 다른 형제들보다 유산을 적게 받게 됐어요."

** 파울라의 아빠는 늘 그녀를 품에 안고 다녔다. "아빠는 절 끔찍이 여기셨어요. 그리고 엄마는 항상 성난 목소리로 말씀하셨죠. '애 좀 그만 안아줘요! 지가 혼자 걸을 수 있잖아요!' 그때 제 나이가 고작 세 살밖에 안 되었는데도, 엄마는 아빠의 관심을 제가 가로채는 게 싫으셨던 거예요. 아빠의 관심은 전부 자기 몫이어야 했죠."

** 웬디는 아빠와 각별한 유대감을 쌓으며 자랐고, 결국 아빠의 길을 따라가게 되었다. 반면 엄마와는 점점 멀어졌다. 그녀는 이렇게 회상한다. "엄마는 제가 아빠와 잘 지내는 걸 정말 질투하셨어요. 아빠는 의사셨고, 저도 의대에 다니고 있었죠. 아빠와는 공통점도 더 많았고, 아빠가 저를 잘 이해해주셨어요." 웬디는 엄마와는 삶의 방식이나 가치관에서 거의 연결되는 지점을 찾을 수 없었다. "엄마는 전업주부였는데, 공부가 얼마나 힘든 건지 이해를 못 하셨어요. 저는 아빠랑 사냥이나 낚시를 같이 다니는 게 좋았어요. 함께 시간을 보내고, 이런저런 얘기를 나누는 게 참 즐거웠죠. 그런데 엄마는 그런 걸 몹시 싫어하셨어요. 항상 이렇게 말씀하셨거든요. '아빠한테 가서 물어봐. 이 집에서 똑똑한 사람은 아빠잖아. 너에게 차도 한 대 뽑아주신 분 아니니!'"

많은 딸들이 아빠와 단둘이 있을 때, 전과는 다른 깊이의 연결을 경험했다고 말한다. 그 순간만큼은 아빠가 자신을 사랑할 수 있는 사람이라는 걸 느낀 것이다. 비록 아주 짧고 드문 순간일지라도, 그런 따뜻함은 아이의 마음에 분명한 차이를 만들었다.

오빠나 남동생은 왜 다르게 대했을까?

아들들은 나르시시스트 엄마와 딸과는 조금 다른 방식으로 관계를 맺는 경우가 많다. 나르시시스트 엄마 밑에서 자란 딸들 거의 모두 입을 모아 말한다. "우리 집에서 사랑받은 건 늘 오빠(또는 남동생)였어요." 엄마는 아들과 더 잘 지냈고, 딸보다 아들을 훨씬 더 좋아했다는 것이다. 이런 차별은 딸들에게 깊은 상처로 남는다. 하지만 정작 엄마는 대개 그 사실을 전혀 인식하지 못하거나, 누군가 지적하면 끝까지 부인한다.

물론 이런 편애에는 나름의 이유가 있다. 딸은 같은 여성으로서 엄마에게 일종의 경쟁자로 느껴질 수 있다. 특히 딸은 아빠와의 관계 속에서 또 다른 '여자'로 보일 수 있어, 엄마는 딸을 은근히 경계하고 위협적으로 느낀다. 반면, 아들은 아빠와의 관계에서 엄마와 경쟁하는 존재가 아니기에 위협적으로 느껴지지 않는다. 또 딸처럼 자신의 감정이나 욕망을 투사해 동일시하는 존재도 아니다.

이러한 모자 관계는 아들이 결혼만 안 하면 안정적으로 유지될 수 있다. 그런데 아들이 결혼해서 새 가정을 꾸리면 얘기가 달라진다. 엄마 눈에는 며느리가 새로운 경쟁자로 보인다. 엄마가 아들의 삶에서 중심이었던 자리를 이제 며느리가 차지하려는 것처럼 느껴지기 쉽다. 아들이 결혼했으면 엄마는 자연스럽게 한발 물러나야 하지만, 나르시시스트 엄마에게 그것은 거의 불가능한 일이다. 그래서 나는 이런 시어머니를 둔 여성들을 보면 정말 마음이 아프다. 자신이 어떤 관계 속으로 들어가게 되는지, 앞으로 어떤 갈등이 기다리고 있는지 처음엔 전혀 알지 못한 채 결혼 생활을 시작하기 때문이다.

** 리사에게는 다섯 명의 남자 형제가 있었다. 엄마 눈에는 아들들이 무슨 일을 해도 늘 옳았다. "엄마는 아들들을 정말 예뻐하셨어요. 농장에서 일도 열심히 하고, 엄마께 선물도 자주 드렸거든요. 선물을 받으시면 그저 입이 마르도록 칭찬을 하셨죠. 그들은 엄마 비위를 잘 맞췄고, 엄마도 그런 걸 정말 좋아하셨어요. 오늘만 해도 엄마가 한 행동에 대해선 아빠 탓으로 돌리더라고요. 아들들은 늘 엄마 편이고, 엄마도 늘 아들 편이었어요. 엄마가 모두 세뇌를 시킨 것 같아요. 농장일을 하는 집안에서는 아들이 큰 일손이에요. 딸은 아무 소용없어요. 엄마가 아들을 군대에 안 보내시려

고 얼마나 유난을 떠셨는데요. '농장에 꼭 필요한 일꾼'이니 집에 있어야 한다고요. 이와는 정반대로 저는 얼른 자라 빨리 시집가서 집에서 떠나기만을 바라셨어요."

** 미라벨은 엄마가 며칠간 집에 다녀간 뒤에 보낸 편지를 상담실에 들고 왔다. 편지에는 이런 내용이 담겨 있었다.

'난 네 오빠 제럴드가 정말 좋아. 왜냐면 그 애는 신앙심이 깊거든. 너도 좀 본받으면 좋지 않겠니? 그리고 네 남동생 크레이그는 또 얼마나 성실하고 가정적인지 몰라. 크레이그의 아이들은 온 가족의 기쁨이야. 네 아빠와 나는 아들들 집에 가면 늘 환영받는다는 느낌이 들어. 눈치 보지 않아도 되고, 무슨 말을 조심해야 하나 걱정하지 않아도 돼. 늘 편하고 즐겁지! 반대로 너희 '완벽한 집'에 가는 건 정말 피곤하단다, 얘야. 그리고 너는 네 친할머니를 쏙 빼닮았다는 말을 꼭 해야겠구나. 그분도 너처럼 언제나 자기만 옳다고 우기셨지. 너도 그 길을 그대로 따라가는 것 같구나.'

미라벨은 이 편지를 보여주며 물었다. "이게 도대체 무슨 뜻일까요? 왜 엄마는 아들들만 그렇게 예뻐하고, 저는 미워하는 걸까요? 저는 뭘 그렇게 잘못했죠? '완벽한 집'이라는 건 또 무슨 뜻이에요? 엄마가 저를 질투하는 걸까요? 저랑 엄마가 얼마나 할머니를 싫어했는데, 도대체 왜 저더러 할머니를 닮았다고 말하는 걸까요? 엄마는 왜 이렇게 저를 싫어하는 건지 정말 마음이 너무 아파요!"

미라벨의 여동생도 엄마에게 미움받는 건 마찬가지였다. 엄마는 얼마 전 여동생에게 편지를 쓰며 이렇게 시작했다. '사랑하는 맨디야….' 그리고 이어서 이렇게 적었다. '"사랑하는"이라는 말은 네가 내 뱃속에서 나왔으니까 그냥 그렇게 쓴 것뿐이야.'

** 아멜리아에게는 오빠가 하나 있었는데 엄마는 그를 왕처럼 떠받들었다. "오빠는 저보다 두 살 많았는데 정말 완전 상전이었어요. 마치 엄마의 트로피 같은 존재였죠. 엄마는 오빠에게 감정적으로 깊이 몰입했고, 오빠의 관심을 받으려고 애쓰셨어요. 엄마의 정서적 에너지는 대부분 오빠에게 쏠려 있었죠. 그런데 이제 오빠가 어른이 되어 돈까지 많이 벌자, 상황은 더 기이해졌어요. 저나 언니들이 엄마를 집에 초대해도, 오빠한테도 연락이 왔다 하면 바로 우리 약속을 취소하셨어요."

** 많은 딸들에게 형제들과의 출발선은 애초부터 평평하지 않다. 빅토리아는 이렇게 털어놓는다. "제 남동생은 지금 열여덟 살이에요. 제가 사실 그 애를 키운 거나 다름없어요. 전 정말 그 애를 사랑해요. 그 애도

무슨 일이 생기거나 감정적으로 힘들면 제게 전화하죠.

그런데 솔직히 말하면, 엄마는 늘 동생만 예뻐하셨어요. 동생이 학교 성적으로 C를 받아도 별 신경 안 쓰셨어요. 그런데 제가 A-만 받는 날이면 크게 야단치셨죠. 저는 로스쿨 장학금도 받았는데, 그건 당연한 거로 생각하시더라고요. 저는 통금 시간을 칼같이 지켜야 했는데 동생은 만취해서 맛이 간 채로 집에 돌아와도 아무 말씀 안 하셨죠. 심지어 아침밥까지 챙겨주시더라고요. 저번 주에는 무슨 일이 있었는지 술을 마시다가 경찰서에 끌려갔다는 연락이 왔어요. 그런데 엄마는 그게 그냥 웃기다고만 하시더군요. 걔가 술 마시고 말썽 부려도 '남자애들이 원래 다 그렇지 뭐'라며 넘기세요. 동생은 후터스Hooters(남성고객을 주 대상으로 하여 민소매 티셔츠와 짧은 반바지를 입은 웨이트리스들이 서빙을 하는 미국의 레스토랑 체인)에서 일하는 여자와 사귀는 것도 괜찮다고 하시더니, 의대 다니는 제 남자친구는 엄청나게 싫어하시죠. 엄마는 늘 동생 편만 들고, 저에게는 비난만 하세요."

** 리즈는 어린 시절 내내 크리스마스만 되면 늘 똑같은 일을 겪었다. 리즈의 남동생은 늘 리즈보다 두 배로 많은 선물을 받았다. 게다가 엄마는 포장된 선물 개수를 세어보게 하면서 두 남매 사이에 경쟁심까지 부추

겼다. 결과는 불 보듯 뻔했다. 엄마는 일부러 남동생이 이기게 만들고 싶었던 듯하다.

내가 인터뷰하거나 치료한 딸들 대부분이 오빠나 남동생에게 강한 원망을 품지 않는다는 사실은 꽤 놀라웠다. 오히려 자신이 받지 못한 엄마의 애정을 형제라도 받는 것이 다행이라고 여기는 경우가 많았다. 물론 일부는 억울함과 분노를 느끼기도 했는데, 이는 지극히 자연스러운 반응이었다. 하지만 형제가 스스로 엄마와 누이 사이에 얽힌 진짜 문제를 인식하게 되면, 그 순간부터는 든든한 조력자가 될 수도 있다. 그런 경우, 딸은 마침내 자신이 겪은 일을 이해하고 인정해주는 사람이 생겼다고 느끼게 된다.

** 타라는 아빠와 남동생 모두에게서 공정한 대우를 받은 적이 없었다. 두 사람은 언제나 엄마와의 갈등을 타라의 탓으로 돌렸다. 타라가 마흔다섯 살이 되어서야, 남동생은 처음으로 이렇게 말했다. "누나는 태어날 때부터 그렇게 엄마랑 사이가 나빴어?" 오랜 시간이 걸리긴 했지만 타라는 마침내 자신이 겪어온 일이 부정되지 않고 인정받았다고 느꼈다. "동생은 이제야 문제를 바로 보기 시작했어요. 그게 저한텐 정말 큰 의미에요. 이제는 제가 이상한 사람이 아니라는 생각이 들어요."

정반대인 여형제

나르시시스트 엄마가 딸 둘을 둔 경우에는 두 딸이 매우 다른 역할을 하는 경우가 많았다. 두 자매 모두 '자기 존재 자체가 아닌, 자신이 해내는 일에 따라 사랑받는다'라는 메시지를 내면화하지만, 그에 반응하는 방식은 정반대다. 한 명은 "그래, 내 능력과 가치를 보여줘야지"라고 생각하며 완벽주의적 성향의 과잉성취형 인간이 된다. 다른 한 명은 같은 메시지를 내면화하되, 자신은 어차피 기준에 미치지 못한다고 느끼고 일찌감치 포기해버린다. 어떻게든 더 나아질 수 없다는 열등감과 자포자기하는 심정으로 매사에 부진하거나 평생에 걸쳐 자기파괴적 행동을 반복하게 된다.

나르시시스트 엄마 밑에서 자란 딸들의 삶의 패턴에 대해서는 2부에서 더 살펴보기로 하겠다. 지금 여기서 기억해야 할 점은 이런 두 딸의 모습이 겉으로 보기에는 성공과 실패처럼 매우 극단적으로 보이더라도, 실제 그 내면의 세계는 놀라울 정도로 유사하다는 것이다. 그래서 둘 다 똑같이 부정적인 내면의 소리를 들으며 그 정서적 고통에 끊임없이 몸부림친다. 만약 외동딸일 경우에는 과잉성취나 자기파괴 두 극단 중 한쪽 극단의 삶을 택할 가능성이 크다.

어떤 딸은 왜 과잉성취형의 길을 가고, 어떤 딸은 자기파괴적인 길을 가게 될까? 나는 이 질문을 오랫동안 곱씹어 왔다. 임상 연구에 따르면, 성취형 딸은 대개 조건 없는 사랑과 지지를 준 특별한 존재가 삶에 있었던 경우가 많았다. 그 존재는 보통 아버지, 이모, 할머니, 혹은 선생님 같은 어른이었다. 반대로 자기파괴적인 딸은 그런 돌봄을 줄 사람이 없었거나, 있더라도 자라면서 함께 지낸 시간이 매우 짧았다.

나와 여동생도 극단적으로 반대되는 길을 걸었다. 아마도 그 이유 중 하나는, 여동생이 아주 어렸을 때 우리가 할머니 곁을 떠나 이사했기 때문일 것이다. 할머니는 내 어린 시절에 따뜻한 존재로, 나를 격려하고 돌봐주셨다. 여동생은 그 사랑을 경험하지 못했고, 그로 인해 인생의 어떤 부분에서는 나보다 더 많이 힘들어한 것 같다. 하지만 우리 둘 다 엄마가 주입한 내면의 부정적인 메시지와 평생 싸워왔다는 점은 분명하다.

나르시시스트 엄마를 둔 여성들은 삶의 모든 영역에서 극단적으로 치우치는 경향이 있고, 비정상적이거나 기이한 행동도 지나치게 관대한 태도를 보인다. 물론 이는 엄마를 통해 그런 행동에 익숙해졌기 때문이기도 하다. 나는 책 제목을 심지어 '극단적인 여성들'이라고 붙일까도 생각했었다. 지금까지 살펴본 바를 간단히 정리해 보면, 나르시시스트 엄마 밑에서 자란 딸들이 견디며 살아온 극단적인 양상들은 다음과 같다.

- 나르시시즘은 자신을 과대평가하는 상태와 깊은 우울감 사이를 오가는 특성이 있으며, 조울증과 유사한 모습을 보이기도 한다.
- 스펙트럼 장애인 나르시시즘은 몇 가지 성향만 가진 경우부터 전형적인 나르시시스트 성격장애에 이르기까지 정도의 차를

보이며 다양하게 나타난다.
- 엄마의 나르시시즘은 자녀에게 과도하게 개입하거나, 정반대로 완전히 무시해 버리는 극단적인 양상을 보인다.
- 이런 엄마를 둔 딸들은 삶의 패턴에서 극단적인 경향을 보인다. 성공 지향적인 과잉성취자가 되거나, 반대로 자기파괴적인 삶을 선택하는 경우가 많다.
- 남자를 사귈 때도 서로에게 병적으로 매달리는 공의존적 관계를 맺거나, 상대에게 일방적으로 의존하는 경향을 보인다.

벌레 먹은 반짝이는 빨간 사과

나르시시스트 가족은 감정적으로 단절된 관계 속에서 살아간다. 겉으로는 멀쩡하고 단란해 보일지 몰라도, 가족 구성원 간에 진정한 소통과 연결은 거의 일어나지 않는다. 그 이유는, 이런 가족의 부모들이 오직 자신에게만 관심을 두기 때문이다. 이러한 가족 구조는 부모가 자녀의 욕구에 반응하는 건강한 가족의 방식과는 다르다. 이 집에서는 자녀가 부모의 욕구에 반응하길 요구받는다. 이런 구조 속에서 부모는 자신의 진짜 감정을 외면하고, 아이들의 감정적 욕구 역시 외면당하게 된다.

정상적인 가정에서는 부모가 서로 긴밀히 연결되어 있고, 서로에게 만족하며, 함께 질서 잡힌 가정을 꾸리고, 집안의 위계 구조의 최상단에 자리한다. 이들의 역할은 아이들을

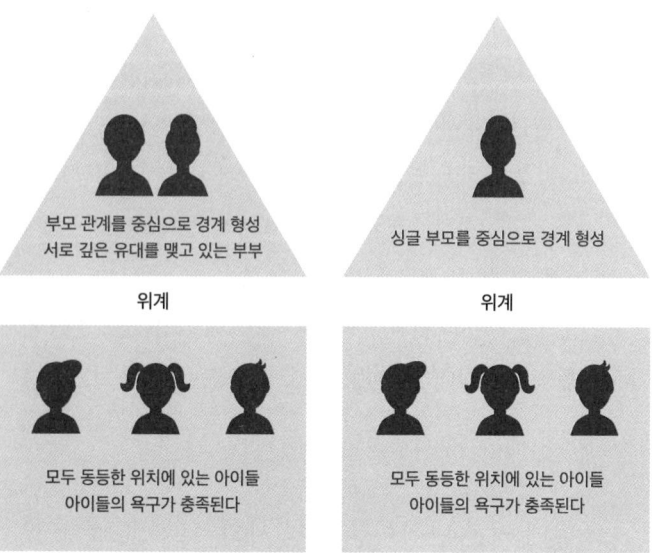

건강한 가정 모형

돌보는 것이고, 아이들은 부모를 지지와 보호의 원천으로 바라본다. 부모는 아이들을 사랑으로 인도하면서 신체적·정서적 욕구를 만족시켜주고 지적이고 정신적인 자극도 주려 애쓴다. 가족 치료 구조 모델을 적용해보면 건강한 가정의 도식은 위와 같다.

건강하지 않은 가족에서는 위계질서가 무너지고 아이들이 부모를 돌본다. 엄마가 나르시시즘에 빠져 있으면 가족 전체가 엄마에게만 집중하며 나머지 가족들의 욕구는 충족되지 않는다. 이런 가족에서는 엄마가 가족의 중심이며, 나머지 가족들은 마치 태양을 중심으로 공전하는 행성처럼 엄

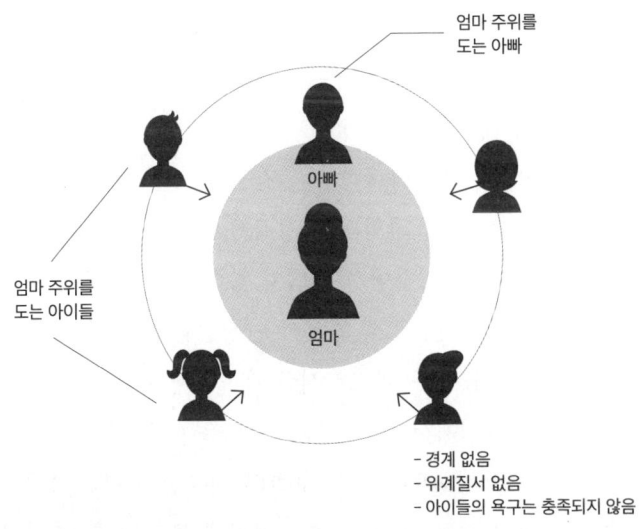

엄마가 나르시시스트인 가족

마를 중심으로 맴돈다.

위 그림은 자기중심적인 엄마와 이런 엄마를 돌보는 아빠의 관계를 보여준다. 이런 가정에서는 이러한 역학 관계에 대해 말하지 않는다는 암묵적인 규율이 있으며, 이는 곧 가족의 비밀이 된다. 가정 내 평화를 유지하기 위해 아이들은 입을 다물고 문제를 드러내지 않도록 자기 자신을 스스로 억누른다. 겉으로는 모든 것이 괜찮은 듯 행동하지만, 실제로는 버림받을까 두려워 자신의 진짜 감정을 감추는 생존 전략이 몸에 밴 것이다. 그렇게 살아가다 보면, 자신의 감정을 표현하거나 인식하는 방법조차 배우지 못한 채 성장하게 되고, 결국 성인이 된 후에도 대인관계에서 많은 어려움을 겪게 된다.

아이들이 자신의 욕구를 부모에게 의지할 수 없는 환경에서 자라면, 안정감·신뢰감·자신감 같은 정서적 기반이 형성되지 못한다. 특히 신뢰감은 성장기에 매우 중대한 발달 과제다. 어릴 때 신뢰감이 형성되지 않으면, 자기 자신을 믿기도 힘들고 친밀한 관계 속에서 안정감을 느끼는 데에도 큰 걸림돌로 작용한다. 나르시시즘 가정에서 자란 딸들은 하나같이 애정 관계에서 불안정하고 결정을 내릴 때도 자신감이 부족하다고 말한다. 이 책 후반의 치료단계 부분에서는 이렇게 어린 시절에 결여된 점을 어떻게 보완할 수 있는지 자세히 살펴볼 것이다. 우선 여기서는 신뢰감 형성이 평생에 걸쳐 풀어야 할 숙제라는 점을 분명히 숙지하라.

나르시시스트 엄마는 아이가 아주 어릴 때는 돌봄을 제공할 수 있다. 이 시기에는 아이를 완전히 통제할 수 있고, 자신이 원하는 방향으로 아이를 '만들어갈 수' 있기 때문이다. 그런데 아이가 자라면서 자기 생각과 의지를 갖게 되면, 엄마는 통제권을 잃게 되고 이전과 같은 힘을 발휘할 수 없게 된다. 바로 이 시점부터 엄마는 잃어버린 통제력을 되찾기 위해서 아이를 비난하고, 깎아내리고, 비판하는 행동을 시작한다. 이런 태도는 딸에게 '미칠 것 같은 혼란'을 일으킨다. 그래서 어릴 때 신뢰감을 조금 익혔다 하더라도, 자라면서 그것을 깡그리 잊어버리고 만다. 딸이 나이에 맞는, 자연스럽고 당연한 요구를 하기 시작하면, 엄마는 그런 요구를 감당하지 못한 채 불쾌함과 위협감을 느끼고, 자신의 부족함을 오히려 딸에게 투사한다. 그래서 자신이 부모 역할을 제대로 못 한다는 사실에는 눈감은 채 딸의 결점만을 문제 삼기 시작한다.

1장에서 살펴본 나르시시스트 엄마의 특징 중 하나는 특권의식이었다. 나르시시스트는 언제나 최고의 것, 특별한 대우, 줄에서 맨 앞자리를 차지할 자격이 자신에게 있다고 믿는다. 그런데 최고는 단 한 명뿐이지 않은가? 즉, 그녀의 딸에게는 특권의식이 허용되지 않는다. 그녀의 세계에는 두 사람 모두가 주인공이 될 수 있는 자리가 없다. 성인이 된 후의 특권의식은 건강하지 못하고 문제를 일으키지만, 아직 어리고 혼자서는 아무것도 할 수 없는 아이는 돌봄을 받을 정당한 권리가 있다. 모든 아이는, 아무 조건 없이 자신에게 푹 빠져 있는 사람, 심지어 비합리적일 정도로 애정을 쏟아주는 사람이 곁에 있어야 한다. 아이는 자라면서 점차 이런 권리와 의존에서 서서히 벗어나, 자신을 돌보고 감정적으로 자신에게 기대는 법을 배워간다. 이것이야말로 정서적으로 건강한 성인의 징표다.

이처럼 성숙한 사람으로 성장하려면 자신과 다른 사람 사이의 경계를 분명히 하고, 관계 안에서 자신이 무엇을 필요로 하는지 말할 수 있어야 한다. 그러나 나르시시스트 엄마를 둔 딸들은 이를 표현하는 것이 매우 어렵다. 특히, 자신의 욕구가 엄마의 욕망과 충돌할 때는 더더욱 그렇다. 이런 환경에서 딸은 자신의 감정과 욕구를 억누르고, 자기 자신을 부정하며, 가짜 자아를 만들어 살아가는 법을 배우게 된다. 어떤 관계든 의미 있고 건강하게 유지되기 위해서는 서로 간의 경계가 꼭 필요하다.

건강한 경계를 세우기 위해서는 직접적인 표현과 분명한 의사 전달이 필요하다. 그러나 나르시시즘 가족에서는 왜곡되고 비효율적인 의사소통 방식인 '삼각대화'가 흔히 나타난다. 엄마가 딸에게 직접 말하지 않고, 자기 생각이나 감정을 다른 가족에게 흘려보낸 뒤, 그 사람이 딸에게 대신 전해주기를 바라는 것이다. 이때 엄마가 하는 말은 대부분 부정적이고 비판적인 내용이다. 이렇게 하면 엄마는 나중에 '나는 그런 말 한 적 없다'라며 부인할 수 있고, 메시지는 어떤 식으로든 딸에게 흘러간다. 이런 삼각대화는 수동적 공격 passive-aggressive의 전형으로, 그 이면에는 "대놓고 하진 않겠지만, 너에게 되갚아 줄 거야"라는 정서가 깔려 있다. 안타깝게도 많은 가족들이 이런 역기능적 방식으로 소통하는데, 나르시시스트 가족은 그 대표적인 예라 할 수 있다.

회복 단계에서는 있는 그대로 말하는 법을 배우게 될 것이다. 더 이상 아닌 척하지 말고, 더 이상 가면을 쓰지 말고, 더 이상 내가 아닌 모습으로 살아가지 말자.

나르시시즘 가정은 마치 벌레 먹은 반짝이는 사과와 같다. 겉은 윤기가 흐르는 빨간색이지만, 속은 벌레가 먹어 썩은 사과처럼 나르시시즘 가정의 내부에는 깊은 고통이 감춰져 있다. 이런 관계의 역학이 어떻게 딸로 하여금 무의식적으로 건강하지 못한 삶의 패턴을 만들게 하는지 이해하려면,

우리는 나르시시스트 가족이 '이미지'에 얼마나 집착하는지를 더 깊이 살펴볼 필요가 있다. 이 가족의 모토는 이렇다: "모든 것은 엄마 중심", 그리고 "모든 것은 이미지 중심".

5

이미지가 전부야
웃어야지, 보기 좋게

이미지! 엄마에게는 이미지가 전부였어요. 엄마는 지방흡입 수술 중에 얻은 합병증으로 54세에 돌아가셨어요. 죽는 그 순간까지도 겉모습에 집착하셨죠.

― 조앤(45세)

"자 웃어봐. 어깨는 쭉 펴고 고개는 들어. 네가 불행하다는 건 다른 사람들이 눈치채지 못하게 해야지." 난 어릴 때 이 말을 무지하게 들으며 자랐다. 얼굴을 찌푸리고 울고 싶을 때마다 엄마가 수도 없이 주입한 말이다. 슬프거나 화가 날 때, 또는 당황해서 어쩔 줄 모르거나 마음이 안 좋을 때 그걸 숨기고 억지로 웃는 일은 고통스럽다. 때로는 그냥 찡그리고, 슬퍼하고, 화내는 것이 좋다. 다시 말해, 진짜 감정을 느끼고 표현하는 것 말이다.

어떻게 느끼는지보다
어떻게 보이는지가 더 중요해

나르시시스트 엄마 밑에서 자란 딸들은, 말로든 행동의 본보기를 통해서든 이런 메시지를 분명히 듣는다. "네가 어떤 사람인지나 무엇을 느끼는지보다 남들에게 어떻게 보이느냐가 더 중요해." 이런 '이미지 메시지'는 건강한 자아와는 아무런 관련이 없다. 그것은 나르시시스트 어머니의 내면 깊은 불안과 연약한 자존감에서 비롯된다. 나르시시스트는 흔히 다른 사람이 자신을 특별하거나 개성이 넘친다고 생각하게끔 자신을 꾸미는 데 능하다. 그리고 심지어 본인 자신조차 그 이미지에 속아 넘어간다. 하지만 그 겉모습 이면에는 방향을 잃고 제대로 형성되지 못한 자아가 숨어 있다. 그 자아는 매우 초라하고 불완전하며 결점투성이이다.

사회의 물질주의, 기술발달, 물질적 부를 추구하는 문화는 모두에게 이미지와 보여주기가 얼마나 중요한지를 강조한다. 그중에서도 특히 여성들은 끊임없이 그 이미지에 시달리며 날씬한 몸매와 완벽한 외모라는 문화적 이상에 부합하라는 사회적 압력을 느끼게 된다. 나르시시스트 엄마 밑에서 자란 딸들은 단지 사회적 압력만 받는 것이 아니다. 그들은 엄마에게서도 완벽한 이미지를 유지하라는 압박의 굴레 속에 살게 된다. 극심한 이중고에 시달리는 것이다. 이런 이중고의 덫은, 자기 자신으로 살아가려는 소녀나 여성에게 엄청난 도전이 된다. 이제부터 우리가 엄마에게서 받은 이미지 메시지를 살펴본 후, 그 위에 우리 사회의 나르시시즘 문화가 어떻게 강력한 후속 압력을 덧씌우는지를 살펴볼 것이다.

왜곡된 이미지 심기: 엄마의 영향

캐리 피셔의 반자전적 소설을 원작으로 한 영화 〈헐리웃 스토리〉를 보면 엄마가 병원에 입원하는 장면이 나온다. 이 순간에도 엄마(셜리 맥클레인 분)는 오로지 머리와 화장 걱정뿐인 데다가 심지어 딸에게 자신이 죽으면 눈썹을 그려달라고까지 말한다. 딸(메릴 스트립 분)은 의사에게 가족을 설명한다. "우리 가족은 태어날 때부터 자기 자신보다 남들의 눈을 더 중요하게 여겼어요." 이 장면에 대해 내가 인터뷰한 여성들 역시 고개를 끄덕였다.

엄마가 중시하는 이미지란 다른 사람들에게 보여주고 싶어 하는 자신의 모습이다. 그리고 딸이 그 이미지를 더 반짝이게 다듬어, 가족의 모습을 빛내주길 바란다. 하지만 대다수 딸은 이런 엄마의 기대에 짓눌리고 만다. 엄마의 이미지를 몸에 짊어질 수도 없고, 자신만의 이미지를 갖추는 데도 어려움을 겪게 된다.

** 토냐(28세)는 엄마가 바라는 대로 되지 않아 힘들었다며 이렇게 털어놓았다. "엄마는 저를 '남들이 부러워할 만한 딸'로 만들고 싶어 했어요. 학교에서 제일 인기 많고, 미식축구 선수와 사귀며, 치어리더에다가, 졸업파티의 퀸카 같은 아이요. 그런데 제가 그런 애가 아니어서 항상 얼마나 실망하셨는지 몰라요. 저는 불안장애도 있고 자존감도 낮았어요."

** 엄마의 기대에 맞추려면 자신의 선택권도 포기해야 한다. 찰리는 이렇게 말했다. "엄마는 저와 언니의 외모에 정말 공을 들이셨어요. 머리 장식부터 발끝까지 완벽한 코디를 해주셨죠. 제가 스스로 옷을 골라 입기 시작한 것은 열네 살이 되어서였어요."

이미지에 치중하는 엄마의 교육은 딸의 머릿속에 강하게 세뇌되어 어른이 되어서도 사라지지 않는다. 벨라는 이렇게 말했다. "전 제 기분보다는 남들의 시선이 중요하다고 배웠어요. 이런 태도는 제 외모나 집 꾸미는 방식에 고스란히 배어 있어요. 그러지 않았으면 좋겠다고 생각하면서도, 누가 오든 상관없이 집은 예쁘게 보였으면 해요. 어릴 때 엄마랑 살던 집은 항상 예쁘고 깔끔했거든요. 남편이랑 단둘이 있을 때 말고는 민낯으로 돌아다니지도 않아요. 저 자신을 가꾸는 걸 좋아하긴 하지만, 다른 여자들과 함께 외출할 땐 괜히 경쟁하게 돼요. 더 날씬하고 예쁘고 멋지게 보여야 한다는 사회적 압박감을 떨칠 수가 없어요."

** "이 이미지라는 게 정말 강한 메시지였어요" 제시카(43세)는 말했다. "전 집에 있는 모든 물건을 반짝거리는 최상의 상태로 보이도록 해요. 우리 가족 중 아무도 남편과 저 사이에 문제가 있다는 걸 눈치채지 못하죠. 이건 제 외모에 대한 집착으로도 이어졌어요. 요즘은 가슴 성형까지 생각하게 되고, 다른 여자들이 괜히 부러워요."

** 마그다(55세)는 엄마가 돌아가시던 날을 회상했다. "돌아가시기 전, 한동안 혼수상태였어요. 간호사가 엄마 머리를 뒤로 땋아서 넘겼는데, 정말 보기 싫더라고요. 엄마가 마침내 숨을 거두시고 영안실로 옮겨졌는데, 가서 보니 여전히 그 땋은 머리를 여전히 하고 계셨어요. 아빠가 옷은 단정하게 갈아 입히셨지만, 머리는 손을 안 대신 거죠. 그 순간 제 머릿속에는 오직

하나만 떠올랐어요. '엄마는 절대 저 헤어스타일로는 땅에 묻히기 싫어하실 텐데'라고요."

엄마는 딸이 원하는 것을 완전히 무시하기도 해서, 딸은 자신이 사람이 아니라 인형처럼 느끼기도 한다. 나도 그랬다. 우리 엄마는 내 머리를 땋을 때 너무 세게 잡아당겨서 눈이 치켜 올라갈 때가 많았다. 너무 아프다고 울면 엄마는 이렇게 대답하셨다. "예뻐지려면 원래 아픈 거야." 난 지금도 그 말이 무슨 뜻인지 이해가 안 된다. 내 모습이 특정 방식으로 보이지 않으면 난 성공하거나 인정받거나 사랑받을 수도 없다는 말인가? 그리고 그 외모를 갖기 위해서는 고통을 감수해야 한다는 뜻일까? 돌이켜보면 참으로 왜곡된 세계관이었다. 끊임없이 외모에만 집착하는 삶은 결국 사람을 지치게 만든다.

** 트리샤(34세)는 앞머리 때문에 집에서 쫓겨나기도 했다. "엄마는 언제나 외모를 물고 늘어지셨어요. 엄마는 항상 제 앞머리를 뒤로 넘기시면서 '얘 얼굴 좀 봐'라고 하셨죠. 열세 살 때 집에서 쫓겨난 적이 있는데 왜 그런지 아세요? 제 앞머리가 너무 길다는 게 이유였어요. 하루는 엄마가 제 앞으로 오시더니만 제 앞머리를 그냥 싹둑 잘라버리셨어요."

** 소냐의 엄마는 "우리는 반드시, 반드시, 반드시 S라인

몸매를 만들어야 해"라는 말을 입에 달고 살면서 소냐에게 이렇게 조언했다. "세상에, 얘야, 운동 좀 해. 몸매가 형편없으면 남자들이 널 거들떠보지도 않을 거야."

나르시시스트 엄마(또는 할머니)는 '이미지'에 대한 강박관념 때문에, 양육자의 기본적인 책임조차 외면할 수도 있다. 아만다는 자기 딸이 법적으로 심각한 문제에 휘말려, 결국 법정에 서야 했을 때의 얘기를 들려주었다. 지역 언론이 사건에 큰 관심을 보이면서 기자들이 곳곳에 몰려들었다. 그날, 아만다는 엄마의 도움이 절실히 필요했다. 하지만 엄마는 사람들이 자신을 어떻게 볼지를 지나치게 걱정하며, 딸과 외손녀를 따라 법정에 갈 수는 없다고 했다. "언론에 엄마가 실패한 조부모처럼 비치잖아요. 그걸 견딜 수 있는 분이 아니죠. 그리고는 잔소리만 늘어놓으셨어요. '네 애들은 왜 맨날 문제를 일으키니? 나는 애들을 그렇게 안 키웠어. 정말 창피해서 얼굴을 들고 다닐 수가 없다!' 마치 이 모든 게 엄마 자기 얘기인 것처럼요! 엄마는 항상 뭔가를 감당하는 일이 세상에서 제일 힘든 사람처럼 굴어요." 아만다는 결국 참다못해 이렇게 맞받아쳤다. "있잖아, 엄마. 그래도 난 엄마 자식들보다 내 자식들이 더 좋아."

** 캐시는 어느 순간부터 엄마에게 아무 말도 하지 않게 됐다. 캐시가 무슨 말만 해도 엄마는 그걸 이용해 캐시가 어디 내세울 만한 딸인지 창피한 딸인지 판단하

는 잣대로 삼았기 때문이다. 그 기준은 전적으로, 그 일이 엄마 자신을 어떻게 보이게 하느냐에 달려 있었다. "엄마는 늘 제가 의사와 결혼하기를 바라셨어요. 제가 이룬 성과들은 전부 훈장처럼 여기셨죠. 그럴듯한 직업이면 누구라도 괜찮다며 선을 보라고 등을 떠밀었어요. 그리고는 머리부터 발끝까지 저를 훑어보며 확인했어요. 엄마 딸로서 남들 앞에 내놔도 될 만한지, 창피하진 않을지 점검하는 일종의 검사였죠."

** 레슬리(58세)는 어린 시절 부모님이 가정형편을 걱정하던 일을 떠올렸다. "아마 부모님이 제 앞에서 돈 얘기를 하셨던 것 같아요. 그래서 제가 뭔가 도움이 돼야겠다고 생각했죠. 도와야 한다는 마음이 몸에 밴 어린 저는, 할머니께 전화를 걸어 부모님이 형편이 어려우니 돈을 좀 보내줄 수 있냐고 여쭈었어요. 그냥 아이다운 행동 같지 않나요? 그런데 우리 할머니도 나르시시스트 기질이 좀 있으셨어요. 그다음에 저를 보시더니 아주 호되게 야단치셨죠. '다시는 나한테 전화해서 그런 개인적인 문제 얘기하지 마! 특히 돈 얘기나 네 부모 얘기는 절대 안 되는 거야! 여기는 시골이라 공동 전화망을 쓰는데, 이웃들이 다 들을 수도 있단 말이야!' 그때 제가 일곱 살쯤이었어요. 그 어린애가 순간 무슨 생각을 했을까요? '그래요, 할머니. 다시는 할머니를 부끄럽게 하지 않을게요. 부모님을

걱정하던 꼬마인 제 감정 따위는 잊어버릴게요.' 지금도 가끔 생각해요. 혹시 그때 제가 '그럼 저는 어떡하라고요?'라고 속으로라도 묻지 않았을까? 근데 아마 그런 생각은 못 했을 거예요. 그저 또 뭔가를 잘못한, 나쁜 아이가 된 것만 같은 기분이었겠죠. 늘 그래왔던 것처럼요."

** 아무리 어려운 목표를 달성해도, 그게 엄마가 원한 것이 아니면, 자신이 진짜로 이뤄낸 성취조차 아무 의미 없는 일처럼 느껴지기도 한다. 줄리(30세)는 이렇게 기억한다. "중학교 공개수업 날이 다가오면, 엄마는 제가 뭘 입을지, 머리는 어떻게 할지를 두고 매번 저를 들들 볶았어요. 제가 낸 프로젝트가 반에서 가장 뛰어난 작품으로 뽑힌 일에 대해서는 한마디도 안 하셨고요. 각 교실에 놓인 제 자료 폴더들을 들여다볼 생각도 안 하셨죠. 엄마가 제가 스스로 자랑스러워하던 것들에 관심을 가지거나, 그걸 소중히 여겼다는 느낌은 단 한 번도 받은 적이 없어요."

엄마가 중요시하는 이미지에만 신경 쓰면 자신의 감정이 어떤지 돌아볼 여지가 없게 된다. 나르시시스트 엄마는 딸에게 가식적인 행동을 강요하기도 한다.

** 마야(22세)는 이렇게 말했다. "부모님이 이혼하시고

나니, 엄마가 아빠 앞에서는 무조건 행복한 것처럼 보이라고 가르치셨어요. '아빠가 없어서 힘들어하는 걸 눈치 못 채게 해.' 전 정말 힘들었지만, 엄마 말을 어기고 싶진 않았어요. 그래서 아빠를 만나면 말 그대로 거짓 미소를 지었어요. 아빠가 어떻게 지내냐고 물으시면 '응, 다 잘 되고 있어!'라고 대답했어요. 그렇게 거짓말을 하면 죄책감이 들었고, 마치 아빠를 배신하는 기분이 들었어요."

어린 시절과 사춘기 내내 이런 메시지를 반복해서 들으며 자라다 보니, 우리는 이미지에 집착하는 자기 자신이 되고야 만다. 아무리 애써도 남의 기대를 절대 충족해줄 수 없고 늘 어딘가 부족한 사람인 것처럼 느껴진다. 게다가 우리가 살아가는 이 나르시시즘적 문화는, 어린 시절 내면화한 이런 메시지들을 더욱 강하게 강화한다.

왜곡된 이미지 심기: 사회의 영향

오늘날의 미국 사회는 전반적으로 '내면'보다는 '가진 것'을 중심으로 이미지를 만들어낸다. 더 잘하고, 뛰어나고, 아름다워야 한다는 메시지가 일상생활 곳곳에 쏟아지면서 나르시시스트도 점점 증가하고 있다. 알렉산더 로웬Alexander Lowen의 저서 『진정한 자아를 부정하는 나르시시즘』*Narcissism: Denial* *of True Self*에 다음과 같은 구절이 있다.

> 부가 지혜보다 더 위에 있고, 유명세가 품격보다 더 존중받으며, 자기 존중보다 성공을 더 중요시하는 사회라면, 그 사회는 '이미지'를 무엇보다 우선시하는 것이며, 이는 나르시시즘적인 문화로 간주된다.

오늘날 젊은 세대가 지향하는 바는 그 자체로 모든 걸 말해준다. 『USA 투데이』USA Today의 논평에서는, Y세대(18~25세)가 꼽은 인생의 가장 큰 목표가 부유해지고 유명해지는 것이라고 말했다.

> 연예 매체를 보면 전부 돈, 부, 명성 얘기뿐이다. 예를 들어 리얼리티 쇼 〈어프렌티스〉The Apprentice 같은 프로그램은 오프닝 주제가부터 〈머니 송〉money song이다. 〈US 위클리〉US Weekly에는 연예인들과 이들이 보유한 6백만 달러짜리 저택 얘기가 매주 실린다. 리얼리티 TV에서는 제스카 심슨과 닉 라셰이가 호화로운 생활을 하고, 브리트니 스피어스와 페리스 힐튼도 자주 등장한다. 이들에게 친구들 말고 가장 많이 접하는 인물은 바로 그런 사람들이다.

리얼리티 TV쇼가 나르시시즘에 미치는 영향을 다룬 고발 다큐멘터리가 하나쯤은 나와도 이상할 게 없다. 〈닥터. 90210〉Dr. 90210, 〈극단의 성형수술〉Drastic Plastic Surgery, 〈럭셔리 라이프〉It's Good to Be, 〈크립스〉MTV Cribs, 〈도전, 성형의 세계〉Extreme Makeover처럼 수많은 리얼리티 쇼가 난무하고 있다. 얼마 전 TLC 방송의 〈바디 워크〉Body Work라는 프로그램을 보고는 안타까운 마음을 금할 길이 없었다.

열여섯 살 정도로 보이는 소녀가 코 성형수술을 받으려고 병원에 갔다. 그 병원은 그녀의 엄마도 이전에 몇 차례 성형수술을 했고 보톡스 주사도 맞은 곳이었다. 의사는 아이에게 지금 모습도 예쁘다고 말했지만, 아이는 "조금 예쁠지는 몰라도, 우리 학교에 다른 애들과 비교하면 영 형편없어요"라고 답했다. 그녀는 사립학교에 다니고 있었고, 이렇게 덧붙였다. "우리 학교에서는 완벽함만 허용돼요. 그렇지 않으면 아무 의미가 없다고요."

정말 애들을 이렇게 키우고 싶은가? 애들에게 이렇게 겉모습에만 집착하라고 가르치고 싶은가? 걸스Girls, Inc.〔소녀들을 대상으로 한 비영리 교육 단체〕에서 전국의 여학생들을 대상으로 조사한 「슈퍼걸 딜레마」The Supergirl Dilemma 보고서에 따르면, 열 살밖에 안 된 여자아이들조차도 '탄탄한 몸매에, 예쁘고, 날씬하고, 똑똑하기'까지 하려고 엄청난 스트레스에 시달린다고 한다. 여성 잡지에는 온통 예뻐지는 법, 좋은 남자와 사귀는 법, 멋진 커리어우먼이 되는 법, 심지어는 성공적인 아이로 키우는 법 같은 기사들이 넘쳐난다. 그 모든 것의 밑바탕에는 '아름다움'이 자리 잡고 있다. 「슈퍼걸 딜레마」는 이렇게 밝혔다. "조사 결과, 여자아이들이 외모를 여전히 가장 중요한 자산으로 여기고 있다."

이와 관련해 오드리 브래시치Audrey Brashich는 저서 『대중문화에 감춰진 진실』All Made Up에서 다음과 같이 썼다.

> 10대 소녀들의 59퍼센트가 자신의 몸매에 대해 만족하지 못하며, 66퍼센트는 살을 빼고 싶다고 답했으며, 50퍼센트 이상의 소녀들이 잡지에 실린 모델의 외모가 '이상적인 여성의 몸'에 대한 자기 이미지를 형성하는 데 영향을 미친다고 답했다. 심지어 그중에는 핵전쟁, 암, 부모님의 사망보다도 살찌는 것이 더 무섭다고 대답한 경우도 있었다.

연예계, 패션쇼, TV, 잡지 등 각종 미디어에 이미지들은 여성들이 자기 자신을 어떻게 느끼는지에 분명한 영향을 미친다. 나르시시스트 엄마 밑에서 자란 딸들은 이처럼 이미지에 집착하는 미디어 환경에 더해, '겉모습이 전부'라는 왜곡된 엄마의 메시지까지 함께 감당해야 한다.

도브Dove에서 최근 진행한 설문조사에 따르면 여성 응답자들은 광고가 그리는 '완벽한 미의 기준'을 따라야 할 압박감을 느낀다고 답했다.

> 응답자의 63퍼센트는 '요즘 여성들은 엄마 세대보다 더 예뻐야 한다는 기대를 받는다'는 데, 60퍼센트는 '사회가 여성들에게 외모를 꾸밀 것을 요구한다'는 데 '매우 동의'했다. 또 45퍼센트는 '더 아름다운 여성들이 인생에서 더 많은 기회를 가진다'고 느꼈고, 절반 이상은 '남성들이 외모가 뛰어난 여성을 더

높이 평가한다'고 답했다. 68퍼센트는 '미디어와 광고가 대부분의 여성이 따라갈 수 없는 비현실적인 미의 기준을 설정하고 있다'는 데 강하게 동의했으며, 57퍼센트는 '오늘날 여성의 아름다움을 판단하는 기준은 지나치게 협소하다'고 말했다.

도브의 조사에 따르면 자신의 몸매와 체중에 대해 만족하는 여성은 13퍼센트, 자신이 예쁘다고 생각하는 여성은 고작 2퍼센트에 불과했다. 나는 도브 광고에 등장한 일반 여성들이 속옷 차림으로, 때로는 누드에 가까운 모습까지 공개하며 사회가 강요하는 완벽주의의 통념을 깨려는 모습을 보고 깊은 인상을 받았다. 하지만 여전히 수천 명의 여성이 팔뚝 지방 제거 수술을 받느라 거액의 돈을 쓴다. 이런 직접적인 방법 외에, 사진기로 몸매를 보정하는 기술도 큰 인기를 끈다. 최근 휴렛팩커드 Hewlett-Packard에서 출시한 포토스마트 R-927 Photosmart R-927은 이런 '살 빠져 보이게 하는' 디지털 보정 기능을 탑재한 카메라다.

한때 상류층 가정에서는 딸의 열여섯 번째 생일에 자동차를 선물하는 것이 관례였지만, 요즘은 성년의 날 기념 선물이 가슴 보형물 수술로 바뀌는 추세다.

"보기 좋으라고" 엄청난 돈을 쓰는 데 주저하지 않는 사람들로 성형외과가 문전성시를 이루고 있다. 1997년에서 2003년까지 미국에서 성형수술이 220퍼센트 증가하였고, 고등학교 졸업 선물로 가슴 확대 수술을 받는 10대가 해마다 증가하고 있다. 2002년에서 2003년, 일 년 사이에 가슴 확대 수술을 받은 18세 이하 소녀의 수가 3,872명에서 11,326명으로 거의 세 배나 증가하였다.

나는 다섯 살 난 딸이 미디어로부터 쏟아지는 외모 중심의 메시지에 휩쓸리지 않도록 '진짜 중요한 건 겉모습이 아니라 마음이야'라는 말을 자주 들려주었다. 어느 날 다섯 살짜리 또래 친구가 거울 앞에서 서서 몸단장을 하며 머리를 쳐다보고 있었다. 이 친구가 "우리 정말 예쁘지 않니, 메간?" 하고 묻자 내 말을 고스란히 기억하고 있던 내 딸은 이렇게 대답했다. "우리 엄마가 예쁜 것도 좋지만, 진짜 중요한 건 우리 뱃속이랑 핏줄이래!" 음, 내가 교육을 좀 일찍 시작하긴 했지만, 그래도 딸의 미래를 위해 꼭 전하고 싶었던 메시지였다.

진짜 나를 찾아서

어린 소녀는 여성, 아내, 연인, 친구, 엄마가 되는 과정을 엄마와 사회로부터 배운다. 건강하고 안정적인 엄마가 사회에 난무하는 명성, 부, 외모에 대한 맹목적인 집착을 제대로 조절할 수 있으면 그 딸도 건강한 여성스러움은 진정한 내면에 관한 문제라는 바른 메시지를 얻을 수 있다. 즉 자신만의 가치관, 기준, 용기, 진실함, 내면의 힘, 사랑하고 공감하는 능력, 그리고 삶을 살아가는 자신만의 방식 같은 것 말이다. 하지만 겉모습이 감정이나 정체성, 가치, 진정성보다 중요하다고 배운 여성은 마음 한구석에 공허함을 안고 살아간다. 나는 티나 터너Tina Turner의 노래 〈사랑이 그거랑 무슨 상관이야?〉What's Love Got to Do with It?를 들을 때마다 이렇게 되묻고 싶었다. "외모가 그거랑 무슨 상관이야?"라고. 우리가 건강하게 자라는 데에 사랑보다 더 중요한 것이 뭐가 있으리.

이러한 공허함과 외모에 집착하는 삶에서 벗어나기 위해서, 나르시시스트 엄마를 둔 딸은 가장 먼저 '나는 누구인가'를 스스로 느끼고 발견하는 법부터 배워야 한다. 자신만의 아름다움과 고유함이 무엇인지 하나씩 분별해 나가고, 그동안 자동 반사처럼 해왔던 타인과 세상에 대한 반응들(진정하지 못했던 방식들)에서 벗어나야 한다.

이제부터 우리는 회복을 위한 중요한 여정을 시작할 것이다. 그에 앞서, 먼저 나르시시스트 엄마와 함께한 어린 시절이 당신의 직업 선택, 인간관계, 양육 방식, 그리고 세상 속에서의 위치에 어떤 영향을 미쳤는지를 들여다보자. 이 과정에서 우리는 분명한 패턴들을 발견하게 될 것이다.

(2부)

지금까지 1부에서는 나르시시스트 엄마의 특징과 그 관계의 작동 방식에 대해 살펴보았다. 2부에서는 그 영향이 당신의 삶에 어떻게 드러나는지를 들여다볼 것이다. 나르시시스트 엄마를 둔 딸들은 "내가 누구인가"가 아니라 "내가 무엇을 했는가"로 자신의 가치를 평가받는다는 메시지를 온몸으로 체득한다. 이 신념은 너무도 깊게 뿌리 박혀 자라면서 두 가지 정반대의 극단적인 모습으로 드러난다. 뭐든지 지나치게 성취 지향적이거나, 반대로 자기파괴적인 행동을 반복하게 되는 것이다. 나르시시스트 엄마의 손에서 자란 경험은 영혼에 각인될 만큼 깊은 흔적을 남긴다. 그 낙인을 지우고 진정한 나 자신으로 살아가기 위해서는 3부의 회복 프로그램을 거쳐야 한다. 하지만 그전에 먼저, 당신이 현재 보이는 행동 패턴이 어떤 유형에 속하는지 알 필요가 있다. 그럼, 우선 2부를 통해 이것부터 살펴보자.

나르시시스트 엄마가
당신 인생 전반에 미친 영향

6

나는 정말 열심히 해요!

과잉성취형 딸

열 살쯤이었을까요. "넌 부족해"라는 메시지를 이겨내고 스스로 괜찮은 사람이라고 느끼려면, 그저 열심히 하는 길밖에 없다고 마음먹었어요. 그 생각이 틀렸다는 것을 누군가 알려주었으면 얼마나 좋았을까요. 그때는 뭐든지 열심히 하는 것이 유일한 탈출구처럼 보였거든요.

― 케리(35세)

나는 지나치게 많은 것을 해내는 여성을 메리 마블Mary Marvel〔만화 속 주인공으로 등장하는 슈퍼우먼〕이라고 부른다. 메리는 엄마와 세상에 오로지 자신의 능력을 보여줄 목적으로 끊임없는 성취의 족쇄를 찬다. 자신에게는 물론 엄마에게도 '이렇게 엄청난 것을 해내니까 가치 있는 사람'이라는 말을 전하고 싶어 한다. 본연의 존재만으로는 자신을 사랑할 수가 없으므로 많은 것을 해내고 바삐 움직여야만 스스로 가치가 있다고 평가한다. 그래서 자신(아니면 다른 사람들)이 볼 때 대단한 일을 하고 있지 않으면 자신이 쓸모없는 존재라고 느낀다. 이런 여성들은 자신을 '그저 존재하는 인간'human being으로 받아들이지 못한 채, 늘 무언가를 해야만 존재할 수 있는 '활동해야 하는 인간'human doing이 되어 버린다.

겉으로 볼 때 이런 여성들은 슈퍼우먼처럼 보인다. 그러나 그들은 실제로 무언가를 해내고도 스스로 성공했다고 생각하지 못하며 불안해한다. 자신이 해낸 일들에 스스로 박수를 보내지 못하고, 여전히 늘 부족하다는 생각에 끊임없이 시달린다. 자신의 가치를 증명하기 위해서 줄곧 능력 이상의 것을 쫓아다니기 때문에 피로에 찌들어 있는 경우가 허다하다. 그리고 성공을 향한 욕망에 눈이 멀어 자신을 돌보지 못한다는 사실은 전혀 인식하지 못한다. 이런 메리 마블은 박사학위까지 받은 커리어우먼일 수도 있고, 집에서 완벽한 살림을 해내려 애쓰는 전업주부일 수도 있다. 직업이 무엇이든, 이들은 늘 '아직 부족하다'라는 생각에서 벗어나지 못한다.

당신도 메리 마블 같은 유형인지 알고 싶은가? 자기 자신을 어떻게 정의하고 스스로를 어떤 방식으로 자신을 표현하는지 살펴보면 그 답을 찾을 수 있다. 예를 들어, 자신을 "나는 사랑이 많고 친절한 사람이에요. 정직하게 살고 싶고, 사회에 도움이 되는 삶을 살고 싶어요" 같은 식으로 묘사하는가? 그렇다면 당신은 자신이 누구인지를 존재 중심으로 설명하는 것이다. 이와는 달리, 자신을 "나는 제조 대기업의 마케팅 팀장이에요, 나는 사업가예요, 나는 변호사예요"라고 하거나 "나는 네 아이의 엄마고, 걸 스카우트 단장이자 주일학교 교사예요" 같은 식으로 얘기하는가? 그렇다면 당신은 자신이 누구인지를 활동 중심으로 설명하는 것이다.

당신이 엄마에게 인정받기 위해서 무언가를 '해야만' 했던 어린 시절을 보냈다면, 메리 마블의 자질을 가졌을 가능성이 크다. 3장에서 언급했듯, 엄마가 '성취 지향적' 나르시시스트였다면 당신은 그런 엄마를 따라 '성과를 내야 가치가 있다'라는 규칙을 따르며 자랐을 것이다. 하지만 그렇게 기대를 충족해 왔음에도 성취가 진짜 자기 자신을 자랑스럽게 느끼게 해주지 않았을 것이다. 아무리 많은 것을 해내도 내면의 목소리는 계속 이렇게 속삭인다. "아직도 부족해."

이런 태도는 고달프고 슬프며, 좌절감을 안긴다. 항상 더 해야 한다는 압박에 시달리지만, 무언가를 해냈을 때 생기는 자존감은 잠시뿐이다. 그러나 어쨌든 당신은 그칠 줄 모르고 울려대는 내면의 소리를 따라 결국 향상될 것이라 믿으며, 다시 더 높은 목표를 세우고 또 노력한다. 나르시시스트 엄마를 둔 딸들은 이런 충동이 어디서 비롯됐는지 모른 채, 계속 그렇게 살아간다. 프레스먼 부부가 『나르시시스트 가족』에 쓴 대로 "나르시시즘에 빠진 가정에는 일 중독이 뿌리 깊게 박혀 있다. 이런 집에서 자란 사람들은 어른이 되어도 심리적으로는 여전히 미성숙하고 '나는 행한다. 그러므로 존재한다.'를 인생의 좌우명처럼 여기며 살아간다."

** 로사는 예쁘지만 늘 지친 얼굴을 한 여성이다. 어떤 집단에 있든 항상 제 몫 이상으로 일을 도맡느라 항상 바쁘다. 그녀는 이렇게 말한다. "제가 이 자리에 있을 자격이 있다는 정당성을 가지려면 정말 열심히 일해야 해요. 계속 뭔가를 하고, 또 하고, 또 해야만 해요."

** 세 아이의 엄마이자 대학교수인 제릴린은 어린 시절부터 이 길을 달려왔다. 그녀는 이렇게 회상한다. "전 어릴 때부터 줄곧 '좋은 아이 되기' 경주를 해왔어요. 고등학교 내내 전 과목 A를 받고, AP 수업〔Advanced Placement Program, 고등학교에서 대학과정의 수업을 미리 듣는 것〕을 듣고, 가능한 모든 스포츠, 음악 대회, 우등생 프로그램에 참여했어요. 대학에 진학해서 대학원까지 계속 그런 생활이었죠. 겉으로 보면 대단해 보이지만, 언제부터인가 이런 모든 행동이 저 자신의 존재를 증명하려고 애쓰는 것처럼 느껴지기 시작했어요."

나 역시 이런 부류의 여성이었다. 가끔 내가 잘해가고 있다는 생각이 들기는 했지만, 여전히 뭔가 허전한 느낌을 지울 수 없었다. 난 사람들이 나더러 왜 그렇게 공부며 사업 구상, 또 프로젝트에 목매냐고 물으면 화가 났었다. 나와 마찬가지로 당신 역시 나르시시스트 엄마의 영향에서 완전히 벗어나기 전에는 스스로 납득할 만한 이유를 못 찾을 것이다. 우리는 A타입 성격〔유능해야 하고 경쟁적이며 완벽주의자 경향을 지닌 성격, 여유 있고 느긋하며 덜 경쟁적인 B타입의 반대〕이라고 자신을 소개하거나, 아니면 원대한 꿈을 품었다는 식으로 설명하려고 한다. 하지만 마음속 깊은 곳에서는 우리 인생의 이 끝없는 경주에는 다른 원인이 있다는 걸 알고 있다. 내가 석사를 마치기 전까지 반복해서 꾼 꿈을 보면 이 무의식적 강박관념을 엿볼 수 있다.

꿈속에서 나는 침실 거울 앞에 서서 옷을 입는다. 그런데 벌써 몇 벌이나 입었다 벗은 터라 힘이 들고 짜증이 나는데도 마음에 드는 옷이 없었다. 그래도 계속해서 옷을 갈아입는다. 그때 침실 밖에서 이런 소리가 들린다. "제발 그만 좀 해. 지금 모습도 괜찮아."

나는 이 꿈이 어딘가 나가려고 채비를 하는데 남편이 재촉하는 거라고 몇 년 동안이나 잘못 해석하고 있었다. 그런데 알고 보니 침실 밖 목소리는 내 내면의 소리, 지금 이대로의 모습도 괜찮은 사람이라는 것을 확인해 주는 소리였다.

그렇다면 이건 무슨 의미일까?

당신이 메리 마블과 같은 과잉성취자라면, "하지만 내 선택은 내 의지로 한 거고, 내가 하고 싶은 일을 하고 있을 뿐인데, 그게 단지 다른 사람보다 성취 수준이 높을 뿐이라면? 그게 잘못된 건가요?"라며 의문을 제기할지도 모른다. 물론 많은 성취 지향형들은 진심으로 원하는 일을 하고 있다. 나르시시스트 엄마 밑에서 자라 메리 마블의 길을 택한 딸들 가운데는 실제로 굉장히 유능하고 멋진 여성들이 많다. 나는 그들이 지닌 다양한 재능을 진심으로 존경한다. 어쩌면 그런 엄마가 있었기 때문에 다른 사람들에게는 없는 내면의 욕구를 활짝 꽃 피웠을 수도 있다. 아주 뛰어난 예술가인 한 여성은 이렇게 말했다.

** 제 예술만큼은 '건드릴 수 없는 것'이라는 느낌이 늘 있었어요. 엄마가 나르시시스트였지만, 그 예술만큼은 엄마의 영향이 닿을 수 없는 제 안쪽의 일이었거든요. 그것은 순전히 제 내면에서 비롯된 기쁨이었고, 제가 성장하면서 함께 자라고 빛을 발했어요. 저는 어릴 때부터 엄마를 자극하지 않기 위해 조용히, 눈에 띄지 않게 지내야 했어요. 그 덕분에 자연스럽게 그림 실력이 길러진 거죠. 나르시시스트 가정에서 자라난 것의 긍정적인 결과를 굳이 꼽자면, 그것을 제일 먼저 말할 것 같아요.

만약 당신이 진정으로 원하는 삶의 목표를 향해 나아가고 있고, 그 과정에서 자신에게 충분한 인정도 해주고, 게다가 자기 자신을 잘 돌보고 있다면, 당신은 더할 나위 없이 완벽한 상태이다. 다만 다음과 같은 성취 과잉성취자일 경우에는 스스로 점검해 볼 필요가 있다.

- 스스로 잘 돌보지 않아서 몸이나 정신건강에 문제가 있다.
- 자신의 가치를 다른 사람의 눈으로만 판단한다.
- 삶의 여러 영역에서 이룬 성취에 대해 스스로 인정하기 힘들다.

이제 메리 마블 유형이 빠지기 쉬운 함정들을 하나하나 살펴보자. 당신이 이런 함정에 빠져 있는지 점검하고, 만약 그렇다면 거기서 어떻게 빠져나올 수 있을지 그 길도 함께 찾아보자.

일의 노예

과도한 바쁨이나 일 중독은 알코올, 약물, 폭식 중독과 마찬가지로 자기파괴적인 행동일 수 있다. 이들은 모두 고통을 마비시키는 방식으로 작동한다. 만약 늘 만성 피로에 시달리면서도 일을 놓지 못하고, 점점 건강에까지 이상이 생기고 있다면, 당신의 활동이 지금 누구의 가치관에 따라 이뤄지고 있는지 점검해보아야 한다. 그것은 당신 자신의 기준인가?

아니면 엄마의 기대나 내면화된 비판자의 목소리인가? 겉으론 강해 보이고 아무렇지 않은 척하더라도, 그 이면엔 '나는 부족하다'라는 감정을 덮기 위한 공허함이 자리하고 있을 수 있다. 지금부터 소개할 이야기들은, 그런 감정을 정면으로 마주하기 시작한 여성들의 이야기다.

** 서머는 자신이 '어떤 사람인지'보다는 '무엇을 하는지'로 평가받는다고 느낀다. "전 정말 열심히 일해요. 엄마가 그렇게 교육을 하셨거든요. 도대체 어떻게 해야 일 중독에서 벗어날 수 있는지 모르겠어요. 이제는 건강도 나빠지고 있어요. 저는 다발성 경화증(중추신경계에 발생하는 만성 신경 면역계 질환)도 있고, 지난 몇 달 사이에 유방 조직검사만 아홉 번을 받았어요. 과민성 대장증후군 진단도 받았고, 체중도 계속 줄어들고 있고, 관절염도 있어요. 그런데도 저는 온종일 일을 하고, 부업으로 회계 고객이 네 명이나 있고, 딸에게 큰 혜택이 돌아간다기에 걸스카우트 단장도 맡고 있죠. 게다가 아이들 육상 코치로 활동하고, 보석 공예도 하고, 채소도 직접 절여요. 사람들은 제가 하는 활동만 보고 저를 평가해요. 마치 '단숨에 높은 빌딩을 뛰어넘는 슈퍼우먼'이 된 기분인데, 진정한 제 모습을 아는 사람은 아무도 없죠. 잠깐 앉아서 쉴 틈도 없어요. 이대로 앉아서 쉬어 버리면 지금까지 해온 일들이 모두 수포가 될 것만 같거든요."

** 버니는 지나치게 성취 지향적으로 살아온 자신의 삶을 돌아보며 후회했다. "저는 아무리 아파도 직장에 병가를 내 본 적이 한 번도 없어요. 무슨 일이든 에너지를 전부 쏟았죠. 모든 걸 그렇게 해야만 제가 '괜찮은 사람'이 되는 것 같았거든요. 두 딸을 키우면서도 아이들에게 시간을 들여 잘 돌봐주기보다 항상 제 일이 우선이었어요. 그때는 집에 있었어야 했는데 말이에요. 그러다 보니 최근에는 섬유근육통(피로, 전신통증, 수면 장애, 감각이상, 두통 등 전신의 증상을 일으키는 원인이 확실하지 않은 만성질환)이라는 병까지 얻고 말았어요. 과거에 그렇게 열심히 일만 한 게 너무 후회돼요."

** 마를로(45세)는 이렇게 말한다. "저는 전형적인 A타입 완벽주의자예요. 그래서 직장 일이나 집안일 모두 완벽하게 하길 원하고 끊임없이 새로운 목표를 정하죠. 하지만 결코 만족한 적은 없어요. 아무리 해도 항상 더 해야 한다는 압박을 느끼니, 늘 필요 이상으로 일하게 되는 것 같아요. 불안과 걱정, 과도한 스트레스가 늘 따라다녀요."

자기 내면의 취약함을 각종 성취로 덮으려 해왔다는 사실을 인식하게 되면, 자기 자신과 사랑하는 주변 사람들을 얼마나 소외시켜왔는지 보이기 시작할 것이다. 자, 이제 변화를 향한 발걸음을 내디딜 준비가 되었다.

내면의 인정 vs 외부의 인정

여기서 피할 수 없는 딜레마가 있다. 바로 인정욕구다. 어린 시절 충분한 인정을 받지 못하고 성장하여 성인이 되어 스스로를 인정하는 능력이 부족할 경우, 타인의 인정에 의존하게 된다. 그래서 더 열심히 하고, 더 많은 성과를 내려고 애쓰며 외부의 인정에 끌리게 되는 것이다. 이런 유혹은 무의식적으로 작동한다. 왜냐하면 '메리 마블' 유형의 여성들은 대부분 매우 유능하고 뛰어난 능력을 지녔기 때문이다. 그래서 친구, 가족, 직장, 사회 등으로부터 외부의 칭찬과 인정을 얻는 일은 그리 어렵지 않다. 그런 찬사가 일시적으로는 마음의 공허함을 메워주는 듯 보인다. 그러나 외부의 인정에 기대는 삶은 결국 불안을 낳는다. 외부의 인정은 자신이 소유하거나 통제할 수 없는 것이며, 언제든 빼앗길 수 있기 때문이다. 계속해서 성과를 내지 못하면, 인정도 함께 사라질 수 있다.

반면 스스로 인정하는 법을 아는 사람은 밤에 평온한 마음으로 잠들 수 있다. 이 책의 3부에서는 자기 자신을 인정하는 방법에 대해 더 자세히 다룰 것이다. 하지만 그 전에, 왜 당신이 스스로를 인정하는 데 그렇게 어려움을 느끼는지를 함께 들여다보자.,

내가 너무 거만한 건 아닐까?

많은 여성이 자신의 성과를 스스로 인정하는 것을 두려워한다. 마치 자신이 나르시시스트처럼 행동했다거나 최소한 거만하게 잘난 척한 것은 아닌지 걱정하기 때문이다. 마치 엄마처럼 말이다. 만약 당신이 이런 걱정을 하고 있다면, 진짜 나르시시스트들은 어떤 사람인지 다시 떠올려보자. 그들은 '자만심이 매우 강해서 자신의 성취와 재능을 과장하고, 그에 상응하는 성과가 없음에도 불구하고 우월한 존재로 인정받기를 기대하는' 경향이 있다.

나르시시스트는 진정성 없이 오만하게 굴며, 그들이 하는 대부분의 자랑에는 아무런 실질적인 근거조차 없다. 그들은 자기 자신을 실제보다 더 대단한 사람처럼 보이도록 꾸민다. 내면 깊숙이 자신이 부족하다고 느끼기 때문이다. 반대로 메리 마블 유형의 딸들은 대부분 정말 많은 성취를 이루어낸 사람들이다. 그만큼 열심히 살아왔기 때문이다. 이렇게 해낸 것을 자랑스러워한다고 해서 나르시시스트가 되는 것이 아니다. 굳이 뽐낼 필요는 없겠지만 그렇다고 깎아내릴 필요도 없다. 마땅히 받을 인정을 자기 자신에게 주어야 한다. 그렇게 해야만 '끊임없이 무언가를 해야 한다'는 쳇바퀴에서 조금씩 벗어날 수 있다. 이미 해낸 것들을 충분히 자랑스럽게 여기자.

내가 진짜 자격이 있을까?

메리 마블이 자신을 인정하기 두려워하는 또 다른 이유로는 '가면 증후군'Impostor Syndrome을 들 수 있다. 이 증후군을 겪는 사람은 어떤 걸 이루어냈든 간에, 그 성취를 인정하거나 받아들이지 못한다. 부단한 노력 끝에 얻은 성공이 분명 존재하고 부와 물질적 성과가 눈에 보이는데도, 그녀는 자신이 그럴 자격이 없다고 느끼거나 사실은 자신이 사기꾼일 뿐이라고 믿는다. 이들은 자신이 이룬 결과를 단지 운이 좋았거나 타이밍이 맞았을 뿐이라고 깎아내린다. 자신이 사람들을 속여서 더 똑똑하거나 유능한 사람처럼 보이게 만들었다고 느끼는 것이다.

나르시시스트 엄마를 밑에서 자란 메리 마블 여성들은 이 가면 증후군에 특히 취약하다. 어릴 때부터 '너는 충분하지 않아'라는 메시지를 내면 깊이 새기며 자라났기 때문이다. 자신의 내면에서 스스로를 '가치 있는 존재'라고 느끼지 못하는 여성은, 자연스럽게 자신이 무언가를 성취할 자격이 없다고 여기며, 성공이나 인정 역시 받아들일 수 없게 된다.

** 로니(46세)는 의류회사를 경영하는 유능한 사업가다. "저는 잘하는 것처럼 보이게 꾸미는 법을 알아요. 실제로는 잘못해도, 겉보기에만 잘하는 것처럼 보이는 거죠. 언젠가 누군가가 이걸 알아차리고, 제 실체가 드러날까 두려워요."

** 엘렌(57세)은 성공한 부동산 중개업자이지만, 늘 자신의 노력을 평가절하한다. "큰 계약을 따내도 그건 그냥 운이 좋았던 거로 생각해요. 다음엔 실패할 거라는 생각도 들고요."

** 카레나(38세)는 박사학위를 땄을 때의 느낌을 이렇게 표현했다. "그 힘든 논문을 썼는데도 아무도 안 읽으면 좋겠다고 생각했어요. 너무 멍청하게 들릴까 봐요. 논문이 통과하다니 믿을 수가 없었죠. 아마 제 전공이 아주 쉽거나, 교수들이 시간이 너무 오래 걸려서 그냥 통과시켜준 걸지도 몰라요."

이상의 예를 보면 이 여성들이 얼마나 자신의 성공을 깎아내리는지 알 수 있다. 이들은 자신의 장점을 스스로 평가절하하며, 누군가 자신을 거만하다고 여길까 봐 드러내기를 꺼린다. 이런 태도는 단순한 겸손이 아니다. 어릴 적부터 '엄마의 질투'의 대상이 되며 자라온 이들은, 자신을 드러내는 것이 곧 위험을 부른다는 사실을 본능적으로 학습한 것이다.

〈가면 증후군 소개〉라는 기사는 가면 증후군이 어떻게 나르시시스트 가족 구조 속에서 형성되는지를 구체적으로 보여준다.

> 어릴 적 부모나 인생에서 중요한 인물들에게서 받은 태도나 신념, 그리고 직접적이든 간접적이든 전달된 메시지들은 가

면 증후군 감정을 형성하는 데 영향을 미칠 수 있다. 특히 다음과 같은 가족 상황이나 관계 역동은 이러한 감정의 뿌리가 되곤 한다. 예컨대 개인의 성공이나 진로 목표가 가족이 기대하는 성별·인종·종교·나이의 역할과 충돌할 때, 지나치게 비현실적인 기준을 요구하거나, 비판이 많거나, 갈등과 분노가 만연한 가족 환경에서 자란 경우가 그렇다.

가면 증후군을 겪는 과잉성취형 딸들은 범불안장애, 자신감 결여, 우울감, 그리고 스스로 설정한 높은 기준에 도달하지 못할 때 느끼는 좌절감 등에 시달릴 위험이 크다. 이들은 회복 프로그램을 통해 내면의 상처를 직면하고 치유하기 전까지는, 자신이 충분히 가치 있는 존재임을 끊임없이 입증하려는 행동을 멈추기 어렵다.

놀랍게도, 수차례에 걸친 명백한 성공 경험을 쌓고도 이 '가면을 쓴 느낌'은 좀처럼 사라지지 않는다. 이것이 바로 내면에 각인된 메시지가 지닌 지속적이고도 강력한 영향력이다. 놀라울 만큼 유능한 여성들조차 다음과 같은 이야기를 들려준다.

** 릴리안은 이제는 좀 긴장을 풀고 자신의 성취에 대해 뿌듯함을 느끼며 안주하고 싶지만 그럴 수가 없다. "어릴 때는 아무리 노력해도 기준에 못 미쳤어요. B를 받아오면 늘 'A는 어디 갔니?'라는 소리를 들었고, 욕실 청소를 해도 '깨끗하지 않다'라며 다시 하게 했

어요. 지금은 성공한 시나리오 작가가 되었고, 이제는 나 자신에게 만족감을 느껴도 될 법한데도, 여전히 저 자신을 인정하지 못해요. 언제 또 무슨 일이 생겨서, 자랑스럽던 나 자신이 다시 수치심에 빠지게 될지 모른다는 생각이 계속 들어요."

** 캐시는 항상 자신을 의심한다. "저는 의대를 졸업한 데다가 성적이 좋아서 장학금도 놓치지 않았어요. 다른 사람을 돕는 것에 깊은 보람을 느껴서 일에 대한 만족도도 높고요. 사람들은 저를 '의사 선생님'이라고 부르면서 존경을 표시하고 제 도움이나 조언을 구하죠. 저 자신도 이제는 제가 이 일을 해낼 수 있는 사람이라는 걸 알지만, 이 모든 노력을 인정해도 되는 건지 늘 망설이게 돼요. 전 항상 뭐든지 잘해 왔는데도 엄마는 '잘난 척하면 안 돼'라고 경고하시죠."

** 레라(59세) 자기 앞가림을 잘했다는 것을 스스로 알고 있다. "가끔은 저도 제가 잘했다고 느껴요. 그런데 그 기분이 오래 가지 않아요. 제 자존감은 쉽게 무너져요. 스스로에 대한 의구심을 떨칠 수가 없어요. 남편은 자주 저에게 '당신이 얼마나 멋진 사람인지 알기는 해?'라고 말해줘요. 그런데도 저는 제가 상이라도 받는 날이면 얼마나 놀라는지 몰라요. '왜 나를 뽑았지?' 싶죠. 제 이력서는 장장 여섯 장이나 되지만,

정작 저 자신에게 '좋아, 잘했어'라는 말 한마디조차 해주질 못해요."

** 지니(45세) 인정받기 위해 애쓰던 어린 시절을 돌아보며, 여전히 남아있는 불안과 자기 의심을 털어놓았다. "모든 게 불리했어요. 집에서는 아무런 지지도 못 받았고, 인정받을 수 있었던 곳은 학교뿐이었어요. 웅변대회에 나가고, 운동도 하고, 수석 졸업도 했죠. 겉으로는 멀쩡해 보였지만, 속으로는 매일 밤 울며 잠들었어요. 14살부터 20살까지, 깊은 우울 상태에 있었지만, 그땐 그게 우울증이라는 사실조차 알지 못했어요. 학교는 유일한 탈출구였죠. 그곳에서만 '넌 똑똑하다, 괜찮은 아이구나' 하는 말을 들을 수 있었으니까요. 상을 받을 때도 고개를 숙이고 어깨를 웅크린 채 받았어요. 10대 시절엔 옷도 잔뜩 껴입고 다녔어요. 몸매가 괜찮았는데도 사람들 눈에 띄기 싫었거든요. 자신감이 없었고, 너무 조심스러웠어요. 괜히 나서는 순간, 엄마에게 정서적으로 학대받을 게 뻔했으니까요. 지금도 다른 사람들 앞에서는 늘 저 자신을 깎아내리게 돼요. 누구도 저한테 방향을 알려준 적이 없었죠. 그런데도 저는 완전히 바닥에서 출발해서 결국은 기업 홍보 일을 하게 됐고, 지금은 꽤 경력 있는 전문가가 됐어요. 열심히 살아왔다는 건 분명히 아는데도, 늘 내가 가짜 같고 자격 없는 사람처럼 느껴져

요. 나 자신을 깎아내리는 습관이 몸에 밴 거죠. 이렇게 사는 건 정말 지치는 일이에요."

나르시시스트 엄마는 이렇게 유능하고, 경험이 풍부하며, 때로는 현명하고, 자기 인식까지 갖춘 딸들의 어린 시절 성취를 가로채버렸다. 문제는 이제 이 여성들이, 엄마가 자신에게 했던 방식 그대로 스스로를 억누르고 있다는 점이다. 나는 마리안 윌리엄슨Marianne Williamson이 쓴 다음 구절에서 큰 위로와 영감을 받았다. 당신도 이 말에서 나처럼 위안을 받았으면 좋겠다. 그리고 3부에서 회복을 위한 여정을 시작하길 바란다.

우리가 가장 두려워하는 것은 우리가 부족하다는 데 있지 않다. 우리가 가장 두려워하는 것은 우리 자신이 가늠할 수 없을 정도로 강하다는 데 있다. 우리를 정말로 두렵게 하는 것은 어둠이 아니라, 우리 안의 빛이다. 우리는 스스로 묻는다. '내가 어찌 눈부시고, 아름답고, 재능 있고, 빛날 자격이 있단 말인가?' 하지만 진짜 질문은 반대여야 한다. '당신이 어찌 그런 존재가 아니겠는가?' 당신은 신의 자녀이다. 스스로를 작게 만드는 것은 세상을 위한 겸손이 아니다. 다른 사람이 불편해하지 않도록 자신을 축소하는 것은 결코 깨어 있음이 아니다. 우리는 모두 빛나기 위해 태어났다. 어린아이들처럼. 우리 안에는 신의 영광이 깃들어 있다. 그건 일부 사람에게만 있는 것이 아니라, 모두에게 있는 것이다. 그리고 우리가 자기 안의 빛을 허락할 때, 우리는 무의식적으로 다른 사람들에게도 자기 빛을 허락할 수 있도록 허락해준다. 우리가 스스로 두려움으로부터 자유로워질 때, 우리의 존재만으로도 타인을 자유롭게 만든다.

이제는 나를 인정할 시간

당신이 내가 말한 메리 마블이 맞는가? 그렇다면, 당신이 혼자가 아니라는 것을 명심하라. 치유를 향한 여정은 3부에서 본격적으로 시작될 것이다. 나르시시스트 엄마는 딸에게 종종 이런 메시지를 전달한다. "잘해야 하지만, 너무 잘해서는 안 돼. 엄마보다 더 돋보이면 안 되니까." 나 역시 이런 이중적인 메시지를 전하고 싶지 않다. 그러니 다시 한번 강조하고 넘어가야겠다. 지금까지 당신이 이룬 성취는 정말 놀라운 일이다. 무수한 어려움을 딛고 올라서서 이렇게 훌륭한 여성이 되었으니, 이제는 자신을 돌보고 마땅히 받아야 할 인정을 자신에게 주어야 할 시간이다. 그렇게 할 때, 비로소 진정한 '당신이라는 경이로움'을 즐기고, 당신 자신을 있는 그대로 아끼게 될 것이다.

애써 봐야, 뭐가 달라지는데?
자기파괴적인 딸

크리시도 열심히 노력하는 것이 하나의 탈출구라는 건 알고 있었다. 하지만 그녀는 그 길을 선택하지 않았다. 그녀에겐 어딘가 비뚤어지고 반항적인 기질이 있었고, 그게 그녀를 일종의 해방으로 이끌었다. 크리시는 눈치 빠르고 똑똑한 아이였고, 무슨 일이 벌어지고 있는지 이미 알고 있었다. 그렇게 열심히 공부하고, 시험에 합격하고, 착한 딸처럼 대학에 간다고 해서 뭐가 달라질까? 결국엔 다 똑같이 불행하고, 갇혀서, 벗어날 수 없는 삶을 살게 되는 건 마찬가지 아닌가?

— 마가렛 드래블Margaret Drabble,
  『후추나방』The Peppered Moth 중에서

나르시시스트 엄마 밑에서 자란 여성들은 모두 어느 정도 포기하면서 살게 된다. 우리 모두 그 싸움을 시작할 당시 노련한 전사가 아니라 그저 어린아이였기 때문이다. 그런 엄마의 기대를 충족시킬 수 있는 사람은 아무도 없다. 어떤 이들은 과도한 성취를 통해 엄마의 말이 틀렸다고 증명하려 애쓰지만, 또 어떤 이들은 그 반대의 길을 택한다. 마음 깊은 분노를 자신에게 향하게 함으로써, 자신도 모르는 사이에 자신을 방해하고 망치는 길을 선택하는 것이다. 엄마가 절대 우리를 인정하지 않는 승산 없는 게임을 만들어냈다는 사실에 분노하면서도, 우리는 결과적으로 엄마에게 이렇게 말하게 된다. "보세요, 전 엄마가 원하는 사람이 될 수 없다는 걸 증명하고 있어요!"

자기파괴자는 과잉성취형의 내면에 존재하는 또 다른 모습이다. 서로 다른 길을 택해서 정반대의 삶을 살아가고는 있는 듯 보이지만, 결국 내면에 숨겨진 모습과 심리적 문제는 놀라울 만큼 비슷하다.

혹시 당신도 자기파괴자self-saboteur 유형인가? 이런 성향의 특징은 다음과 같다. 당신이 여기에 속하는지 생각해보라.

1. 쉽게 포기한다.
2. 고통을 잊으려고 유해한 것들에 중독된다.
3. 자신을 파괴하는 삶의 방식에서 헤어 나오지 못한다.
4. 자신의 능력을 충분히 발휘하지 못하고 머문다.

다음은 나르시스스트 엄마 밑에서 자란 자기파괴적인 딸들의 예다.

** 타린은 항상 안전한 길만 택한다. 커서도 자신이 원하는 것을 위해서 위험을 감수했던 적이 거의 없다. "저는 '넌 항상 부족해'라는 메시지 속에서 자라서, 늘 제 성과가 부족하다고 느껴요. 실패할까 봐 정말 겁이 나요. 그래서 힘껏 노력하지도 않아요. 적당히 하면 최소한 실패는 안 하잖아요. 저도 하고 싶은 일, 막연히 이루고 싶은 꿈 같은 건 있어요. 하지만 그건 그냥 '꿈'일 뿐, 현실적인 목표는 아니에요. 그냥 '아, 그러면 좋을 거 같다'라고 생각만 하지, 실제로 하지는 않거든요. 왜냐면 제가 잘 못 할 것만 같아서요. 어쩌면 해내고 싶은 생각이 전혀 없는 걸지도 몰라요."

** 산드라는 자신을 전형적인 저성과자라고 스스럼없이 말한다. "저는 어떤 일이든 잘해야 한다는 필요성을 못 느껴요. 어차피 예전부터 잘해본 적이 없었고, 어쨌든 결국엔 안 될 건데 굳이 뭐하러 애를 쓰나 싶죠. 제가 50세가 되던 해에 꽃집을 열었는데 솔직히 잘될 거로 생각한 적은 없어요. 일하면서 잘하려고 애쓴 적도 없어요. 일은 그냥 그럭저럭 끝내기만 하면 되는 거라고 생각해요."

** 샐리는 기회가 찾아올 때마다 늘 익숙하고 그럴듯한 핑계를 대며 빠진다. "전 되도록 관여하지 않으려고 해요. 뭔가 앞에 나서야 할 일이 생기면 슬그머니 피하게 되더라고요. 머리는 나쁘지 않다고 생각하는데, 자신감은 전혀 없어요. 더 많은 걸 할 수도 있었겠지만, 늘 두려웠어요. 무엇보다 누군가의 응원이나 격려도 받지 못했어요. 어릴 때 제일 많이 들은 말은, '그냥 시집이나 잘 가라'는 말이었어요. 그래서 정말로 그렇게 살았어요."

왜 누구는 과잉성취자가 되고, 누구는 자기파괴자가 되는 걸까? 연구를 통해 과잉성취자의 삶에는 매우 특별한 존재가 있다는 것을 알게 되었다. 할머니, 이모, 아빠 또는 가까운 친척 등 긍정적인 메시지를 전달하는 사람이 주변에 있었다. 그래서 엄마에게서 받은 부정적인 메시지를 없애거나 아니면 최소한 그에 맞서 싸울 수 있게 된 것이다. 그리고 이런 특별한 사람은 대개 사랑이 많고, 공감 능력이 뛰어나며, 건강한 돌봄의 태도를 지닌 이였다. 반대로 자기파괴적인 길을 걷게 된 딸들에겐 이런 특별한 존재가 아예 없었거나, 있다 해도 아주 짧은 기간이었다. 그래서 삶에 긍정적인 변화를 만들 수 있을 만큼의 영향을 받지 못한 것이다.

왜 스스로를 망치는가?

자기파괴적인 행동과 감정 문제는 대부분, 건강하게 양육되지 못한 데 대한 생존 본능에서 비롯된다. 우리 중 누구도 의식적으로 '스스로를 망치겠다'고 결심하는 사람은 없다. 하지만 아이가 엄마의 지지와 보호를 받지 못한 채 자라면, 자신의 감정을 제대로 이해하고 다루는 데 어려움을 겪을 가능성이 농후하다. 엄마가 자신의 감정을 부정하는데 아이가 어떻게 감정이라는 걸 인정하겠는가.

아주 어린 아이의 눈에는 엄마가 진실이며 답이다. 엄마가 아이를 좋아하지 않거나 부족하다는 의사를 표현하면, 그 아이는 자연스럽게 자신이 사랑스럽지 못하고 모자란다고 믿게 된다. 누군가 이렇게 비뚤어진 양육방식에 대해서 의문을 제기해서 이 왜곡된 믿음을 깨뜨려주고, "넌 소중한 존재야, 사랑받을 자격이 있어"라고 진심으로 보여주는 사람이 없다면, 아이는 점점 그 부정적인 믿음을 내면화하게 된다. 아이는 결국 이렇게 생각하게 된다. '나는 원래부터 이런 사람이야. 바뀌는 건 불가능해.'

고통에서 도망치기

감정을 처리하지 않고 그냥 내버려 두면 아이는 자신의 불행, 슬픔, 공허감을 다루기 위한 방어 기제를 찾기 시작한다.

무능력하다는 감정을 잊기 위해 심각한 우울증에 빠질 수도 있고 섭식 장애를 겪거나 약물이나 알코올에 중독될 수도 있다. 이런 문제들은 그녀가 느끼는 고통과 결핍감을 직접 마주하지 않도록 주의를 다른 데로 돌리거나 감추는 방식이다. 그러다 보면 점점 감정적으로 무감각해지고 옴짝달싹 못하는 상태에 놓인다. 건강한 방향으로 나아가지 못하는 자신을 보며 스스로에 대해 무가치하다는 감정을 더 깊이 믿게 된다. 자기파괴적인 행동으로 사람들을 밀어내고, 그로 인해 또다시 고립되고 공허해진다. 이 모든 과정이 끝없이 반복되는 악순환이 되어 결국 자신이 가진 잠재력을 가로막는다.

** 셰리의 자기파괴적인 행동은 수년에 걸쳐 점점 더 심해졌다. "저는 저 자신을 파괴하는 데 중독되어 있었어요. 사랑을 찾겠다고 무분별한 성관계를 반복했죠. 고등학교 때부터 술에 손을 댔고요. 몇 년 전부터는 도벽이 생겼는데 거의 1년 동안 물건을 계속 훔쳤어요. 그건 마치 술을 마시는 거랑 비슷했어요. 다만 훔치는 짓에 초점이 맞춰졌을 뿐이죠. 그렇게 하면 잠시나마 고통을 잊을 수 있었거든요. 하지만 정말 부끄러워요! 저는 그렇게 제 인생을 스스로 망쳤어요."

** 자신의 삶을 바꿀 의욕조차 내지 못하는 메레디스(28세)는, '자존감 낮은 사람'의 전형적인 예다. 그녀는 대학에 갔지만 제대로 다니지도 않다가 결국 자퇴했

다. "제가 뭔가 중요한 걸 하려고 하면 심한 공황 발작이 일어날 거예요." 메레디스는 자신이 스스로를 해치고 있다는 걸 알면서도 여전히 미래는 없다고 단정하고 있었다.

** 아테나와 그녀의 자매들은 모두 섭식 장애가 있었다. "큰 언니는 거식증, 저는 폭식증이에요. 작은 언니는 두 가지 증상을 다 갖고 있어요. 우리는 모두 섭식 장애 때문에 입원 치료를 받았고 엄마와 함께 상담도 했어요. 엄마는 항상 그 책임을 미디어 탓으로 돌렸지만, 정작 본인은 외모가 별로라고 생각하는 사람들을 끊임없이 평가하고 깎아내렸어요. '저 여자는 어떻게 저렇게 먹어대지? 완전히 돼지 같네. 게다가 저 머리 좀 봐.'라는 식이셨죠. 해변에 가면 꼭 사람들의 몸매나 피부를 보고 한마디씩 해요. 지금 저는 과체중이고, 아마 앞으로도 계속 그럴 것 같아요. 일찌감치 포기했어요."

** 넬리(35세)는 어렸을 때부터 자신에게 늘 뭔가 문제가 있다고 생각했다. 오랫동안 우울증을 겪었고 결국엔 입원 치료까지 받았다. "하루하루 그저 무사히 지나가기만 바랐어요. 고층 건물에서 확 뛰어내리고 싶은 적도 많았어요. 그러다가 제가 화를 낼 수도 없고, 감정을 느낄 수도 없는 사람이라는 걸 알게 되었죠.

좋은 감정이든 나쁜 감정이든 전부 마비시키며 살아 왔던 거예요. 그리고 나서야, 제 성장 과정에 뭔가 문제가 있었다는 걸 깨닫고, 그때부터 획기적인 변화를 만들기 시작했어요."

** 게일은 감정을 부정하며 수년을 살아오다가, 최근에서야 자신의 인생이 어떤 상태인지 솔직히 인정하게 되었다. "전 알코올 중독이에요. 엄마도 알코올 중독이었죠. 절대 엄마처럼 살지는 않겠다고 맹세했는데 이렇게 됐어요! 가장 끔찍한 건, 술이 제 인생을 완전히 망가뜨리고 있다는 거예요. 좋은 일이 막 생기려는 순간, 그걸 눈앞에 두고 술을 마셔서 죄다 망쳐버렸어요. 마치 작정이나 한 사람처럼, 뭔가 일이 잘될 것 같으면 꼭 제가 다 엎어버렸죠. 그래서 결국 아무것도 이루지 못한 채 제자리걸음만 하고 있어요."

** 다마리스는 뼈아픈 진실을 고백했다. "사랑받을 자격이 없다고 느끼는 감정은 정말 파괴적이에요. 전 항상 거절당할 거라는 생각에 갇혀 살았어요. 인정받지 못할 거라는 생각에 누구에게든 제 의견을 당당하게 말하지 못했어요. 최근에야 상담을 통해 제가 지나치게 소극적이며, 스스로를 전혀 지키지 못하고 있다는 걸 알게 되었어요. 그런 소극적인 태도 때문에 직장도 잃고 인간관계도 실패했어요. 심지어 원하지 않았지만

제가 낳은 아이마저 포기하고 입양을 보내야 했어요. 이 모든 걸 떠올리면 그저 눈물만 나요."

** 캔디는 엄마로부터 물려받은 상처에서 벗어나기 위해 치열하게 치료에 임하고 있다. "가장 아이러니한 건요, 엄마가 돌아가셔야만 비로소 제 삶이 시작될 거 같다는 거예요. 엄마야말로 저를 세상에 태어나게 해 주신 분이신데 말이죠. 전 마치 덫에 걸린 거 같아요. 엄마가 떠난 이후에나 자유와 행복을 찾을 수 있을 것 같거든요. 왜 제 삶은, 엄마의 삶이 끝나야만 시작될 수 있는 걸까요?"

** 크리스트는 2년 전에 우울증 진단을 받았다. "우울증이라는 이야기를 듣고 얼마나 충격받았는지 몰라요. 그 뒤로 우리 가족의 관계 방식, 그리고 엄마의 행동이 그 근본적인 원인이었다는 걸 알게 됐죠. 할머니도 나르시시스트였고 그런 부분을 엄마에게 그대로 물려주었다는 것도 보이기 시작했고요. 저에겐 언니가 두 명 있는데 둘 다 알코올 중독에 폭식증 환자예요. 우리 셋 다 내면의 공허함을 언젠가는 채울 수 있었으면 좋겠어요. 그리고 저 자신도 내가 누구인지, 인생에서 정말 원하는 게 뭔지 알고 싶어요. 마흔세 살이 됐는데도, 아직도 커서 뭐가 되고 싶은지를 고민하고 있어요. 지금 하는 일은 너무 고통스럽고, 만족감이

하나도 없어요."

** 미스티는 자신의 삶을 설명하면서 '스스로 망쳤다'라는 말을 자주 했다. 그녀는 자신에게 찾아오는 모든 기회를 자기 스스로 걷어차고 있다고 느꼈다. "전 이게 어느 정도는 엄마 때문이란 걸 알아요. 엄마는 항상 재능이 있는 아이들을 칭찬했거든요. 그래서 전 어릴 때부터 머릿속으로 제가 사랑받고 재능 있는 아이로 살아가는 세계를 만들어냈어요. 10대 초에는 음악을 틀고 눈을 감으면 멋진 가수, 댄서, 기타리스트 무엇이든 될 수 있었어요. 그러다가 18살에 기타 레슨을 몇 번 받았는데, '내가 꿈꾸던 연주자가 될 수 있을까?' 싶어서 바로 포기해버렸어요. 라인댄스도 정말 좋아했는데, 영국 챔피언 무대를 보고 나서는 '무슨 소용이람, 난 저렇게는 절대 못 할 텐데' 하고는 흥미를 잃었죠. 전 뭔가를 순수하게 즐기지를 못해요. 그래서 늘 이것저것 건드리기만 하다가, 결국엔 아무것도 이루지 못한 채 이 모양 이 꼴로 살고 있어요. 어쩌면 아직도 더 늦기 전에 엄마에게 인정받고 싶어서 이런 식으로 버티고 있는 걸지도 몰라요. 그런데 정작 제가 뭘 원하는 건지, 심지어는 진짜 제 모습이 뭔지도 잘 모르겠어요."

** 제니스는 마음속 깊이 늘 아이를 갖고 싶어 했다. "전

언제나 가족을 꾸리고 싶었어요. 자녀가 있는 사람과 결혼하긴 했지만, 제 아이를 낳진 못했죠. 아이와 함께 있는 엄마들을 보면 마음이 아파요. 그 가까운 모습이 부럽기도 하고요. 그럴 때마다 제 어린 시절이 도둑맞았다는 생각이 들어요. 이젠 다 지나가 버렸으니까요. 저는 어릴 때 그저 평범하고 눈에 띄지 않는 아이였어요. 엄마는 보육 교사였는데 항상 저를 다른 애들과 비교했죠. 제가 아홉 살 때는 엄마가 인형같이 예쁜 세 살짜리 여자아이를 돌보고 계셨어요. 우리가 다 함께 외출이라도 하면 엄마는 낯선 사람들에게 그 아이가 진짜 딸인 척하고, 저는 그냥 돌봐주는 아이처럼 대하곤 했어요. 엄마는 저더러 자주 '넌 원래 그렇게 눈에 띄는 애가 아니니까, 너무 큰 기대는 하지 마'라고 말했어요. 가장 자주 들은 말은 이거예요. '너도 이다음에 크면 꼭 너 같은 딸 낳아봐라. 그러면 내 심정을 이해하게 될 거야.' 그래서인지, 저는 제 아이를 갖는 게 정말 두려워요. 혹시라도 저도 엄마처럼 될까 봐요."

당신은 이미 성인이지 않은가? 발에 채워진 자기 의심이라는 덫은 물론 엄마에게서 사랑을 못 받고 자란 한을 스스로 풀 수 있다. 사실 이 문제들을 외면하지 않고 정면으로 마주하는 일은, 자기 자신 외에는 아무도 할 수 없다. 파괴의 손길에 자신을 내맡기지 마라. 스스로 자신을 가로막는 건 당신에게 너무도 부당한 일이다. 당신이라는 존재가 그 누구보다 소중한 사람임을 알라. 용기를 내어 치유의 손길을 잡아 그 상처를 극복하라.

똑같은 내면의 모습

이번 장을 읽는 내내 마음이 편치 않다고 해도 걱정하지 마라. 수많은 사람이 당신 곁에서 똑같은 여정을 걷고 있다. 나르시시스트 엄마를 둔 딸 중 자신을 괴롭히지 않는 사람은 거의 없다. 과잉성취형 딸과 자기파괴적인 딸은 겉보기엔 전혀 다른 삶을 사는 듯하다. 과잉성취형들은 좋은 집에 살고 고소득 직종에 종사할 확률이 높다. 반면에 자기파괴자 유형들은 친척 집에 얹혀살거나, 교도소에 있거나, 정부 보조금에 의존하거나, 실업수당으로 생계를 이어가고 있는 경우가 많다.

하지만 두 유형 모두 자기를 해치는 방식으로 반응한다는 점에선 똑같다. 그들은 모두 비슷하게 우울, 불안, 중독, 건강 문제, 인간관계의 어려움 같은 문제에 시달리고 있다. 둘 다 '존재 그 자체'가 아닌, '성과'로만 가치를 인정받을 수 있다는 메시지를 내면화한 것이다. 우리 삶을 송두리째 앗아가는 고통의 근원, 그 왜곡된 내면의 목소리들을 없애야 한다. 그래야만 진짜 나로서 살아갈 수 있는 길이 열린다.

다른 인정을 찾아서

아이들이 어릴 때 엄마에게 의지할 수 없었던 경우, 성장하면서 다른 '보호자'를 찾기 시작한다. 친구, 친척, 연인, 배우자, 심지어는 사회 전체로부터도 도움의 손길을 구해서 자신이 돌봄을 받고 있고 안전하다는 것을 느끼려고 한다. 누군가에게 돌봄을 받고 있다는 사실이, 사랑받고 있다는 증거라고 믿고 싶어 한다. 하지만 그것은 스스로를 달래기 위한 착각일 뿐, 이 속에서도 진심 어린 사랑을 받는다는 느낌을 끝내 얻지 못한다. 이는 과잉성취형들이 외부의 인정을 추구하는 것처럼, 또 다른 방식으로 외부의 인정에 의존하는 것이다. 하지만 진정한 회복을 위해서는, 자기 내면을 신뢰하고, 자기 존재 자체로 가치 있는 사람임을 스스로 인정할 수 있어야 한다.

아래의 여성들을 살펴보자. 이들은 모두 똑똑하고 재능도 있고 능력도 있지만, 자기 자신을 신뢰하지 않는다. 하나같이 이미 스스로를 포기하고, 원하는 수준에 이르지 못할 거라며 아예 시도조차 하지 않는다고 말한다. 그들이 다른 사람들의 보살핌을 계속 받기 위해서 선택한 불건전한 방식을 보라. 얼마나 자신의 삶을 무너뜨리고 있는가.

- 페기는 약물 중독 문제로 교도소에 다녀왔다. 제대로 된 도움을 받지 못한 채, 계속해서 같은 고통을 반복하고 있다.
- 새미는 기초생활 지원에 의지하며 살아가는 싱글맘이다. 스스

로 삶을 이끌기보다는 타인의 돌봄에 안주하고 있다.
- 앨리는 간신히 월세를 내느라, 끼니조차 제대로 챙기기 어렵다. 도저히 허기를 참을 수 없을 땐 패스트푸드 매장에서 받은 케첩을 물에 타 토마토 수프처럼 끓여 먹은 적도 있다.
- 조앤은 40대 중반이 되었지만, 여전히 부모에게 의지하며 살고 있다. 늘 '나는 안 될 거야'라는 생각에 사로잡혀 일자리를 구할 자신도 없다.
- 조엘은 하루도 빠짐없이 술을 마신다. 마음의 공허함을 술로 채우려 하지만, 갈수록 더 외로워진다.
- 셸리는 데이트 폭력으로 팔이 부러져 병원에 다녀왔다. 하지만 그녀는 여전히 '자기 탓일지도 모른다'고 믿으며 그를 떠나지 못한다.

자기파괴적인 행동은 재능이나 능력의 부족 때문이 아니다. 그것은 내면에서 벌어지는 치열한 갈등이다. 무언가를 간절히 하고 싶지만, 마음속 깊은 곳에서는 "안 돼" "하면 안 돼"라는 메시지가 계속 울린다. 예를 들어, 위에 나온 조엘은 알코올 중독을 해결하기 위해서 금주 모임에 계속 나가야 한다는 걸 잘 알고 있다. 하지만 조금만 낙담해도 다시 술에 손을 대기 시작한다. 셸리는 지금 관계가 자신을 해치고 있다는 걸 알지만, 혼자가 되는 두려움에 여전히 벗어나질 못한다. 조앤은 초등교육 전공으로 학위도 있지만, 해봐야 안 될 거 같다는 생각에 이력서조차 쓰지 않는다. 앨리는 일자리를 구하면 굶지 않을 수 있지만, 자신이 너무 부족하다고 느껴 시도조차 하지 못한다. 페기는 마약이 자신을 망친다는 걸 알지만, 어차피 아무도 자신을 사랑하지 않을 것 같다며 스스로를 포기해버린다. 학창시절 새미는 전 과목 A를 받을 정도로 우등생이었다. 하지만 늘 자신을 하찮게 여기는 남자들과 관계를 맺으며, 더 나은 삶을 선택할 자격이 자신에게 있다고 느끼지 못한다. 이 여성들은 모두 간절히 변화를 원한다. 하지만 그들의 내면에는 "넌 안 돼"라고 속삭이는 부정적인 목소리가 자리 잡고 있다. 그리고 그 목소리가 삶을 완전히 장악하고, 감정까지 조종하고 있다.

나르시시스트 엄마는 이렇게 삶이 무너진 딸들을 보고 당황하거나, 심지어는 부끄러움과 수치심에 딸을 외면하거나 끊어내기도 한다. 가뜩이나 자기밖에 모르는데 얼마나 창피한 일이겠는가. '저 애가 저렇게 된 게 다 누구 탓이야?' '이웃들이 뭐라고 생각하겠어?' '친척들한테 뭐라고 말하지?' 이런 생각이 앞서는 것이다. 당연히 이런 상황에 놓인 딸들에게 가장 필요한 것은 감정적인 지지와 돌봄이다. 하지만 나르시시스트 엄마는 대부분 자기 체면이나 평판을 걱정할 뿐 실질적인 도움이나 공감을 줄 수 없다.

당신이 스스로를 파괴하는 방식으로 살아가고 있다면, 한 가지 분명히 알아야 할 것이 있다. 당신은 중요한 존재라는 사실이다. 당신을 걱정하고 아끼는 사람이 분명히 있으며, 회복을 위한 노력을 시작한다면 삶의 방향은 근본적으로 달라질 수 있다. 지금까지 겪어온 고통과 혼란도 당신 삶의 일부였다. 그 과정을 거쳐왔기에, 이제는 스스로의 삶을 설계하고 감정을 조절할 수 있는 능력이 자신에게 있다는 사실을 알게 된 것이다. 엄마가 어떤 상처를 주었든, 당신은 치유될 수 있다. 나는 그 회복의 과정을 한 걸음씩 안내할 것이다. 당신이 해야 할 일은 단 하나, 그 여정을 멈추지 않고 자기 자신이 소중한 존재라는 걸 잊지 않는 것이다.

사랑이 뭔지 몰라서
실패한 연애 속에 숨어 있는 엄마의 그림자

누군가가 진정으로 사랑할 줄 안다면, 그는 자신도 사랑할 수 있는 사람이다. 다른 사람만을 사랑하면서 자신을 사랑하지 못한다면, 그것은 진짜 사랑이 아니다.

— 에리히 프롬Erich Fromm,
『사랑의 기술』The Art of Loving 중에서

사랑은 사람들의 영원한 관심거리이다. 우리는 모두 사랑을 원하고, 또 그것을 소중하게 여긴다. 그리고 사랑에 빠졌을 때의 느낌은 각자 마음속에 조금씩 다른 모습으로 자리 잡고 있다.

나르시시스트 엄마를 둔 여성들도 마찬가지이다. 그런데 이들은 내면의 공허함과 결핍을 채우기 위해 부적절한 사랑 관계에 빠지는 경우가 많다. 자신을 진정으로 이해하고 인정해줄 사람을 찾으면서도, 안타깝게도 정작 그 파트너를 완전히 잘못된 방식으로 찾아 헤맨다.

이번 장에서 살펴볼 이들의 '왜곡된 사랑'distorted love은, 사랑이란 상대가 나에게 무엇을 해주는 것 혹은 내가 상대에게 무엇을 해주는 거라는 잘못된 믿음에 바탕을 둔다. 이러한 왜곡된 의미는 결국 의존적이거나 공의존적인 관계, 혹은 관계 자체를 맺지 않는 선택으로 이어진다. 의존적인 사람은 자신을 위해 무엇을 해줄 수 있는지를 중시하고, 공의존적인 사람은 자신이 상대를 위해 무엇을 해줄 수 있는지를 중시한다. 반면, 어떤 관계도 맺지 않는 것은 결국 포기의 한 형태이자 아예 그 관계에 발을 들이지 않겠다는 선택이다.

** 알렉시스(25세)는 어떤 사람을 만나야 할지 잘 모르겠다고 말한다. "우리 엄마는 '사랑'이라는 말을 예쁜 신발 얘기할 때밖에 안 해요! 아, 고양이를 사랑한다고는 했네요. 그러니 제가 사랑이라는 게 대체 뭔지 알 턱이 있겠어요?"

의존적·공의존적인 관계는 결코 바람직할 수 없다. 이런 관계는 대부분 실패로 끝나거나 비극적인 결말로 치닫는다. 그런데 그 상대와 헤어진다고 해도 별반 달라지지 않는다. 자신이 사귀는 상대를 고르는 데 문제가 있다는 걸 자각하지 못한다면 같은 실수를 반복할 가능성이 크다. 심리학에서는 이를 '반복 강박'repetition compulsion이라 부른다. 엄마와의 관계 패턴을 무의식적으로 반복하게 되는 것이다. 이런 관계로 매번 기대와 희망의 불씨가 꺼지고, 그 결과 많은 여성들이 아예 혼자 살거나 아무도 사귀지 않기로 마음을 먹게 된다.

헤어진 후에

누가 먼저 헤어지자고 했든, 나르시시스트 엄마를 둔 여성은 이별을 깊은 수치심으로 받아들인다. 관계가 처음 깨졌든 여러 번 반복됐든, 그들은 매번 '내가 부족해서'라는 생각에 사로잡혀 자존감이 크게 흔들린다. 우리 사회에서는 여성이 사업에 실패하는 것보다 관계의 실패를 더 부정적으로 바라보는 경향이 있다. 그래서 이혼이나 반복된 이별은 자신이 결함 있는 존재라는 인식으로 이어지고, 감정적으로 큰 고통을 초래한다. 이별 뒤에는 흔히 죄책감과 수치심이 따라오지만, 더 근본적인 감정은 수치심이다. 죄책감이 특정 행동에 대한 것이라면, 수치심은 존재 전체를 부정하는 감정으로, 정신 건강을 심각하게 해친다. 이들은 종종 자신을 '망가진 사람'이나 '하자 있는 상품'처럼 표현한다. 그 수치심의 밑바닥에는 늘 '나는 사랑받을 자격이 없는 사람'이라는 뿌리 깊은 믿음이 자리하고 있다.

** 아름다운 외모를 지닌 내담자 타이라는 두 번째 이혼 끝에 나를 찾아왔다. 아주 예쁘고 지적이며 매력이 넘치는 그녀는 마치 작고 섬세한 도자기 인형 같았다. 그러나 이렇게 아름다운 외모와는 달리 내면에는 깊은 슬픔과 자신이 쓸모없는 존재라는 생각으로 가득 차 있었다. 그녀는 엄마가 나르시시스트였다는 걸 이미 알고 있었다. 하지만 재혼한 남편이 얼마 전 다른 여자와 바람이 나서 떠나버린 것이 더 큰 문제였다. 타이라는 이렇게 말했다. "저 좀 사랑받게 해주세요!" 그 심정이 얼마나 절박했을까.

** 마르고(55세)는 이제 누구와도 데이트를 하지 못할 것 같다고 했다. "이런 감정은 누구에게도 털어놓을 수가 없어요. 손쓸 수 없이 망가진 것 같아요. 누가 나 같은 사람과 데이트라도 하려 할까요? 결혼을 두 번이나 했다고 누군가에게 어떻게 말할 수 있겠어요? 그걸 알면 제가 문제가 있거나 이상한 여자라고 생각할 게 뻔하잖아요! 제 인생은 이미 나락으로 떨어졌어요. 도무지 희망을 찾을 수가 없어요."

** 서머는 자신이 미움받아 마땅한 존재처럼 느껴질 때가 있다고 털어놓았다. "그동안 사귄 남자들을 떠올리면 감당할 수 없는 고통과 수치심이 올라와요. 그 생각만 하면 정말 무너져버릴 것 같아요. 그래서 평소에는 애써 기억에서 지워버리려고 해요. 의식 위로 떠오르지 않게요. 정말이지, 내가 사랑받을 수 없는 사람이라는 느낌이 확 밀려들거든요!"

** 칼라는 자신의 연애 실패를 들춰내며 상처를 준 엄마의 말을 떠올렸다. "심각하니 잘 들어주세요. 제 약혼자가 엄마에게 인사를 드리러 왔는데, 엄마가 악수하더니 고개를 옆으로 저으시며 이러시는 거예요. '잘해 봐. 처음도 아니고, 더 잘해야 하지 않겠어?' 파혼 이야기를 그렇게 대놓고 꺼내시는 데 정말 수치스러웠어요. 제게 붙은 '파혼녀' 딱지는 뗄 길이 없잖아요? 그러니 이 수치는 평생 안고 가야 할 것 같아요."

누구를 어떤 이유로 선택하나?

나르시시스트 엄마에게서 자란 딸은 십중팔구 자신의 정서적 욕구를 충족시켜줄 수 없는 남자를 배우자로 선택한다. 선택에 뭔가 잘못되었다는 것을 직관적으로 알더라도 듣기 싫은 건 애써 무시하려 한다. 수년간 이런 여성들을 상담해

오면서, 이들에게는 놀랍도록 예리한 직관적 지능이 있지만 동시에 꼭 필요한 순간에 귀머거리 상태가 된다는 것을 알게 되었다. 어린 시절에 받지 못했던 사랑에 너무 목마른 나머지, 머리로만 알고 귀는 틀어막아 경고의 신호를 무시해 버리는 것이다. 나중에 치료 단계에서는 이처럼 내면에서 우러나오는 목소리를 귀 기울여 듣는 법을 소개해 주겠다.

실제로 당신도 무의식에 상당히 의존해서 배우자를 선택한다. 인간은 누구나 익숙한 것에 끌리는 경향이 있다. 만약 엄마와의 관계에서 비롯된 감정이 해결되지 않고 남아있으면, 모녀 관계에서 겪었던 감정 패턴을 반복하게 될 사람을 선택할 가능성이 크다. 게다가 우리는 대개 자신과 정서적으로 비슷한 수준에 있는 사람을 선택하는 경향이 있다.

당신이 의존적인 성향을 지녔다면 배우자에게도 이런 태도를 보일 것이다. '난 당신에게 기대고 의지할 거야. 당신은 내게 많은 걸 해줄 수 있는 사람이니까. 당신은 나를 돌봐줄 수 있고, 충분한 돈과 사회적 지위가 있고, 괜찮은 집안에 좋은 직장까지 있으며, 외모도 뛰어나지. 정말 내가 찾던 조건을 다 갖춘 사람이야.'

당신이 공의존적인 성향이라면 이런 태도를 보일 것이다. '내 전부를 희생해서 당신을 보살필게. 당신은 나의 도움 없이는 안 되잖아. 엄마의 손길처럼 당신이 성장하게끔 돌보고 보살펴주고 싶어. 당신은 사랑을 못 받고 컸으니까 이제 내가 사랑해줄게. 그러니까 내 말대로 따라와 줘. 그렇게 날 필요로 하다니 내가 얼마나 행복한지 몰라.'

건강한 관계는 상호의존성을 바탕으로 한다. 때에 따라 한쪽이 도움을 더 줄 수도 있고 덜 줄 수도 있기는 하지만, 기본적으론 성인으로서 자신만의 두 발로 당당히 홀로선 상태여야 한다. 다시 말해, 어느 한쪽도 의존적이거나 공의존적이지 않다. 반면 의존-공의존 관계에서는 상대방을 있는 그대로 사랑하는 것이 아니라, 각자 정해진 역할을 연기하게 되는 왜곡된 사랑을 할 뿐이다. 나르시시스트 엄마에게서 사랑을 못 받고 자란 딸들은 해결되지 않은 결핍에 이끌려 관계를 선택하는 경우가 많다. 하지만 이런 결핍 기반의 관계로는, 마음속 깊이 자리 잡은 공허함을 결코 채울 수 없다. 성인이 된 후에도 어린 시절 채워지지 않은 감정적 욕구를 전부 충족시켜줄 수 있는 사람은 아무도 없기 때문이다. 문제는 이러한 내면의 공허함을 마주하고 스스로 채워야 한다는 걸 깨닫기 전까지는, 누군가가 나를 대신해 '가치 있고 유능하며 사랑받을 만한 사람'으로 느끼게 해줄 수 있을 거라고 기대한다는 점이다.

성인이 된 딸은 흔히 정서적인 친밀감이나 취약함을 공유하지 못하는 사람, 즉 자신의 감정적 욕구를 충족시켜줄 수조차 없는 사람을 선택한다. 무의식 깊은 곳에서, 감정적으로 거리를 둔 관계야말로 익숙하고 예측 가능하다고 느끼기 때문이다. 회복을 시작하기 전까지 그녀는 자신의 감정을 온전히 들여다보지 않기 때문에, 감정이라는 세계에 발을 들이지 않는 사람과 관계를 맺게 되는 것이다.

자신의 정서적 욕구와 친밀감이 끝내 충족되지 않으면,

스스로 잘못된 사람을 선택했다는 사실은 외면한 채 곧잘 비난의 대상 찾기 시작한다. 당신은 어떠한가? 만약 이런 상황이 낯설지 않게 느껴진다면 조심해야 한다. 상대를 '좋은 사람' 아니면 '나쁜 사람'으로만 보는 흑백논리에 빠지게 되면, 어느새 나르시시스트의 사고방식을 그대로 답습하고 있을지도 모른다. 한때 이상적으로 여겼던 상대를 하루아침에 악역으로 몰아세우고 나면, 상대에게 버림받기 전에 내가 먼저 이별을 통보해야겠다는 생각이 들 수 있다. 나르시시스트 엄마에게 정서적으로 버림받고 자란 딸에게, 버림받는 건 가장 큰 공포다. 부모가 곁에 있었음에도 사랑받지 못했다고 느꼈기에, 실제 관계에서도 버려질까 두려워 끊임없이 눈치를 본다. 의존적인 성향이 강하다면, 건강하지 못한 관계를 끊는 일이 더더욱 어려울 것이다. 때로는 학대적이거나 해로운 관계 안에 머무르며, '나는 이 정도밖에 안 되는 사람'이라는 생각에 자신을 가둔다. 반대로 상대가 먼저 당신을 떠났다면, 그 상실감과 거절 받은 고통이 유독 깊고 오래 남는다. 과거 엄마에게서 정서적으로 버림받았던 상처가 고스란히 되살아나기 때문이다.

공의존 관계

과잉성취형 여성은 무의식적으로 자신이 돌봐야 할 남성을 찾는 경우가 많다. 그녀는 "내가 상대에게 무엇을 해줄 수 있을까"에 기초한 관계 패턴에 끌린다. 엄마를 돌보며 익힌 능숙한 보살핌의 기술은, 그녀를 평생 '돌보는 사람'으로 만든다. 어떤 식으로든 그렇게 돌볼 수 있는 남성과 관계를 맺을 때 익숙함과 안정감을 느낀다. 자신에게 의지하는 남성은 자신을 버릴 수 없으리라 믿는다. 그렇게 남성을 돌보는 대가로 자신의 공허함과 결핍을 채울 수 있으리라고 기대하지만, 현실은 결코 그렇게 흘러가지 않는다. 더 의존적이고 덜 성숙한 남성일수록 상대 여성을 엄마로 착각하면서 '특별한 자격'을 받고 싶어 한다. 극도로 의존적이며 마땅히 받아야 한다는 식의 '당연함'을 요구하던 그녀의 엄마처럼 말이다. 상대의 욕구를 만족시켜주려고 갖은 노력을 다하지만, 텅 빈 마음은 좀처럼 채워지지 않고, 관계에서 보상이 놀아오는 일도 좀처럼 일어나지 않는다. 결국, 그녀는 결국 분노가 쌓이고 인내심은 바닥나 버린다.

왜 그녀는 애초에 이런 남성을 선택했을까? 그 이유는, 그가 감정적인 친밀감이나 취약함을 드러낼 수 없는 사람이라는 점 때문이었다. 그녀는 이 사실을 마음 한구석에서는 이미 알고 있었기 때문에, 상대뿐 아니라 진실하게 감정적으로 연결된 관계 자체를 믿지 못한다. 그녀는 인정받고 싶은 욕구와 진실하고 따뜻한 사랑을 나누고 싶다는 희망을 스스로 포기한 것이다. 남성은 그녀를 있는 그대로 사랑하지 못하고, 그로 인해 그녀는 끊임없는 좌절과 슬픔 속에 머문다. 사랑을 갈망하면서도, 그녀 자신의 회복 여정을 완수하기 전까지는, 그 사랑을 결코 찾을 수 없다.

나는 이런 남녀 관계를 주로 농구에 곧잘 비유한다. 코트 양쪽 끝에 농구대가 서 있고 그 뒤로 관중석이 있는 농구장을 떠올려보라. 공의존적인 여성은 보통 과잉성취형인데, 그녀 혼자 이리저리 농구장을 헤집고 다니면서 양쪽 골대에 모두 득점까지 해낸다. 반면 남성 파트너는 관중석에 앉아 그녀가 두 사람 몫까지 뛰는 걸 보면서 그저 지켜보고만 있다. 시간이 지나면 여성은 점점 지치고, 좌절하고, 분노하며, 결국엔 멈추고 싶어진다. 관중석에 앉아있던 남성은 상대가 자기 몫까지 해주는 상황에 만족할 수도 있지만, 그는 그 어떤 자존감도 확인받을 수 없다. 자신을 위해 아무런 노력을 하지 않는 사람에게, 스스로에 대한 존중이 생길 수는 없기 때문이다.

** 베치는 결혼 생활을 유지하느라 혼자서 죽도록 뛰어다녔지만, 이젠 지쳐서 넌더리가 날 지경이다. "전 이상한 행동도 잘 참는 편이에요. 그러니까 제가 공의존적이라는 말씀이죠? 이제는 알겠네요. 지금 돌이켜보면 제 두 번째 남편은 수동적이고 다정한 사람이었어요. 그가 상냥하기만 하면 전 뭐든지 참고 넘길 수 있었어요. 제가 더 외향적이고 사교성도 좋았고, 가정의 생계를 책임지는 역할도 제가 맡았죠. 그는 저를 이용했어요. 남편은 자신도 나르시시스트인데다 나르시시스트였던 시부모님에게서 받은 상처까지 있었죠. 저는 쉴 새 없이 몸을 놀려서 뭐든지 다 했어요. 그는

말다툼이 잦아 수도 없이 해고당했는데, 그때마다 제가 대신 일자리도 알아보고 이력서도 써줬어요. 인제 보니 그는 제가 자기를 위해서 뭘 했는지도 전혀 몰랐던 거 같아요. 그는 아무 일에도 노력하지 않았고, '미안하다'라는 말은 한 번도 들은 적 없어요. 이런 상황을 그냥 흘려보내고 살아가는 게 익숙했어요. 전 다른 사람에 대한 기대치가 원래부터 낮아요. 서로 똑같이 주는 게 아니라 내가 80퍼센트를 주고 상대에게 20퍼센트만 받아도 만족하는 편이죠. 항상 저는 받는 것보다 주는 게 훨씬 많은 쪽이었어요."

** 다리아는 남자를 사귈 때, 가장 중요하게 여기는 건 육체적인 관계라고 했다. "제가 육체적인 매력을 한껏 발산하지 못하면 남자친구한테서 사랑을 못 받을 것 같다는 불안감이 들어요. 전 성관계에서 제가 상대를 만족시켜야만 가치 있는 사람이라 생각해요. 이건 엄마한테서 배운 거예요. 엄마는 항상 정말 예쁘게 꾸몄어요. 아빠한테 잘 보이려고 아주 쫙 빼입고, 향수에, 섹시한 속옷에, 섹스 장난감도 갖고 계셨죠. 엄마는 저희와 함께 종종 아빠의 『플레이보이』*Playboy*를 들여다보곤 했어요. 두 분 사이에 섹스가 얼마나 중요했는데요. 엄마가 제게 그러셨어요. '남자는 섹스로 널 평가하는 법이야.'"

** 코럴은 항상 남자친구보다 더 많이 애쓴다. "관계가 잘 안 풀리면 전 모든 걸 떠맡아 유지하려고 해요. 모든 책임이 제 몫인 거 같거든요. 그 사람한테는 저 자신에게 기대하는 만큼의 책임도 묻지 않아요."

** 샬렌은 늘 자기보다 못한 사람을 선택했다. "저는 제가 완전히 마음대로 할 수 있는 남자를 골라요. 상처받는 건 죽기보다 싫으니까요. 그러니 저보다 더 나은 사람은 선택하지 않죠. 결혼할 때도 그랬어요. 머릿속으로는 '안돼, 이건 정말 아니야'라고 소리치고 있었지만, 멈추지 못하고 그냥 계속 밀고 나갔어요. 그때 이미 알고 있었지만, 저는 결국 살아오던 방식대로 계속 살기로 한 거예요."

** 마를렌은 언제나 완전히 망가져서는 그녀의 도움이 필요한 사람을 만난다. "최근에 헤어진 남자친구는 제가 헤어지자고 하자 자살을 시도해서 병원 신세를 졌죠. 어떻게 만날 인생이 안 풀리는 남자하고만 엮이나 모르겠어요. 여자 친구들한테도 똑같아요. 전 모든 사람에게 조언자 역할을 한다고요."

** 케이트(64세)는 상대방의 사랑을 얻기 위해 필사적으로 노력해 온 지난날을 떠올리며 이렇게 털어놓았다. "전 남자를 잘 못 골라요. 제정신인 사람이 없었어요.

첫 번째 남편은 신체적으로나 정신적으로 저를 학대했고, 두 번째 남편은 술과 도박에 절어 살았어요. 세 번째 남편은 마약 중독에다 전과자였어요. 저는 그런 사람들을 숨 가쁘게 보살피고, 모든 걸 해결하려고 애썼어요. 그러다가 더는 못 참겠다 싶으면 그냥 떠나버렸죠. 저는 늘 상대가 저를 사랑해주길 바라는 마음에, 그 사람에게 뭐든지 지나치게 주는 경향이 있어요."

** 마지는 일명 골드미스로 불리는 커리어우먼이다. "제 연애는 늘 감정적인 깊이가 부족한 관계였어요. 사랑이라기보다는 일종의 비즈니스 관계 같달까요. 늘 뭔가 채워지지 않는 느낌이 들고, 상대방의 단점은 어찌나 또 눈에 잘 띄는 건지. 때로는 올가미에 걸려 벗어날 수 없는 관계에 갇혀 있는 기분이 들기도 해요. 제 역할은 항상 돌보는 사람이었어요. 사실은 저도 누군가에게 기대고 싶었는데, 그럴 기회는 좀처럼 없었어요."

** 디디(72세)는 이제야 본연의 모습을 찾아가려 한다. "저는 남편하고 애들하고도 공의존적인 관계였어요. 제가 뭘 하나 더 하면 더 사랑받는 것 같았죠. 그러다 보니 제 정체성을 많이 잃어버렸어요. 이제야 다시 나 자신을 찾아보려고 해요. 남편은 제가 어떤 사람인지는 관심도 없고, 오로지 제가 뭘 해줬는지만 가지고 평가했어요. 저는 늘 맞추는 사람이었어요. 분위기를

부드럽게 만들고, 매사에 하나하나 다 챙기고, 가족 사이에 아무도 상처받지 않게 애쓰는 평화주의자였죠."

여성이 자기 자신에 대한 감각, 즉 자신만의 정체성과 욕구를 발견하고 그것을 당당히 받아들이기 전까지는, 자신의 욕구를 충족시켜줄 수 있는 유능한 남성을 오히려 두려워하게 된다. 그런 남성과의 관계는 서로의 욕구를 주고받는 건강한 관계이지만, 그녀에게는 낯설고 위협적으로 느껴진다. 건강한 남성은 통제당하거나 엄마처럼 돌봄을 받는 걸 원하지 않는다. 그는 자신도 상대에게 무언가를 주고 싶어 하고, 상호의존적인 관계가 무엇인지 알고 있다. 공의존적인 여성은 자신의 행동이 사실은 자기 안의 의존성을 감추기 위한 방어 기제임을 깨달아야 한다. 이는 내면에 자리한 의존 욕구를 억누르고, 마치 자신이 강하고 모든 걸 통제할 수 있으며, 누구의 도움도 필요하지 않은 사람인 것처럼 보이려는 방식일 뿐이다. 하지만 진실은, 그녀 역시 우리 모두와 마찬가지로 누군가를 필요로 한다는 것이다.

공의존적인 여성은 겉보기엔 강하고 유능해 보여서, 의존적인 여성보다 자신의 문제를 더 쉽게 받아들이고 직면할 수 있을 것처럼 보인다. 마치 농구 코트를 누비며 멋지게 골을 넣는 선수처럼 성공적으로 살아가는 듯한 인상을 주기 때문이다. 하지만 누가 자신을 의존적인 사람이라고 인정하고 싶겠는가? "나는 돌보는 사람이에요"라고 말하는 편이, "누군가가 나를 돌봐줬으면 해요"라고 말하는 것보다 훨씬 그럴듯하게 들린다. 공의존적인 여성은 자신의 의존 욕구를 좀처럼 인정하지 않기 때문에, 자기 안에 자리한 나르시시즘의 유산을 들여다보기까지 오랜 시간이 걸린다. 그래서 자신의 공의존적 행동이 사실은 깊은 내면의 충족되지 못한 욕구를 가리기 위한 위장이라는 사실을 깨닫는 순간, 큰 충격을 받는다. 그들은 내면의 고통을 억누르기 위해, 실제 자신보다 더 강하고 유능한 사람이라고 스스로 믿으려 애써온 것이다. 그러나 회복의 과정에서는 공의존적인 여성들도 결국 자신 안에 자리한 의존성을 자각하게 된다.

의존 관계

의존적인 여성들도 엄마 때문에 생긴 내면의 불만족과 공허함을 채워줄 상대를 찾아다닌다. 엄마 자리에 대신 앉아 나를 위해 모든 걸 해줄 사람을.

두 사람 사이의 관계는 단계별로 진행된다. 첫 번째 단계에서는 '황홀해서 날아갈 것 같은 기분'을 맛본다. 나는 이를 의존적인 여성이 사는 '환상의 세계'라고 부른다. 마침내 자신을 돌봐주고, 어릴 때 받지 못한 걸 다 해줄 남자를 찾은 것이다. 그야말로 판타지가 현실이 된 순간이다. 처음에는 이 모든 게 완벽해 보인다. 갈등은 억누르고, 관계의 주도권은 남자에게 넘겨 버린다. 이보다 더 좋을 수 있을까? 어린 시절에 충분한 사랑을 받지 못했지만, 이제 '운명의 남자'가 나타나 나의 모든 꿈을 이루어줄 것만 같다.

그러나 결국 천생연분 같았던 백마 탄 왕자는 곧 최악의 선택으로 전락한다. 의존적인 딸은 무의식적으로 자신을 돌봐줄 사람으로, 공의존적인 남자를 선택한 것이다. 여성의 지나친 요구, 질투, 불안으로 남성은 점점 숨이 막혀간다. 그녀는 한시도 떨어져 있지 않으려 하며, 모든 욕구(특히 심리적 욕구)를 채워주기를 기대한다. 그런데 남자가 그 기대를 충족시키지 못하면, 여자는 자기 엄마처럼 불같이 화를 내고, 남자는 당혹과 혼란에 빠진다. 여성 역시 엄청난 고통을 느낀다. 엄마와의 관계가 이번엔 뒤바뀐 형태로 되살아난 것이다. 그녀는 어린 시절 느꼈던 실망과 공허함을 다시 경험하고, 상대가 자신에게 제대로 못 한다고 목청 높여 비난한다. 그리고 그렇게 목소리를 높이는 동안, 엄마에게서 배운 특권의식까지 그녀 안에서 되살아난다. "날 사랑한다면 당연히 이 정도는 해줘야 하는 거 아니야? 난 그럴 자격이 있어!" 여성은 그렇게 외치며 남성을 몰아세운다.

** 리즈는 자신의 젊은 시절을 돌아보며, 그때는 누군가에게 깊이 엮이지 않았고 연애 상대도 많았다고 회상한다. "누구에게도 너무 가까이 다가오게 두지 않았어요. 그러다 31살에 결혼하긴 했지만, 그 관계는 오로지 남편이 나한테 뭘 해줄 수 있느냐에 달려 있었죠. 그런데 그가 나를 위해 뭔가 해주지 못하니까, 저는 그냥 떠나버렸어요. 모든 게 제 방식대로 되어야

했고, 아니면 끝이었죠."

** 사라(44세)의 허무감은 관계 속에서 드러났다. "저는 제 안의 공허함이 늘 관계 속에서 드러나요. 누군가가 저에게 푹 빠져서 마치 신혼처럼 느껴질 때는 그 공허함이 사라지는 것 같아요. 하지만 그 감정이 사라지면, 다시 텅 빈 느낌이 몰려와요. 실제로 몸에 통증도 느껴져요. 가슴이 마구 무겁고 답답해지는 거죠. 혹시나 해서 심장 검사도 받았는데 아무 문제 없었어요. 진짜 가슴 안에 구멍이 뻥 뚫린 거 같은 느낌이에요."

** 던(30세)은 자신을 사랑해줄 수 없는 차가운 남자를 선택했다. "저는 저를 사랑해줄 수 없는 남자들만 골라요. 우리 엄마도 그랬는데 제가 좀 더 심해요. 할머니도 마찬가지였데요. 그리고 그렇게 관계를 시작하면, 의존 욕구가 올라올 때마다 너무 매달리는 사람처럼 보이지 않으려고 필사적으로 노력했어요."

지금까지 공의존적인 여성들과 의존적인 여성들의 고유한 특징을 살펴보았다. 한 가지 꼭 기억해야 할 점은, 사람은 감정 상태에 따라 이 두 유형의 경계선을 넘나들 수 있다는 사실이다. 한 관계 안에서도 두 유형 사이를 오갈 수 있고, 상대가 누구냐에 따라 전혀 다른 모습(공의존이 되기도 하고 의존이 되기도 하고)을 보이기도 한다.

좀 헷갈릴 수도 있는데 이렇게 이해해보자. 나르시시스트 엄마를 둔 여성들은 충족되지 못한 욕구를 지니고 자란다. 그래서 본질적으로 '의존 욕구'를 안고 살아가게 된다. 공의존적 행동은 바로 그 욕구를 숨기고, 대신에 강함과 유능함을 보여주기 위한 일종의 위장이다. 그러나 스트레스를 받으면 억눌렸던 욕구가 고스란히 드러나고, 그녀는 금세 의존적인 사람처럼 보이기도 한다.

혼자 지내기

혼자 지내는 사람은 건강할 수도 있고 그렇지 않을 수도 있다. 회복 과정에서 흔히 권장되는 방법의 하나는, 일정 기간 혼자만의 시간을 보내며 자기 자신에게 집중하고 스스로 자신의 욕구를 충족시키는 법을 배우는 것이다. 이렇게 건강하게 '혼자만의 시간'을 잘 보내려면 당분간 삶의 속도를 늦출 필요가 있다. 결혼했거나 연애 중이라 해도, 자기 자신을 회복하기 위해 홀로 지낼 시간을 따로 가질 수 있다.

그러나 건강하지 않은 방식으로 혼자 지내는 경우는 이와 다르다. 이는 자신이 완전히 망가졌거나 사랑받을 수 없는 존재라고 단정하고 애초에 아무하고도 관계를 맺지 않기로 한 상태다. 대개는 안 좋게 끝난 과거의 경험들이 쌓여서 결국 스스로 포기하게 된 경우가 많다. 마음속으로는 여전히 사랑을 원하지만, 아무것도 달라질 수 없다고 믿으며 이제부터는 그냥 혼자 살겠다고 스스로에게 선언한다. 그녀는 다시 누군가와 관계 맺는 것을 두려워한다. 자신의 '사람 보는 눈'이 엄마로부터 받은 왜곡된 메시지로 망가졌다는 걸 알고 있기 때문이다. 이 두려움은 그녀가 진심으로 원하는 사랑을 찾는 길을 가로막는다. 그녀는 소개팅도, 연애도 피하고, 외롭다고 느끼면서도 여전히 혼자 있기를 선택한다. 그리고 결국 '나는 부족하다'라는 생각이 그녀의 삶 전체를 지배하게 된다.

**   마르시아(59세)는 이제 애완견 말고는 아무도 믿지 않는다. "전 인생의 황금기를 엄마에게서 받지 못한 사랑과 인정을 얻어보려고 선상하시 못한 관계를 맺으며 낭비했어요. 너무도 화가 나요. 이제 삶이 완전히 무너지고 나서야, 어릴 때 엄마와의 바람직하지 못했던 관계 패턴을 끊임없이 재현해온 거란 걸 비로소 깨닫게 됐어요. 제 나이가 이제 환갑이 다 되어가요. 너무 많은 시간이 흘렀고, 결국 지금 나는 여전히 혼자예요. 그런데요, 앞으로도 계속 이렇게 살다 죽을래요. 다른 선택은 너무 위험하니까요."

나 역시 한때 그런 상태에 있었기에, 이런 여성이 결국엔 자신의 회복 과정을 마무리해야 한다는 걸 잘 안다. 상처가 치유되면 세상이 훨씬 다르게 보일 것이다. 나는 내 내담자들에게 이렇게 말하곤 한다. "자신을 믿지 못하면, 남자도 믿을 수 없어요. 그리고 자신의 '사람 보는 눈'을 믿지 못하면 관계는 계속 삐걱댈 수밖에 없어요. 신뢰[TRUST]라는 단어는 당신[U]이 빠지면 성립되지 않아요." 포기하지 않고 버티며 자기 자신을 다시 일으켜 세우는 것, 그것이 고립된 사람에게 필요한 해답이다. 나는 당신이 자신의 직관에 대한 믿음을 회복할 수 있도록 몇 가지 방법을 알려주고 싶다.

한편 또 다른 부류의 '혼자 지내는 사람'도 있다. 이들은 회복 이후, 누군가와 연인 관계를 맺지 않고 살아가기로 의식적인 선택을 한 사람들이다. 그렇다면 이 경우도 앞서 본 다른 경우처럼 두려움에 떠밀며 선택한 길일까? 아니다. 이들에게는 더는 관계를 가로막는 두려움이 없으며, 그 선택은 건강하고 단단하다. 나는 이런 여성을 많이 알지는 못하지만, 그 소수는 진정한 자기 충족감 속에 살아가고 있다. 자신에게 가장 잘 맞는 길을 택한 것이다. 그러니 그 선택에 누가 이의를 제기할 수 있을까? 이런 길을 선택하는 사람이 많지는 않지만, 분명 건강한 삶의 방식이 될 수 있다.

사랑을 찾기까지

엄마는 저를 사랑하는 방법을 모르셨죠.
그러니 제가 어떻게 당신을 사랑하는 법을 알겠어요?
— 『야야 시스터즈의 신성한 비밀』(Divine Secrets of the Ya-Ya Sisterhood) 중 시다 워커(Sidda Walker)의 말

✱✱   사바나(38세)의 감정은 늘 메말라 있었다. "남편을 처음 만났을 땐, 감정적으로 그를 받아들이지 않았어요. 지금 그에게 느끼는 사랑을 느끼기까지 몇 년이 걸렸어요. 그때는 남편도, 아이들도 지금처럼 사랑할 수 없었어요. 그럴 능력이 제게 없었던 거예요. 사랑이라는 감정을 배우는 데 시간이 필요했어요. 그때 사랑의 대상은 사람이 아닌 고양이뿐이었으니까요. 전 의식적으로 모든 감정을 말려버렸어요. 불쾌한 감정은 물론이고 좋은 감정조차도 다 무뎌져 있었죠."

이 장을 요약해보자. 나르시시스트 엄마를 둔 여성들은 애정 관계에서 수많은 어려움에 부딪힌다. 자신이 부족하다는 느낌, 수치심, 반복되는 실패 패턴은 흔히 그들이 처음 상담을 찾게 되는 직접적인 계기가 된다. 왜 자꾸 같은 실수를 반복하는지 이해하지 못하고, '왜 이렇게 제대로 된 남자를 못 고를까?' 하는 자책에 빠져, 다시는 고칠 수 없을 거라고 두려워한다. 이 고통이 얼마나 깊은지, 당신 자신이나 당신의 자매, 혹은 친구를 통해 이미 알고 있을 수도 있다. 내 내담자들은 첫 상담 때 절망과 우울의 나락에 빠져 찾아오는 경우가 많다. 하지만 나는 그 여성들에게 바로 그게 희소식이며 희망의 증거라고 말한다. 그렇게 자신을 위해 투자하고, 어린 시절의 상처로부터 도망가지 않고 당당히 마주하며, 앞으로의 회복 과정을 끝까지 마치기로 마음을 먹으면, 삶의 모든 것이 달라지기 시작한다. 반복 충동을 멈추는 법,

엄마로부터 심리적으로 분리되는 법, 스스로의 정체성을 확립하는 법, 파괴적인 내면의 메시지의 굴레에서 벗어나는 법을 배우면서, 완전히 새롭게 건강하고 희망적인 여정이 시작된다. 내 내담자였던 킴벌리는 이렇게 말했다.

** "성장기의 아주 뿌리 깊은 나르시시즘의 상처를 극복하고 나니 저뿐 아니라, 아들, 남편, 가족 모두가 훨씬 더 행복한 삶을 누리고 있어요. 엄마의 사랑을 받으려는 오랜 소망을 내려놓으니, 제 안에 있던 사랑이 넘쳐흐르기 시작했죠. 그 사랑은 제가 상상했던 거보다 훨씬 크고 강한 것이었어요."

이제 회복 챕터로 들어갈 준비가 거의 다 되었다. 킴벌리를 포함한 많은 여성이 어떻게 이런 변화를 이루었는지 함께 살펴볼 것이다. 하지만 그전에, 반드시 짚고 넘어가야 할 또 하나의 중요한 주제가 있다. 바로 우리가 엄마가 되었을 때, 우리에게 어떤 일이 일어나는가이다.

도와주세요! 엄마처럼 되어가고 있어요
엄마를 닮아 가는 딸

제가 지금 아이들의 대학 등록금을 모으고 있는 건지,
아니면 장차 정신과 상담치료비를 모으고 있는 건지 잘 모르겠어요.

— 보니(38세)

출산은 삶을 통째로 흔드는 일생일대의 경험이다. 첫 아이가 세상에 나오는 그 순간, 당신은 '부모라는 세계'에 발을 디뎌놓게 되며, 앞으로도 '영원히' 그 자리에 머물게 된다. 대부분의 여성에게 출산은 벅찬 기쁨과 설레는 미래에 대한 기대감으로 가득한 축복이다. 하지만 나르시시스트 엄마 밑에서 자란 딸에게는, 그 순간이 끝없는 공포와 불안감으로 뒤덮이기도 한다.

가장 큰 두려움은 '나도 엄마처럼 되지 않을까?' 하는 걱정이다. 자신이 낳은 아이를 감정적으로 고아처럼 버리게 될까 봐 아니면 다른 방식으로라도 해를 끼치게 될까 봐 두렵다. 스스로 좋은 엄마가 될 자격이 있는지 끊임없이 의심하게 된다. 그 의심은 어릴 때부터 늘 따라다녔던 '나는 부족하다'라는 믿음에서 비롯되었을 수도 있고, 부모로서 반드시 갖추어야 할 능력이 아직 부족하다는 현실적인 자각에서 나왔을 수도 있다. 어쩌면 아직 자신만의 정체성을 제대로 세우지 못했기 때문일 수도 있다. 이유가 무엇이든, 당신이 느끼는 그 공포감은 정말로 생생하게 다가와 당신을 극도로 불안하게 만들 것이다.

** 매티는 엄마가 되는 것에 대한 불안감 때문에 치료를 받게 되었다. "임신하는 건 제 인생에서 가장 무서운 일이었어요. 굳이 임신해서 아이를 가져야겠다는 생각도 없었고, 아이를 원한다고 확신하지도 못했어요. 무엇보다 제가 엄마처럼 감정적으로나 신체적으로

아이를 학대하는 끔찍한 엄마가 될까 봐 두려웠어요. 저도 그렇게 될까요? 정말 그렇게 이상한 엄마가 되어버린다면 어떡하죠?"

** 카일리는 아이를 갖게 되자 어린 시절을 떠올렸다. "엄마는 저와 전혀 교감하지 않았어요. 저를 한 번도 제대로 본 적이 없는 것 같았죠. 그래서 저는 딸아이가 소리를 낼 때마다 '레이시, 엄마 여기 있어. 엄마가 널 보고 있단다.'라고 말해줬어요." 그녀는 자신이 받지 못한 것을 딸에게는 꼭 주고 싶다고 했다.

** 라본다는 이렇게 말했다. "처음에 제가 임신한 걸 알게 되었을 때 정말 기뻤어요. 하지만 동시에 제가 아이들을 망칠까 봐 애가 타기 시작했어요. 그래서 임신 중에 심리 상담을 아주 많이 받았어요. 엄마와도 많은 대화를 나누려고 했는데 제 상담 선생님은 그렇게 하지 말라고 하셨죠. 엄마가 제 말에 귀 기울여주시길 간절히 바랐는데, 선생님이 그럴 가능성이 적다는 걸 깨닫게 해줬어요. 제일 두려웠던 건 저도 엄마처럼 나르시시스트가 되는 거였어요. 전 엄마가 저에게 하듯이, 아이를 숨 막히게 만들고 싶지 않았거든요."

** 미아는 젊은 시절 자신이 아주 많이 외로웠다고 했다. "전 늘 외롭고, 슬프고, 공허했어요. 그래서 술과 약물

에 의지했죠. 가끔 가족을 꾸리는 모습을 상상하다가 울곤 했어요. 제 가족이 생긴 후에는 예전만큼 공허하지는 않아요. 그 빈자리를 '내가 원했던 엄마'가 됨으로써 채우고 있다는 걸 알게 되었죠. '우리 엄마'였던 사람과는 다른 엄마 말이에요."

** 시드니는 여전히 엄마처럼 될까 봐 두렵다. "전 남편은 제가 엄마를 닮은 구석이 있다고 했어요. 한번은 제가 작은 시가를 피우고 있었는데, 그가 '어쩜 그렇게 네 엄마처럼 허세를 부리니'라고 하더군요. 저는 얼굴이 사색이 되어 재빨리 불을 껐고, 그 뒤로 다시는 시가를 입에 대지 않았어요. 그저 제 양육방식만큼은 제발 엄마처럼 되지 않기를 바랄 뿐이에요."

양육에 대해 걱정하고 두려워하는 것은 자연스러운 일이다. 하지만 앞에서 이야기한 여성들의 우려는 대부분의 예비 엄마들이 느끼는 수준을 몇 단계 넘어선다. 우리는 당연히 아이를 위해 올바른 일을 하려고 애쓰고, 누구도 자신의 좋지 않은 유산을 물려주고 싶어 하지 않는다. 그러나 바람직한 엄마 상이 머릿속에 전혀 없는 상황에서 이 악순환을 끊어내는 일은 결코 쉬운 일이 아니다. 나르시시스트 엄마를 둔 여성들은 자녀 양육을 스스로 개척해야 하는 험난한 고난의 길처럼 느끼는 경우가 많다.

양육과정에서 실수하고 있다고 느껴도 겁먹을 필요는 없

다. 나르시시즘적 양육의 몇 가지 습성을 배우거나 물려받았다 해도, 그렇다고 해서 당신이 나르시스트라는 뜻은 아니다. 당신은 변할 수 있다. 자신과 가족을 위해 할 수 있는 최선은 이미 저질렀거나 앞으로 저지를 수 있는 실수를 인식하고 바로잡으려 노력하는 것이다. 그러면 이 장에서는 우리가 직면하기 쉬운 함정들을 자세히 살펴보자.

경고
: 정반대로 양육해서도 안 된다

나르시시스트 엄마와 같지 않으려다 반대편 극단으로 기울면, 애써 벗어나려던 그 관계 역학을 되풀이할 가능성이 크다. 핵심은 당신만의 가치를 지닌 사랑하는 부모로 서기 위해 중간 지점을 찾는 데 있다.

우리는 대개 뭔가를 바꾸려 할 때 흑백논리로 생각한다. 이를테면 폭발적인 분노와 공격적 행동을 고치려 한다고 하자. 그러면 정서적 스펙트럼의 반대편으로 치우쳐 수동적이고, 온순하며, 조용하고, 비주장적으로 행동하기 쉽다. 하지만 폭발적 분노는 감정을 억누르다가 한꺼번에 터뜨리는 것이고, 수동적·비주장적 태도 역시 감정을 표현하지 않는다는 점에서 결국 같다. 목표는 중간 지점으로 가서 '차분하고 단호하게 자신을 표현하는 태도' assertive를 기르는 것이지만, 그 지점에 도달하기가 그리 쉽지는 않으며 시간도 오래 걸린다.

　엄마와 다른 방식으로 양육하고 싶다면, 반드시 자신의 가치관과 신념을 바탕으로 그 중간 지점을 찾아야 한다. 물론 그 안에는 엄마의 신념 일부가 포함될 수도 있다. 예컨대 당신도 엄마처럼 집을 깨끗하게 유지하길 좋아할 수 있고, 같은 종교를 계속 따를 수도 있으며, 교육의 중요성을 굳게 믿을 수도 있다. 그러면서도 엄마와는 달리 아이의 정서적 욕구에 특별히 귀 기울이는 방식으로 양육하고자 할 것이다. 중요한 것은, 좋은 것까지 통째로 내던지며 모든 걸 죄다 반대로만 하려는 태도를 피하는 일이다. 그렇게 하기 시작할 때 문제가 시작된다.

　이를테면 극성 엄마 밑에서 자랐다면, 당신은 절대로 아이를 숨 막히게 하는 엄마가 되지 않겠다고 마음먹을 수 있다. 그런데 그러다 보면 도리어 반대편 극단으로 치우쳐, 아이가 때로는 외면당한다고 느끼게 만들 수도 있다.

**　제이미는 딸 첼시를 숨 막히게 하지 않으려고 너무 애쓴 나머지, 유치원 첫날에 막 다섯 살이 된 딸아이가 교실에서 울고 있는 모습을 보게 되었다. 첼시는 엄마가 다른 엄마들처럼 자기 옆에 함께 앉아있어 주길 바랐지만, 제이미는 치맛바람 거셌던 자기 엄마처럼 되지 않겠다며 단단히 마음먹은 탓에 반대편으로 지나치게 기울고 만 것이다.

반대로 방임하는 엄마 밑에서 자랐다면, 당신은 세심하게 아이에게 신경을 써주는 엄마가 되려는 것이 그만 도가 지나쳐 극성 엄마가 될 수도 있다.

** 로잘린은 아이를 혼자 두지 못한다는 걸 뒤늦게 깨달았다. "전 아이가 하는 모든 일에 촉각을 곤두세워야 했어요. 왜냐면 저희 엄마가 그러셨던 것처럼 아이가 방치되고 있다고 생각하게 될까 봐 두려웠거든요. 딸이 열두 살이 되자 저더러 제발 엄마 인생 좀 살라고 또박또박 말하지 뭐예요. 애가 저한테 질린 거 같았어요."

또 다른 예는 아이를 칭찬하는 방식이다. 당신이 칭찬이나 격려를 거의 받아보지 못했기 때문에, 자녀에게는 과하게 칭찬을 쏟아붓는 경우가 생길 수 있다.

** 테라는 딸에게 '자격이 충분하다'라는 메시지를 전달하려고 했지만, 오히려 아무리 해도 절대 엄마의 기대에 미치지 못할 거라고 믿음을 심는 상황을 만들었다. "제 딸애가 열여섯 살인데요, 며칠 전 완전히 무너져서 울음을 터뜨렸어요. 너무 마음이 아팠죠. 그래서 옆에 앉아 떠올릴 수 있는 온갖 좋은 말을 하면서 '넌 정말 괜찮은 아이'라고 칭찬을 늘어놓았어요. 그런데 알고 보니 제가 아이를 '지나치게 칭찬'하고 있었고,

아이는 절 기쁘게 하려다 보니 스스로가 가짜 같다고 느끼는 데다가, 제가 믿어온 그 모습에는 도저히 도달할 수 없을 것 같아 힘들었다고 하더라고요. 저의 격려 때문에 더 상처받을 수 있다는 건 몰랐던 거죠. 정말 충격이었어요. 그러고 보니 제가 지나쳤던 것 같아요. 전 절 깎아내리는 엄마 밑에서 자라서 엄마와는 다르게 하려고만 하고, 딸아이에게는 그런 상처를 주고 싶지 않았거든요."

** 말린의 엄마는 매우 엄격해서, 자녀들에게 마음 편하게 말할 자유도, 자기만의 공간도, 스스로 선택할 권리도 허락하지 않았다. 그래서 말린은 자기 아이들에게는 아주 관대해지기로 마음먹었고, 그 결과 아이들은 경계가 사라져 스스로 행동을 조절하지 못하게 됐다. "저는 아이들 일에 간섭하지 않기로 이를 악물고 마음먹었어요. 어린 시절의 저처럼 숨 막힐 듯한 느낌을 겪게 하고 싶진 않았어요. 아이들이 완전한 자유를 느끼길 바랐죠. 그런데 제가 잘못했다는 걸 마침내 깨달았어요. 그 모든 자유가 제 두 딸을 법적 문제에 휘말리게 했고, 과속 딱지와 사고가 잦아 범칙금·보험료·수리비가 감당이 안 될 지경이더군요. 제가 너무 멀리 갔던 것 같아요."

부모 노릇은 여간 까다로운 일이 아니다. 양육이란 원래 어렵고, 누구도 완벽한 부모가 될 수는 없다. 다만 위의 이야기들이 보여주듯, 균형을 잃은 채 우리가 자란 방식과 정반대로만 해서는 해결책이 되지 않는다. 그럴수록 잘못된 패턴은 쉽게 반복된다.

'나는 부족하다'라는 생각이 아이에게 미치는 영향

균형 잡힌 중간 지점을 찾으면 좋은 부모로 아이들을 건강하게 키울 수 있다. 그렇게 해내고 있다면 자신에게 박수를 아끼지 말기 바란다. 그럴 자격이 충분하다. 그러나 그 과정에서 우리 같은 여성들이 빠지기 쉬운 함정이 있다. 바로 '나는 부족하다'라는 내면의 족쇄다. 이 불건전한 메시지를 품고 있다면, 당신이 의도와 달리 행동을 통해 스스로 가치가 없다는 태도가 드러나고, 아이도 자라며 똑같은 방식으로 자기 자신을 바라보게 된다. 설사 머리로는 그렇게 믿지 않는다고 여기거나, 아이에게 그런 말을 한 적이 전혀 없더라도 마찬가지다. 기억하자. 아이들은 우리가 하는 말보다 우리에게서 보는 것으로 훨씬 더 많이 배운다. 자기 자신을 제대로 돌보지 않거나, 더 나은 대우를 받을 자격이 없다고 여겨 건강하지 않은 관계에 머물거나, 자신의 열정을 추구하지 않는 모습을 보인다면, 아이들에게서도 비슷한 모습을 보게 될 수 있다. 반대로 경계를 확실히 세우고 자신을 옹호하는 법을 실천한다면, 아이들 역시 그렇게 자랄 것이다. 우리가 회복의 과정을 기꺼이 받아들여야 하는 가장 큰 이유가 여기에 있다.

'공감'이 대체 뭐죠?

엄마에게서 공감을 받지 못한 딸들은 자기 아이에게 공감하는 법을 모르는 경우가 많다. 공감 능력은 양육에서 가장 중요한 기술이다. 도움이 필요할 때 누군가의 공감을 받는 것만큼, 내가 있는 그대로 인정받고, 내 말이 제대로 받아들여지고, 이해받는 느낌을 주는 일은 없다. 자라온 가정에서 이런 모습을 보지 못했거나 제대로 배우지 못했다면, 이제 스스로 익혀야 한다.

** 무관심한 나르시시스트 엄마 밑에서 자란 셰이는 사려 깊고 통찰력 있는 고학력 여성으로, 지금은 네 자녀와 다정한 남편과 함께 살고 있다. 얼마 전 가까운 친척의 자살로 가족 모두 큰 충격을 받은 뒤, 건강한 의사소통을 배우기 위해 남편과 네 아이와 함께 가족치료를 받으러 내 상담실을 찾았다. 그날 참석한 가족 구성원 모두가 진지하게 임했는데, 셰이는 특히 걱정이 컸다. 어린 시절 엄마에게서 채워지지 못한 정서적 욕구를 자각하곤 있었지만, 정작 자기 아이들에게 어

떻게 공감해야 하는지 도무지 감을 잡지 못했다. 상담 시간에 아이들은 엄마가 공감을 정말 못한다고 말했다. 셰이는 이후 수개월 동안 공감을 표현하는 기술을 익히기 위해 꾸준히 노력했다.

** 카미는 임신한 10대 딸을 더 잘 이해하고자 내 상담실을 찾았다. 딸 곁에 있어 주는 일이 자신에게 쉽지 않다는 걸 깨달았기 때문이다. 이미지만 중시하는 나르시시스트 엄마를 둔 카미는 통찰력 있고 지적인 여성이었는데, 친구와 가족의 시선을 지나치게 의식하고 있음을 인정했다. 카미 자신이 나르시시스트는 아니었고 어린 시절의 문제도 자각하고 있었지만, 내면에 각인된 몇몇 메시지는 좀처럼 떨쳐내지 못했다. 그리고 자신을 들여다보며 내게 만감이 교차한다고 털어놓았다. 딸 때문에 화가 나고 모욕감과 수치심을 느끼는 동시에 또 한편으로는 딸을 사랑으로 따뜻하게 감싸서 바로 잡고 싶다는 것이었다. 자기 문제를 잠시 내려놓고 당시 딸의 정서적 욕구에 세심히 맞추는 법을 배우려 도움을 청한 것은 분명 옳았다. 그 후 카미는 멋진 할머니가 되었고, 딸은 자신을 그렇게 지지해 준 엄마를 매우 자랑스러워하고 있다.

우등생인 우리 딸

사람들은 자동차 유리창에 다양한 문구들이 붙이고 다닌다. 그런데 그중에 '우리 애는 마음이 넓어요' '우리 애는 정직해요' '우리 애는 배려심이 깊어요' 같은 문구는 본 적 있는가? 상담하면서 느낀 중요한 문제는 너무도 많은 부모가 자녀를 인격체로 보지 못하거나 아니면 보지 않으려고 한다는 점이다. 당신의 엄마가 나르시시스트라면 이 점을 특히나 주의해야 한다. 당신 자녀가 이루어 낸 것과 자녀의 인격을 동일시해서는 절대 안 된다.

** 애비(47세)는 아들이 너무 걱정되어서 상담소의 문을 두드렸다. 애비의 아들은 고등학교 미식축구팀 쿼터백이었고, 밴드부 리더였으며, 모범생인 데다가, 인물도 좋았다. 어디 하나 빼놓을 게 없는 이 아이가 주말에 열린 야외 파티에서 다른 학생에게 총을 겨눈 혐의로 체포되어 소년원에 들어갔다고 했다. 면회에 가니 아이는 울면서 매사에 잘해야 한다는 압박감이 너무 심하고 항상 최고가 되어야 한다는 생각 때문에 괴로웠다고 고백했다. 애비의 아들은 자신이 가끔은 말썽도 일으킬 수 있는 그저 평범한 소년이라는 것을 보여주고 싶었다고 했다. 물론 도가 지나친 방법이긴 했지만, 이 일을 계기로 애비는 아들의 화려한 성취 너머, 그 이면에 있는 불안과 공포감을 드디어 인식하게 되

었다.

** 도리는 딸을 걱정하고 있었다. 열네 살 딸아이가 상점에서 물건을 훔치다 적발된 것이다. "아니, 음악적 재능으로 완전히 스타인 애가 어째서 그런 어리석은 짓을 저지를 수가 있죠? 금요일에 연주회도 잡혀 있었다고요. 대체 왜 그런 일을 한 걸까요?"

하지만 도리는 이렇게 생각했어야 했다. "내 딸이 도대체 무슨 심정이었을까? 무엇이 부족하다고 느끼는 걸까? 혹시 스스로 가치 있다고 느끼지 못하는 건 아닐까? 분명 이유가 있을 텐데, 아이가 왜 자기 재능을 망치고 있는지 알고 싶다." 그 당시 도리는 공감을 배우기까지 아직 갈 길이 남아 있었다.

그렇게 다루기 싫은 걸 감정이라고 해

진짜 감정을 이해해야 한다는 것이 말처럼 쉽게 들릴지 모른다. 그러나 막상 당신의 아이가 솔직한 감정을 그대로 드러내는데 당신이 그걸 받아들이기 힘들다면 얘기가 달라진다. 특히나 아이가 당신에 대해 좋지 않은 감정을 표현하면 정말 받아들이기가 어렵다. 아이의 솔직한 감정에 대해서는

3부에서 더 자세히 살펴보겠지만, 여기서는 아이가 자신답게 느끼고 표현하도록 두지 않을 때 아이에게 어떤 문제가 생길 수 있는지 몇 가지 예를 들어보겠다.

** 알렉시스는 자라면서 진짜 감정은 드러내지 말라고 배워왔다. 지금은 두 딸이 있는데, 두 아이 모두 약물 문제를 겪고 있었다. 그녀는 이 문제에 관해 딸들과 한 번도 이야기를 나누지 않은 채 상담을 찾아와 도움을 요청했다. 내가 물었다. "혹시 약물 문제를 두고 아이들과 직접 이야기해 본 적이 있으세요?" 그러자 알렉시스는 미간을 찌푸리며 말했다. "아니요. 대체 뭐라고 말해야 하죠? 정말 알고 싶은 건지도 솔직히 잘 모르겠어요."

** 피오나의 열세 살 딸은 최근 자신이 성폭행을 당했다고 털어놓았다. 가해자가 친척이어서 아이는 엄마에게 사실대로 알리기를 두려워했다. 피오나는 딸의 말을 믿고 싶지 않았고, 이 문제를 덮어버리고 싶다는 마음으로 상담을 찾아왔다. 나는 이렇게 대답했다. "딸의 얘기에 귀를 기울이세요. 무슨 일이 일어났는지 전부 알아내고 딸의 상황을 이해해주세요. 이 일을 그냥 묻어버리면 딸은 씻을 수 없는 상처를 받게 될 거예요."

진짜 감정을 숨기라고 하면 딸은 큰 위험에 처하게 될 것이다. 반드시 기억하라.

내 딸, 내 친구

아마 이렇게 생각할지도 모른다. "딸과 친구처럼 지내고 싶어요. 그런 친밀한 관계가 좋잖아요. 저는 엄마와 그러지 못했거든요. 부디 이게 잘못됐다고는 말하지 말아 주세요. 그렇다면 대체 어떻게 지내는 게 바람직한 방식이죠?" 하지만 딸이 성인이 되어도 당신은 여전히 엄마여야 한다. 부모로서의 역할은 계속된다. 당신이 해야 할 일은 길을 제시하고, 공감하고, 이해를 주는 것이다. 그 역할은 부모인 당신이 딸에게 하는 것이지, 딸이 당신에게 해줄 일은 아니다.

** 세 딸을 둔 잰은 첫째와 둘째를 데리고 상담실을 찾았다. 두 아이가 이해하기 어려운 분노를 반복해서 드러냈기 때문이다. 나는 두 아이와 단둘이 이야기해 보려고 잰에게 잠시 나가 있어 달라고 했다. 잰이 방을 나서자마자 두 아이는 엄마를 향해 아주 싫다는 손짓을 했다. 모녀 관계에 심각한 문제가 있음을 알아차렸다. 처음에는 잰이 아이들에게 휴대폰, 자동차, 옷, 자유 같은 원하는 걸 주지 않아서 일어난 일로 짐작했지만, 예상 밖의 얘기가 나왔다. 두 아이는 엄마가 우울증을

이겨내도록 자신들이 도와주길 기대하고 있는데, 그 탓에 완전히 진이 빠지고 무력감을 느낀다고 털어놓았다. "학교를 마치고 집에 오면 엄마 곁에 앉아 엄마의 슬픔과 우울, 절망을 들어줘야 해요. 우리 앞에서 대놓고 우시니 모른 척할 수도 없어요. 이젠 정말 넌더리가 나요."

잰은 심신증 유형의 나르시시스트 엄마 밑에서 자랐기에 그런 일이 어떤 결과를 낳는지 누구보다 잘 알았지만, 아이들에게 정서적 돌봄을 기대하며 감정의 짐을 지우는 비슷한 패턴에 빠지고 있었다. 다행히 상황은 비교적 쉽게 호전되었고, 잰은 다시 개인 심리치료를 시작했다. 이 사례는 교육과 자각이 있어도 나르시시스트 엄마에게서 자란 성인 딸들이 자신도 모르게 나르시시즘적 행동 패턴을 되풀이할 수 있음을 보여준다.

스스로를 보살피며
타인과 이어지기

나르시시스트 엄마 밑에서 자란 딸들이 마음의 상처를 제대로 치유하려면 '건강한 자기돌봄'이 핵심이다. 그러나 자기돌봄이 곧 자기만 생각하고, 타인의 감정을 무시하라는 뜻은 아니다. '내가 세상의 중심'이라고 주장하는 엄마가 얼마나 해로운지 똑똑히 보고도, 그 전철을 밟는 경우를 나는 종종 보아 왔다.

** 마르니는 세 아이를 둔 전업주부다. 그런데 그녀는 아이들에게 시간과 관심을 주는 대신, 값비싼 옷과 보석을 사고 근사한 여행을 다니는 일을 '자기돌봄'으로 여겼다. 아이들이 일탈 행동을 보이고 법적 문제까지 휘말려 상담에 오게 되었을 때도, 마르니는 어딘가 해변에서 일광욕을 즐기고 있었다. 아이들은 화가 나고 놀라기도 했다. 엄마에게서 보기 드문 행동이었기 때문이다. 마르니가 몰라서 그랬던 건 아니었다. 이미 일부 회복 작업을 해 온 사람이라 더 잘 알았지만, 자기돌봄의 의미를 제대로 이해하지 못한 것이다. 다행히 가족 치료는 매우 효과적이었다. 아이들이 어떤 감정을 느끼는지 직접 듣고 나서, 그녀는 곧 자신과 아이들을 위해 무엇을 해야 하는지 제대로 이해하고 실천하기 시작했다.

건강한 자기돌봄은 스스로를 채워서 타인을 위해 쓸 에너지와 사랑, 공감을 갖추는 일이다. 균형점을 찾는다는 것은 이것이 양자택일이 아니라는 뜻이다. 즉 '자기만으로 가득 찬' 상태도 아니고, '자신이 소진된' 상태도 아니다.

3부에서는 그 방법을 다룬다. 앞서 엄마의 나르시시즘이 모녀 관계에 어떤 부정적인 역학을 만들고, 그것이 성인이 된 딸들의 삶에 어떤 영향을 미치는지 살펴보았으니, 이제 회복의 길로 나아갈 준비가 되었다.

(3부)

지금껏 엄마의 행동이 당신에게 어떤 영향을 미쳤는지 살펴보았다.
이제 다음 단계들을 통해 그 고통으로부터의 회복을 시작할 수 있다.

1. 엄마의 한계를 받아들이고, 내가 원하는 엄마가 아닌 데 대해 슬퍼하기
2. 엄마로부터 심리적으로 독립하고, 엄마에게서 흡수한 부정적인 메시지를 긍정적인 방향으로 재구성하기
3. 자신의 정체성, 감정, 욕구를 수용하고 발달시키기
4. 엄마와 이전과는 다른 건강한 방식으로 관계 맺기
5. 자신의 나르시시즘적 특성을 인식하고, 그것을 아이들에게 대물림하지 않기

이어지는 장들은 나르시시스트 엄마로부터의 회복 단계를 차례로 안내할 것이다. 지금까지 1부에서는 나르시시스트 엄마를 둔 딸이 성장하면서 겪게 되는 문제들을 이해하고 식별하기 시작했다. 2부에서는 그 문제가 어떻게 성인기까지 이어지는지 살펴보았다. 이제 3부에서는 과거를 수용하고, 당신이 고통받은 사실을 마음껏 슬퍼하는 방법을 알려줄 것이다. 동시에 내면화된 부정적 메시지를 재구성하고, 신념과 관점도 재조정해 삶을 바꾸는 방법을 다룰 것이다.

유산의 종말

치료의 첫걸음
숨겨온 진짜 감정 느끼기

이 끝도 없는 슬픔에도 이름을 붙일 수 있으면 좋겠어요.
제가 아픈 건 아니에요. 그저 오래 슬펐을 뿐이죠.
평생 애타게 바라던 그 '엄마'를 갖지 못한 상실을
아직도 애도하고 있거든요.

— 소니(39세)

어린 시절부터 자신의 감정을 있는 그대로 느끼기보다, 이를 부정하거나 무디게 만들거나 아니면 다른 식으로 보상받아 넘어가는 법에 익숙해진 않은가? 그리고 성인이 된 지금도 그 방식을 반복하고 있지는 않은가? 회복을 위해서는 진짜 감정을 느낄 수 있어야 한다. 이 장은 당신이 감정과 친해지고 자기감각을 강화하도록 도울 것이다.

1부와 2부를 통해 나르시시스트 엄마 때문에 어떤 문제를 겪고 그 여파가 어떻게 이어지는지 충분히 이해했을 것이다. 이제는 과거와 화해하고, 엄마에 대한 비현실적인 기대를 내려놓으며, 삶의 주도권을 되찾아 치유로 나아갈 때다. 삶을 더욱 편안하고 안정되게 만드는 열쇠는 다른 누구도 아닌 오직 당신 손에 있다.

나 역시 나르시시스트 엄마 아래에서 자랐다. 내 마음을 치료한 방법, 또 내가 내담자들에게 계속 적용하는 이 과정을 이제부터 보여줄 것이다. 단계를 차례로 따르면 삶은 그 어느 때보다 한결 편안해질 것이다. 그러나 한 가지 명확히 해야 할 점은 당신이 받은 상처가 아문다고 해도 그 자국은 남기 마련이라는 것이다. 즉 어린 시절의 상처를 '완전히 지워 버리는' 일은 불가능하다는 점을 분명히 인식하라. 우리가 지금 하려는 일은 그 상처를 어루만지고, 소화하고, 다른 방식으로 다루는 법을 배워 더 편안해지는 것이다. 그렇게 마음의 생기를 되찾는 일이다.

나는 우리의 삶을 나무에 비유한다. 나무가 뿌리(유년기), 길고 단단한 줄기(성장 과정), 그리고 가지를 통해 싹을 틔우고 꽃을 피우듯(성인기), 우리도 그렇게 성장한다. 그런데 당신의 줄기, 즉 성장 과정에 상처가 남아있다고 해서, 그것을 완전히 사라지게 할 수는 없다. 그 상처 또한 우리의 일부이기 때문이다. 그러나 상처가 더 깊어지지 않도록 연고를 바르고, 틈을 메우고, 조심스레 봉합하는 일은 가능하다. 그렇게 하면 오랫동안 되풀이되던 고통이 아물고, 새 살이 돋아나듯 다시 계속해서 성장할 수 있다. 우리도 과거의 트라우마를 변화시키고, 그 주위를 감싸 안으며, 위로 뻗어 나갈 수 있다.

그러니 낙담하거나 잘못된 길로 빠지지 않도록 이 점을 **꼭 기억하라**. 그 상처를 완전히 지워야 할 필요가 없다는 사실을 아는 것만으로도 안도감을 느낄 수 있다. 지금까지 일어난 일들은 우리를 형성하는 중요한 토대이며 인정해야 할 부분이다. 그러나 그것들이 곧 오늘의 우리 자체를 규정하지는 않는다. 회복의 길을 걸으면서 우리는 과거가 우리 자신을 규정하도록 내버려 두지 않게 된다. 과거를 우리 일부로 마주하고 받아들이되, 그것을 딛고 앞으로 나아가는 것이다.

엄마가 나르시시스트였다는 사실과 그로 인한 마음의 상처를 인정하는 그 순간부터 치료는 시작된다. 그 후에는 자신의 과거와 받지 못한 사랑에 대해 슬퍼할 수 있어야 한다. 내가 옆에서 수용하는 법과 슬퍼하는 법을 알려주고 당신의 여정에 끝까지 함께할 것이다. 용기를 내라.

치료의 세 단계

치료 과정은 3단계로 구성된다. 1단계는 문제를 파악하고, 진단하며, 이를 규정하는 배경 정보를 수집하는 일이다. 이는 살면서 겪는 모든 감정 문제나 심리적 이슈에 해당한다. 실제로 상담사가 제일 처음에 당신과 함께 하는 작업이 바로 이것이다. 당신은 이 책을 통해 지금까지 자신의 문제와 증상, 또 패턴에 대해 이해했으니 이제 막 1단계를 마친 셈이다. 1단계는 2단계로 진행하기 위해 인지적으로 문제를 이해하는 과정이라 볼 수 있다.

2단계는 확인된 문제와 관련된 감정을 처리하는 것이다. 지금 이 10장이 바로 2단계에 초점을 맞추어 구성되어 있다. 나르시시스트 엄마의 딸로서, 엄마와의 경험 속에서 외면하거나 눌러 두었던 감정들이 당신 안에 켜켜이 쌓여 있을 것이다. 2부에서 그 감정들을 살펴보았다면, 여기서는 그것들을 직면하고 처리하는 법을 배울 것이다.

1단계	2단계	3단계
• 배경 정보 모으기 • 문제 파악하기 • 문제 진단하기 • 인지적으로 문제 이해하기	• 1단계와 관련한 감정 처리하기 • 슬퍼하기 • 감정 느끼기 • 부정적인 메시지 고치기	• 관점 재구성하기 • 새로운 시각으로 바라보기 • 변화하기로 마음먹기 • 실제로 변하기

28년간의 상담 경력을 통해 깨달은 비밀이 있다. 2단계는 건너뛰고 1단계와 3단계만으로 치료를 끝내고 싶어 하는 사람이 무수히 많다는 것이다. 2단계는 가장 중요하고 가장 큰 변화를 일으키는 단계로, 그만큼 고통스럽다. 트라우마의 늪을 걸어가는 일은 아프기 때문이다. 지금껏 부인해 온 일을 파헤쳐서 그 고통을 느끼는 일은 어렵다. 누가 고통을 느끼고 싶겠는가.

** 로렌(31세)은 이렇게 토로했다. "고통을 떨쳐내려고 하는 일인데 오히려 지금이 더 아파요. 도무지 이해가 되지 않아요. 왜 이런 일이 제게 일어나 걸까요? 이상적으로 생각하는 엄마의 모습을 선생님께 말씀드리는데 가슴이 철렁 내려앉았어요. 제 일기를 읽어드리면서는 슬픔과 분노가 치밀었고요. 왜 아무도 저한테 미안하다고 하지 않을까요? 회복 과정이 도리어 더 힘들게 느껴져요. 그냥 빨리 털고 넘어가면 좋겠어요."

** 엘리스(54세)는 이렇게 말했다. "이 나이가 되고서야 비로소 감정을 다루는 법을 배우기 시작했어요. 엄마한테서 못 배웠죠. 전 아직도 엄마를 떠올릴 때면 이를 악물고 감정을 억누르며 지내는 모습 밖에 기억나지 않아요. 선글라스를 쓰고 돌처럼 굳은 표정을 짓곤 했죠. 제가 감정을 드러내기라도 하면 '그만해. 계속 그러다가 혼쭐이 날 줄 알아!'라고 소리치셨어요."

그렇지만 2단계는 감정이라는 까다로운 것을 다루는 법을 배우는 자리다. 쉽지는 않겠지만 그만큼 얻는 게 생길 것이다. 나 자신은 물론 로렌이나 엘리스를 비롯한 여러 내담자는 슬퍼해도 된다고 스스로 인정하고 나자 마침내 가슴에 맺혔던 슬픔을 어떻게 놓아줄 수 있는지 보이기 시작했다.

감정을 처리한다는 건 그냥 말로만 다루는 것과는 전혀 다른 일이다. 처리 과정에서 트라우마에 관하여 이야기하면서, 감정을 추스르지 못해 부글거리며 완전히 뒤틀리거나 혼란스러운 고통을 고스란히 느껴야 한다. 물론 감정을 빼고도, 거칠고 압도적으로 사건을 들려줄 수 있을 것이다. 하지만 그건 '감정 처리'가 아니다. 트라우마를 몸에서 풀어내는 길은 이것밖에 없다.

이를테면, 내가 할머니 장례식에 대해 당신에게 말한다고 해보자. 죽음의 경위, 장례식 절차, 손님들, 가족, 주례 목사, 꽃, 발인 이야기를 줄줄이 들려줄 수 있다. 그러나 그건 장례와 죽음에 관해 설명하고 단순히 사건을 묘사하는 것일 뿐이다. 만약 감정을 처리하고 싶다면 할머니를 잃는 느낌과 상실감에 대해 더 자세히 털어놓아야 할 것이다. 그러면 내가 슬픔에 겨워 눈물을 흘리는 모습을 보게 될 것이다. 그때 당신은 내 눈물을 보고 고통을 느낄 것이고, 나 역시 그 감정을 느끼며 그 경험이 내게 어떤 영향을 주었는지 말하게 된다. 이 장은 바로 그런 애도의 방식에 실제로 들어가도록 당신을 도울 것이다.

2단계 없이 곧장 3단계로 가고 싶어 하는 사람들이 많다.

다시 강조하지만 2단계를 건너뛰면 3단계는 제대로 작동하지 않는다. 세상에 그토록 많은 치료법이 효과를 보지 못하는 이유가 무엇일까? 사람들이 중간 단계, 곧 가장 어려운 부분을 빼먹기 때문이다. 우리 상황을 더 건강하고 다른 방식으로 바라보려면, 그 전에 트라우마의 찌꺼기를 먼저 정리해야 한다.

3단계는 간단히 말해 '재구성'reframing 단계이다. 재구성이란 문제를 다른 시각으로 바라보는 걸 의미하는 심리학 용어이다. 회복 과정 가운데 비교적 '즐겁게' 느껴지기 쉬운 부분이기도 하다. 관점을 새롭게 바라보면서, 엄마에게서 받은 상처가 조금씩 아물고 증상으로부터 한결 자유로워진다, 엄마의 잘못으로 희생양이 되었다는 자기 인식에서 벗어나, 나를 위해 이전과는 전혀 다른 결정을 스스로 내리게 된다. 자신의 진짜 감정·가치·신념체계를 찾기 시작하면서, 진짜 나다운 모습을 찾고, 나다운 방식이 작동하도록 스스로 허락하게 된다. 이것이 바로 자유다. 이 글을 함께하는 모든 독자가 그 자유에 이르길 진심으로 바란다.

치료 단계 자세히 들여다보기

이제 엄마의 돌봄을 충분히 받지 못한 아이를 치유하기 위한 구체적인 방법으로 들어간다. 3부에서 다룰 다섯 가지 핵심 영역을 각각 한마디로 정리하면 다음과 같다.

1. 엄마의 한계를 받아들이고, 자신에게 애도를 허락하기
2. 엄마에게서 심리적으로 독립하고, 엄마에게서 흡수한 부정적인 메시지를 긍정적으로 재구성하기
3. 자신의 정체성, 감정, 욕구를 수용하고 발달시키기
4. 엄마와 이전과는 다른 건강한 방식으로 관계 맺기
5. 자신의 나르시시즘적 특성을 인식하고, 그것을 아이들에게 대물림하지 않기

그럼, '수용'부터 시작하자.

엄마의 한계 인정하기

자신의 엄마가 진정한 사랑과 공감을 해줄 수 없는 사람일지도 모른다는 사실을 깨닫는 일은 충격적이다. 설령 그런 생각을 떠올린 적이 있더라도, 선뜻 받아들이고 싶지 않았을 것이다. 엄마는 사랑과 위로, 공감의 근원이 되어야 한다고들 말한다. 그래서 엄마가 그것을 주지 못했을 때, 우리는 대개 그 사실에 대한 자신의 감정을 부인해 버리곤 한다. 그러면서 딸들은 흔히 엄마가 자신을 사랑하지 못한 책임을 자기 탓으로 돌린다. "우리 엄마가 나를 사랑하지 못한다면, 누가 날 사랑해주겠어요?"라고 슬퍼했던 내담자를 떠올려보라. 엄마의 한계를 받아들이는 일은 모든 딸에게 어렵다.

** 마르티나(25세)는 희망을 끝내 놓지 못하며 이렇게 말했다. "머리로는 엄마와 사랑이 통하는 관계를 기대하지 않기로 했어요. 25년 동안의 증거가 있으니까요. 그런데 마음은 아직도 완전히 받아들이질 못해요. 제 안은 항상 양가적이에요. 엄마가 다정하게 굴 때, 이를테면 일할 때 입을 정장을 같이 사러 가거나 집에 둘 의자나 페인트 색상 견본을 보러 다닐 때면, 저도 모르게 또 기대하게 되거든요. 이번만은 다를지도 모른다고요."

** 샌니(32세)도 이렇게 토로했다. "전 그냥 평범한 엄마를 원했어요. 저속하게 차려입지 않고, 남자들에게 추파를 던지지 않고, 평범하게 휴일을 보내고, 저와 제 남자친구의 사랑을 빌어주고, 가족여행도 다니며 즐겁게 지내는… 나와 경쟁하지도 않고, 날 위협으로 여기지도 않으며, 내가 해낸 일들을 자랑스러워해 주는 그런 엄마 말이에요. 남들은 다 이렇게 사는데, 이 모든 걸 정말 포기해야 하나요?"

애도에 앞서 당신의 과거를 분명히 받아들여야 한다. 이렇게 생각해보자. 어떤 사람에게 교양과목 수준의 책 내용을 설명하는데, 그 사람이 제대로 이해하지 못한다면 실망하고 화가 날 수도 있다. 어쩌면 자신의 설명방법에 대해 부끄러움마저 느낄지도 모른다. 그런데 그 사람이 고작 세 살짜리 아이라서, 그 책을 배우기에 너무 어리다는 것을 깨달으면 어떻게 되겠는가. 지금까지 밀려온 온갖 감정들이 눈 녹듯 사라질 것이다. 이처럼 나르시시스트는 대부분 진정한 사랑과 공감을 건넬 역량이 부족하다는 사실을 반드시 받아들여야 한다. 이 현실과 마주하는 수밖에 없다. 엄마의 한계를 똑똑히 인식하고 받아들이는 것이 치료법의 출발점이다. 언젠가 달라질 것이라는 기대는 내려놓아라.

내가 아는 많은 내담자들은 이 사실을 오랫동안 이해하지 못한 채, 다음 만남은 다를 것이라고 늘 바라며 살아왔다. 이루어지지도 않을 기대를 계속할 뿐 아니라 지칠 줄 모르고 같은 노력을 반복한다. 그러나 되돌아오는 건 더 큰 슬픔, 실망, 고통, 분노, 염증뿐이다. 우리가 이야기하는 대상은 다름 아닌 당신의 엄마다. 한때 당신 세계의 중심이었고, 누구보다 사랑했고, 누구보다 필요로 했던 사람이다. 이 일이 얼마나 어려운지 안다. 그래도 엄마의 한계를 받아들여라. 그 관문을 지나야 비로소 당신의 회복을 향해 나아갈 수 있다.

이와 동시에 나르시시즘은 스펙트럼 장애이기 때문에 개개인의 정도가 매우 다를 수 있다는 걸 염두에 두자. 엄마의 나르시시즘 증세가 심하지 않다면 어느 정도 회복의 여지도 있다. 하지만 스펙트럼의 끝에 있을수록 엄마가 바뀌거나 치료에 임할 가능성은 희박하다. 그러므로 결국 당신이 포기하고 이 사실을 받아들이는 수밖에 방법이 없다.

많은 내담자들이 묻는다. "대체 엄마의 한계를 어떻게 인정하죠?" 기억하자. 타인은 바꿀 수 없다. 당신이 바꿀 수 있는 사람은 오직 당신 자신뿐이다. 사물을 어떻게 보는지, 그 인식을 어떻게 다루는지는 당신의 통제 안에 있다. 그러나 엄마를 바꾸는 일은 그렇지 않다. 엄마와 함께 상담을 오고 싶어 하고 또 실제로 그러는 여성들도 있는데, 도움이 될 때도 있지만 그렇지 않을 때도 있다.

결국, 회복의 성패는 전적으로 딸인 당신에게 달렸다. 엄마가 달라질 수 있다는 믿음, 언젠가 당신이 마땅히 받아야 할 사랑을 줄 거라는 기대를 놓아라. 그 기대를 내려놓아야 비로소 자유로워지고, 자기 자신을 찾을 수 있다. 그리고 엄마의 역량 부족과 한계 때문에 당신이 상처받았음을 인정하고 받아들이겠다고 결심하라. 이것이 자기 부인에서 벗어나 현실과 마주하는 첫걸음이며, 건강으로 가는 움직임이다. 지금 결심하라. 그 결심이 다음 단계인 애도 과정을 밟아 나갈 주도권을 당신에게 돌려줄 것이다.

엄마의 한계를 완전히 수용했는지 점검하기

당신이 실제로 엄마의 한계를 인정하고 있는지 알고 싶으면 자신에게 다음 질문을 던져보라.

1. 엄마와 통화하거나 만날 때마다 이번만은 다를 거라고 생각하는가?

2. 여전히 엄마에게 어떤 기대를 품고 있는가?
3. 엄마가 나르시시스트라는 사실을 받아들였는가?
4. 엄마 대신에 다른 누군가가 나의 '어린아이 같은 욕구'를 채워주길 바라는가?
5. 스스로 돌보는 대신, 관계 속에서 '채워지지 못한 욕구'를 충족받으러 계속 애쓰고 있는가?
6. 엄마를 대신해줄 남자를 찾고 있는가?
7. 내 욕구가 당당하게 느껴지는가?
8. 내 욕구의 대부분을 스스로 충족하려 하고, 누군가가 나를 도와줄 때 그것을 권리라기보다는 축복이라고 받아들이는가?

당신이 엄마의 한계를 진심으로 수용했다면 어린 시절부터 남아있던 욕구를 대신 채워줄 사람이 없다는 건 쉽게 알 수 있을 것이다. 이런 사람은 8번 질문에 '그렇다'라고 대답했을 것이다. 엄마의 손길이 필요했던 시기는 지나갔다. 받아들이기는 힘들겠지만 어린 시절로 되돌아가 따스한 엄마의 다독임을 받을 수도 없고 다른 사람을 통해 채울 수도 없다. 성장기가 지난 이제는 스스로 헤쳐나가야 한다. 욕구에 대한 책임도 자신에게 있고 그걸 채울 방법도 자신이 찾아야 한다는 사실을 받아들이면서 스스로 책임져야 한다. 그렇게 인정하고 나면 슬픔을 맞닥뜨릴 준비가 된 것이다.

스스로 애도하는 법

> 네가 네 감정을 다루기 전에, 감정이 너를 다루게 두지 마라.
> ─ 영화 〈헐리웃 스토리〉 중 상담사의 말

이 단계를 진행하려면 당신의 감정을 있는 그대로 느끼려고 결심을 해야 한다. 나는 이걸 나 자신에게 가르쳐야 했다. 특히 슬프거나 화가 나는 감정을 마주할 때 그랬다. 감정을 느끼는 법을 배우던 시절, 나는 어떤 날에는 출근도 안 하고, 애들은 학교에 보내놓고 집에서 블라인드 내린 채 베개를 끌어안고서 혼자 울거나, 소리를 지르거나, 베개를 치면서, 감정을 표출하기 위해 할 수 있는 건 뭐든지 다 했다. 처음에는 아무런 감정도 올라오지 않아 그저 가만히 앉아있었다. 하지만 내 안에 수많은 감정이 쌓여 있다는 건 알고 있었다. 그것들은 내가 전혀 예상하지 못한 순간, 다른 방식으로 터져 나오곤 했기 때문이다. 이런 시간을 나 자신에게 허락하고 나니, 눈물이 서서히 한두 방울씩 흐르다가 결국 펑펑 쏟고 말았다. 핵심은 감정을 억누르지 않고, 그대로 두고, 있는 그대로 느끼는 것이었다. 이 과정은 쉽지 않다. 왜냐면 우리는 흔히 감정을 억누르거나, 꾹 참거나, 아무것도 느끼지 않는 법을 배우며 자라왔기 때문이다. 괜찮지 않은데도 괜찮은 척, 모든 게 다 잘되고 있는 것처럼 꾸며야 한다고 배워왔기 때문이다.

그저 그 감정들과 함께 머무르자. 고통을 느껴라. 거기서 따라오는 불안과 우울한 느낌을 감당하라. 억지로 떨쳐내려 하지 말고 잘 다루어내야만 그것을 지나갈 수 있다. 그렇게 하지 말라며 말리는 주변 사람들이 있을 수도 있다. 누구도 당신이 아파하는 모습을 보고 싶어 하지 않고, 사랑하는 이들도 이것이 얼마나 중요한 일인지 이해하지 못할 수 있기 때문이다. 그러니 그 말에 귀 기울이지 말라. 스스로에게 감정을 느끼는 것을 허락하라! 이제껏 해왔듯 부정하고 싶거나 내면의 부정적인 목소리가 또 들려올 때면 그것들을 쫓아내라. "나는 치유할 시간을 누릴 자격이 있다"라고 자신에게 말하라.

때로는 당신 자신이 겁쟁이나 어린애 같다고 느낄 수도 있다. 나 역시 여전히 감정을 처리해야 할 때면 자주 그런 기분이 든다. 그럴 때 나는 스스로에게 이렇게 말한다. "지금은 어린애 같아도 괜찮아. 아기들은 사랑스럽고 순수하잖아." 장담하건대 당신이 영원히 아이처럼 머무는 일은 없을 것이다. 나는 약속한다. 왜냐면 바로 이렇게 하는 것이야말로 그것을 극복해 나가는 과정이기 때문이다.

또 고통을 합리화하며 스스로를 설득하려 할 수도 있다. "내가 이렇게까지 느낄 필요는 없어." "내 상황이 그렇게 나빴던 건 아니야." 그러나 이런 생각은 도움이 되지 않는다. 무엇이든 당신 안에 있는 감정은 반드시 풀어내야 한다. 있는 그대로 가만히 내버려 두라. 조용히 혼자 있는 시간이 필요할 수도 있다. 고통을 피하려 일부러 바쁘게 지내거나 술이나 다른 중독으로 감각을 마비시키는 데 익숙한 사람이라면,

시간을 갖고 고요히 앉아있거나 홀로 있을 때 감정들이 올라오는 것을 느끼게 될 것이다. 바로 이 과정이 무척 중요하다. 오직 애도를 위해 혼자만의 시간을 따로 떼어두라. 그 시간을 여러 번 가지다 보면 서서히 안도감을 느끼게 될 것이다.

당신에게 맞는 방법을 찾을 때까지 여러 가지를 시도해 보라. 나는 집에 혼자 있을 때, 블라인드를 내린 채 시간을 보내는 것이 가장 효과적이었다. 어떤 여성들은 오랫동안 산책을 하거나, 러닝을 하거나, 등산을 하거나, 차를 몰고 멀리 드라이브하거나, 카페에 앉아 시간을 보내는 것을 좋아한다. 사람마다 제각기 방법이 다 다르다. 중요한 것은 당신만의 편안한 방식을 찾는 일이다. 그리고 무엇보다 중요한 것은 그 과정을 스스로 허락하는 것이다. 나르시시스트 엄마 밑에서 자란 딸들은 대개 이런 감정적 배려를 스스로에게 허용하지 말라고 배워왔기 때문에, 처음에는 자신에게 이런 시간을 주는 것이 어색하게 느껴질 수 있다. 하지만 당신은 분명 해낼 수 있을 것이다.

애도의 단계

엘리자베스 퀴블러 로스 Elisabeth Kübler-Ross 박사는 『죽음과 죽어감』 On Death and Dying 에서 애도의 자연스러운 과정을 다섯 단계로 설명했다. 부정 denial, 분노 anger, 타협 bargaining, 우울 depression, 수용 acceptance 이다. 당신의 회복 과정에서도 이 단계를 사용할 것이다. 다만 우리는 수용을 맨 앞에 둔다. 우리는 이미 오랫동안 엄마와의 관계에서 부정과 타협을 반복해 왔고, 수용 없이는 진정한 감정을 마주할 수 없기 때문이다. 수용하지 않으면 우리는 부정 속에 계속 머물게 된다. 그러나 일단 수용을 하게 되면, 평생 안고 살아온 상실의 분노와 우울을 다루고 풀어낼 수 있으며, 마침내 그 고통에서 벗어나 자유로워질 수 있다. 그러면 이제 이 다섯 단계가 실제로 우리에게 어떻게 적용되는지 구체적으로 살펴보자.

1. 수용
우리는 엄마가 사랑이나 공감해줄 수 없는 사람이라는 걸 인정해야 한다. 그래야만 부정에서 벗어나 자신의 감정을 있는 그대로 느낄 수 있다. 문제를 인식하고 이를 받아들이는 것이 회복의 첫걸음이 된다.

2. 부정
우리는 어린 시절 엄마가 사랑과 공감을 줄 수 없는 사람이라는 걸 부정해야만 살 수 있었다. 사랑에 대한 극심한 갈증을 느끼면서도, 성장하고 살아남기 위해서 이를 부정해야 했다.

3. 타협
우리는 평생 엄마와 타협하며 살아왔다. 실제 엄마와도 그렇고, 마음속에서조차 엄마와 협상하듯 스스로와 타협해 왔다. 엄마가 변할 거라는 희망을 품으며 다음을 기약했다. 엄마의 사랑과 인정을 받고 싶어 오랜 세월 눈물겹도록 노력했다.

4. 분노
우리의 정서적 욕구가 충족되지 못했고 방치되면서 우리 삶에 심각한 영향을 끼쳤다는 사실을 깨닫는 순간 심한 분노와 격렬한 울분을 느낀다. 엄마에게 책임이 있다는 생각뿐 아니라 그러한 패턴이 굳어지고 자신이 거기에 갇히도록 내버려 둔 자기 자신에게도 화가 난다.

5. 우울
우리가 원하던 엄마의 모습, 그에 대한 희망과 환상을 내려놓아야 하는 걸 알고 깊은 슬픔을 느낀다. 엄마가 결코 우리 바람대로 사랑해줄 사람으로 변하지 않을 걸 인정하게 된다. 자신을 엄마 없는 고아처럼 느끼며 모든 기대를 내려놓는다. 그리고 그 기대의 상실을 슬퍼한다.

슬픔을 받아들이는 과정 동안 이 모든 단계를 밟을 것이다. 때로는 단계를 되돌아가기도 할 것이다. 그러나 반드시 확고히 수용해야 한다. 엄마가 진정 나르시시스트였다는 사실과 당신이 그토록 원하고 필요로 한 사랑을 못 받았다는 사실을 온전히 인정하기 전까지는 다음 단계로 진행하지 마라. 그래야만 올바르게 애도할 수 있다. 만일 이를 받아들이지 못한 거 같으면 이전 단계로 되돌아가라. 앞으로의 모든 과정은 그것을 전제로 하기 때문이다.

글쓰기를 활용하라

글쓰기는 회복 과정에 큰 도움이 된다. 이 프로그램 내내 나는 글쓰기의 중요성을 계속해서 강조할 것이다. 글을 쓰면 모든 것을 한곳에 모아둘 수 있다. 글쓰기는 표면으로 드러나는 감정을 기록하는 방법이자, 그것을 다시 돌아보고 자신의 회복 과정을 점검하는 데에도 도움이 된다. 손으로 직접 쓸 수도 있고, 컴퓨터를 이용할 수도 있다. 나 같은 경우는 컴퓨터에 '애도 파일'을 만들어 두고 하루가 끝날 때마다 열어본다. 그리고 거기다가 떠오른 감정을 쏟아내며 내가 다루어야 할 감정들을 정리한다. 그렇게 감정을 글로 표현하면 감정이 배출되어 한결 가벼워지고 상처를 극복하는 데에도 도움이 된다. 철자, 문법, 문장 구조 따위는 잊어버려라. 단지 지금 떠오르는 것을 있는 그대로 써 내려가면 된다.

많은 이들이 처음에는 글쓰기를 거부한다. 글쓰기를 좋아하지 않거나, 혹은 누군가 자신의 기록을 발견할까 두려워하기 때문이다. 그렇지만 상처를 치유하길 간절히 바란다면 나는 글쓰기를 권한다. 글을 쓴다는 것은 곧 당신이 자신의 회복을 진지하게 대하고 있다는 뜻이다. 마음껏 써 내리며 기록을 남기고, 과정을 추적하고, 자신이 변화하는지 살펴보는 것. 이것이 바로 회복에 전념하는 방법이다. 당신의 건강과 행복은 이 시간을 투자할 만한 충분한 가치가 있다. 평생 안고 살아온 감정을 의식적으로 다루며 스스로 치유의 주도권을 쥐지 않으면, 결국 그 감정이 당신을 지배하게 될 것이다.

원하는 엄마가 아닌데 슬퍼하기

어릴 때는 누구나 자신을 듬뿍 사랑해주는 엄마와 함께 있을 자격이 있다. 만약 당신에게 그런 엄마가 없었다면, 그 상실을 슬퍼할 권리가 있다.

 감정을 억누르지 말고 인식하고 글로 적어 보라. 우선 당신이 원하는 이상적인 엄마는 어떤 모습일지를 하나씩 적어 보는 것부터 시작하라. 당신이 바라던 엄마의 모습이나, 다른 사람의 엄마에게서 본 모습을 생각해보라. 그리고 그 모습과 실제 당신 엄마와 비교해보라. 그때 느껴지는 실망과 고통을 맞닥뜨리라. 이 과정은 회복 단계에서 빼놓을 수 없는 핵심이다. 당신 엄마에게서 뭐가 빠졌는지를 찾아서 적어 나가라. 죄책감은 느낄 필요가 없다. 그렇게 해도 괜찮다.

 다음은 당신과 같은 여성들이 적은 글이다.

- 전화해서 속마음을 털어놓을 수 있는 엄마를 원했다. 내 감정을 이야기하면 자기 이야기로 끌어들이지 않고 끝까지 들어주며, 나를 이해해주는 엄마.
- 나에 대해 이야기해주고, 진심으로 나를 자랑스러워하는 엄마를 바랐다. 있는 그대로의 나를 받아들이고, 내가 좋아하는 이들에 관심을 가지고, 내가 소중히 여기는 것을 함께 소중히 여겨주는 엄마. 나를 인정해주는 엄마. 모든 것이 엄마 자신에 관한 이야기가 아니어도 되는 그런 엄마.
- 마음을 내려놓고 엄마에게 진실을 말할 수 있기를 바랐다. 그

리고 엄마가 나를 돌봐 줄 거라고 믿고 싶었다. 내가 느끼는 감정을 엄마도 함께 느껴 주고, 내 이야기를 들어도 더 상황을 나쁘게 만들지 않고 잘 받아내 주면 얼마나 좋을까.

- 나에 대해 조금이라도 알고, 멀리서 무관심하게 지켜보는 사람이 아닌 엄마라면 행복했을 것이다. 내 삶을 묻고 관심 가져 주는 엄마, 손주들에 대해서도 묻고 돌봐주는 엄마. 1~2년에 한 번쯤 내 안부를 묻는 것이 전부인 엄마가 아니라, 지금 모습과는 정반대의 엄마라면 좋겠다.
- 진짜 감정을 다룰 줄 알고 내면이 강한 엄마가 절실히 필요했다. 나를 엄마의 전시품처럼 꾸며내지 않고, 있는 그대로 키워 내 본모습을 발견할 수 있도록 도와주는 엄마. 내 심정도 헤아려주고 힘들면 다독여 주는 엄마라면 더할 나위 없이 기쁠 것 같다. 그러나 엄마에게서는 그런 모습을 상상조차 할 수 없다.

많은 딸이 엄마에게서 제대로 된 사랑을 받지 못한 사실을 슬퍼한다. 그러나 동시에 어린 시절부터 내면 깊숙이 새겨진 신념이 있다. 바로 자신은 사랑받을 만한 엄마를 가질 자격이 없었다는 믿음이다. 하지만 당신은 분명히 그런 엄마를 가질 자격이 있다! 그리고 그 사랑을 받지 못했다면, 사실을 있는 그대로 인정하라. 그 결과 당신의 정서적 성장에 구멍, 즉 공허함이 생겼다는 것도 직시하라. 이 슬픔을 마주하는 것은 오늘의 자아를 세워가는 데 꼭 필요한 과정이다. 이것이 영원한 슬픔으로 남는다는 뜻은 아니다. 다만 그것을 인정하고, 직면하고, 그로 인한 고통 때문에 슬퍼하는 시간을 자신에게 허락해야 한다는 것이다. 우리는 이 애도의 단계를 지나 앞으로 나아갈 것이다. 여기가 당신 인생의 영원한 거처가 되는 것은 아니다.

이 과정을 거치는 동안에는 다른 사람에게 의견을 구하지 마라. 선의를 가진 친구나 가족일지라도 이렇게 조언할 것이다. "이제 좀 잊어라." "과거는 되돌릴 수 없어." "그만 애쓰고 현재에 충실해." 가장 가까운 사람들이나 심지어는 그렇지 않은 사람들조차도, 이 중요한 작업을 당신이 하지 못하도록 막을 수 있다. 물론 의도는 나쁘지 않다. 그러나 그들은 이 과정의 중요성을 모르기 때문에 이런 말을 꺼내는 것이다. 당신이 고통스러워하는 것을 보고 싶지 않아, 얼른 고쳐주려 드는 것임을 알라. 그들은 당신이 직접 이 슬픔을 직면하지 않으면, 그것이 영원히 당신의 일부로 남는다는 것을 알지 못한다. 그러니 자격 없는 이런 조언에 귀 기울이지 말라.

오늘날 많은 사람이 자신의 감정을 타인에게 투사하고, 문제 행동을 일으키고, 관계에서 위기를 만들어내고, 우울증과 불안에 시달리며 상담을 받고, 자신의 행동이나 감정을 남 탓으로 돌리려 든다. 모두 자신이 지닌 고통의 진실을 마주하지 않기 때문이다. 나는 직접 이 모든 것을 경험했고, 전문 지식을 바탕으로 수많은 여성을 상담했다. 이를 기초로 회복의 세 번째 단계를 효과적으로 통과할 수 있는 '열쇠'를 당신에게 전해주고자 한다. 만약 두려움 때문에, 혹은 다른 사람의 말에 귀 기울이느라 이 단계를 외면한다면 회복은 제대로 이루어지지 않을 것이다. 이 단계야말로 회복에서 가장 중요한 단계다.

어쩌면 아이들이 어른들보다 슬픔을 더 잘 받아들이고 울어야 할 필요성을 더 잘 이해할지도 모른다. 내가 이 장을 쓰던 중에, 한 친구가 이메일로 보내준 이야기가 있다. 어른들도 대부분 잊고 지내는 중요한 점을 본능적으로 이해하고 있던 네 살짜리 아이의 이야기다.

** 아이의 옆집에 최근 아내를 잃은 노신사가 한 분이 살고 계셨다. 그분이 눈물을 흘리는 모습을 본 아이는 그 집 마당으로 들어가서 그분 무릎 위에 올라가 앉았다. 엄마가 아이에게 할아버지께 무슨 말을 건넸냐고 묻자 아이가 이렇게 대답했다. "아무 말도 안 했어요. 울고 계신 걸 보니 그냥 옆에 있어 드리고 싶었어요!"

당신의 애도가 깊은 슬픔, 분노, 심지어 격렬한 울분의 형태로 나타날지 모른다. 이 감정들을 글로 적어내는 것 말고는 행동으로 옮기지 말라. 자신이나 다른 사람을 파괴하지 말고, 그저 이 감정을 충분히 느끼도록 하라. 도저히 더는 견딜 수 없을 때까지 슬퍼하라. 나는 어떤 것을 애도하는 과정을 끝냈다고 느낄 때, 스스로 지긋지긋할 정도로 울고 난 뒤였다. 마침내 당신은 매일매일 무거운 짐을 짊어지고 다니는 듯한 상태에서, 짐을 내려놓고 홀가분하게 가벼운 여행자가 된 듯한 안도감을 느끼게 될 것이다.

뒤따르는 죄책감

죄책감이 고개를 들기 시작할 것이다. 우리 문화는 "착한 딸은 엄마를 싫어하지 않는다"라고 가르치기 때문에, 분노와 울분 그리고 슬픔과 동시에 죄책감도 자연스럽게 같이 따라온다. 지금은 그 죄책감을 느끼는 것조차 괜찮다고 자신에게 허락하라. 내게 상담을 받으러 온 여성들은 대부분 엄마에 대해 좋지 않은 얘기를 하는 데 대해 크게 죄책감을 느낀다고 호소했다. 이것은 반드시 넘어야 할 금기이며, 그 과정을 지나야 다른 지점으로 나아갈 수 있다. 내가 권하는 것은 엄마를 미워하거나 직접 분노를 표출하라는 것이 결코 아니다, 당신이 지금 몸과 마음으로 안고 있는 그 분노를 있는 그대로 느껴도 괜찮다는 말이다. 그 격렬한 감정은 오래가지 않는다. 상실과 실망을 직면해야만 그것들을 넘어설 수 있다. 목표는 비난에 머무는 것이 아니라, 그 너머의 더 깊은 이해와 내적 평화에 이르는 것이다. 그렇게 될 때 엄마와의 관계도 평화롭게 된다.

** 마사(62세)는 이렇게 말했다. "이 상담을 하기 전에 죄책감이 몰려왔어요. 엄마가 늘 하던 말씀이 있었거든요. '누워서 침 뱉기야, 그런 말은 남들 앞에서 하지 마' 엄마는 아마 제가 이렇게 엄마 얘기를 밖에서 하고 있다는 걸 알면 경악하고 분노하실 거예요."

당신이 되지 못했던 아이,
그 상실을 애도하기

다음으로 애도해야 할 구체적인 대상은, 엄마(때로는 가족 전체)의 조력자가 되느라 되지 못했던 '어린 시절 당신'을 위한 애도다.

만일 그저 평범한 다른 아이들처럼 클 수 있었으면 무엇을 하고 있었을지 떠올려보라. 지금이라도 그것을 하는 자신의 모습을 상상해보라. 그것을 글로 적고, 내가 놓쳐버린 것이 무엇인지 다시 들여다보라. 감정을 억누르지 말고 있는 그대로 느껴보라. 그림 그리기를 좋아한다면, 그때 하고 싶었던 일을 하는 자기 자신의 모습을 그려보아도 좋다. 어른이 된 지금이라면 어쩌면 그것을 실제로 해볼 수도 있다. 여기에 대해서는 12장에서 더욱 자세히 살펴볼 것이다.

내가 제일 처음 이렇게 애도의 단계를 직접 겪을 때, 지금 내담자들에게 자주 권하는 것처럼 연습했다. 나는 아이들을 모두 재우고 나서 혼자 흔들의자에 앉아 눈을 감고, 작은 아이였던 내 어린 시절을 떠올렸다. 긴 금발 머리를 땋아 내리고 빨간 카우보이 부츠를 신은 조그만 모습의 소녀에게 두 팔을 크게 벌려 가까이 와보라고 부른 뒤, 지금 필요한 게 뭐가 있는지 말해 달라고 했다. 처음 나타났을 때 그녀는 슬프고 화가 난 채로 발을 쿵쿵대는 화가 난 아이였다. 땋은 머리를 흔들며 분노를 내뿜었다. 그러나 그녀가 내게 이야기를 시작하자, 나는 이제 내가 그녀를 돌봐야 한다는 사실, 그리고 그녀가 어린 시절에 놓쳐버린 것들을 인정해줘야 한다는 사실을 깨달았다. 우리는 그 흔들의자에 앉아 함께 울었다. 나는 이 상상을 여러 차례 반복하며 많은 시간을 보냈다. 당신의 내면에 있는 아이에게도 먼저 다가가서 문을 열어 주면 반드시 당신에게 말을 걸어올 것이다. 그때마다 무슨 일이 일어나는지를 글로 남겨라.

또 다른 방법은 내가 '인형 치료'라고 부르는 기법이다. 가게에 가서 세 살에서 여덟 살 사이의 당신을 닮은 조그만 여자아이 인형을 찾아보라. 마음에 드는 인형을 발견할 때까지 찾아보고 사서 집에 데려와라. 눈에 잘 띄도록 침대나 서랍장 또는 소파에 두고 밀을 길이리. 그래야 그녀에게도 욕구가 있다는 사실을 떠올릴 수 있다. 그녀가 어린 시절에 어떤 도움을 못 받았는지, 지금 당신에게는 무얼 바라는지도 물어보라. 생각이 떠오르는 대로 기록을 해서 잊지 않도록 하라. 일상의 바쁜 흐름 속에서 금세 잊어버리기 쉽기 때문이다. 기록해 두면 아직도 당신이 슬퍼할 것이 남았는지, 또 어릴 때 충족되지 못한 욕구를 지금 어떻게 자신에게 줄 수 있을지를 알 수 있다.

이 애도 과정을 이어가면서, 아이 인형이 각기 다른 나이대로 당신에게 말을 건네도록 하라. 기억할 수 있는 가장 어린 시절부터 열여덟 살 무렵까지도 가보라. 이런 여성들의 기억 속에는 감정이 예민했던 청소년기에 엄마가 곁에 있어 주기를 절실히 바랐던 순간이 각인되어 있다. 그 기억은 성인이 된 20대까지도 있을 수 있다. 멈추지 말고 계속하라. 홀로 조용히 시간을 갖고 자신에게 그 여유를 주면, 당신이 처리해야 할 감정들이 자연스레 표면으로 떠오를 것이다.

이 단계에는 상담사를 찾아 도움을 청하는 것도 좋다. 우선 이 책에서 제시하는 방법들을 혼자 시도해 보라. 실제로 나는 상담에서 많은 여성에게 함께 이 방법들을 사용했고, 그들에게 도움이 되었다. 그러나 아무리 해도 막혀서 감정이 전혀 떠오르지 않는다면, 전문적인 도움을 받는 것이 큰 차이를 만들어낼 수 있다.

특히 EMDR Eye Movement Desensitization and Reprocessing(안구운동요법)을 할 수 있는 전문가를 찾아가면 좋다. 이 기법은 감정을 처리하는 데 매우 효과적인 전문 영역이다. emdria.org라는 웹사이트에 접속하면, 그 기법이 어떻게 작동하는지 이해하는 데 도움을 준다. 간단히 말해, EMDR은 트라우마를 처리하고 그에 수반되는 감정을 무디게 만들기 위해 고안된 치료법이다. 나는 내담자들과 수년 동안 이 방법을 사용해왔고, 그 효과를 분명히 입증할 수 있다. 그냥 대화만 주고받는 일반적인 치료법보다 진전 속도도 훨씬 빠르다.

올바른 상담사를 찾는다는 것은, 자격 요건을 갖추었을 뿐 아니라 개인적으로도 마음을 줄 수 있는 사람이어야 한다는 뜻이다. 치료의 성공을 좌우하는 것은 마음을 여는 데 있다. 특히 지금처럼 나르시시스트 엄마 문제에서는 당신보다 나이가 많은 여성 상담사를 찾아볼 것을 권하고 싶다. 상담사가 자녀가 있는 엄마이거나 할머니여도 꽤 괜찮다. 그러면 신뢰하고 마음을 주고받는 데 더 도움이 된다. 물론 절대적인 조건은 아니지만, 유익할 수 있다.

그러나 회복의 첫 단계에서 무엇보다 중요한 점은, 스스로 수용과 애도 작업을 할 수 있는 만큼 해보는 것이다. 그래야만 다음 장과 다음 제안으로 넘어갈 수 있다. 수용과 애도를 충분히 하지 않으면 그 이후의 회복은 온전히 '작동하지 않는다'. 우리가 원하는 것은 일시적 위로가 아니라 진실하고 지속적인 회복이다. 만약 스스로 이미 수용과 애도의 단계를 씨름하며 지나왔다고 생각한다면, 다음 장으로 나아가라. 그러나 그 과정이 잘 작동하지 않는다고 느껴진다면, 주저하지 말고 다시 '첫 단계'로 되돌아와 다시 작업하라. 반드시 당신 내면에서 첫 단계를 거쳐야 한다. 내면의 공간을 새롭게 단장하기 전에, 먼저 그 집을 청소해야 하기 때문이다.

** 루(44세)는 첫 단계의 필요성을 확실히 느꼈다. "선생님 말씀을 이제 알겠어요. 저는 이 단계가 정말 너무 싫었어요. 그런데 정말 그럴 만한 가치가 있었어요! 선생님께서 알려주신 나머지 회복 단계를 평생 시도해 보았는데, 아무 소용이 없었거든요. 이 힘든 감정을 그대로 느껴보기 전까지는 아무것도 작동하지 않았어요."

** 미미는 스스로 인정하고 분노하기까지 참 오랜 기간이 걸렸다. "전 제가 그렇게 화가 난 사람이라고 생각해본 적이 없었어요. 화가 났다는 말이 못된 사람이라

는 건 줄 알고 전염병인 마냥 늘 피했거든요. 그래서 이 단계, 특히 감정을 느끼는 부분이 저에겐 무척 힘들었어요. 엄마에 대해 이러쿵저러쿵 장황하게 늘어놓을 수는 있었지만, 엄마 때문에 제가 그렇게 상처받았다고 인정하기는 싫었어요. 그렇게 되면 엄마가 또 이긴 것 같고, 나는 다시 피해자가 된 기분이었거든요. 그런데 지금은 알겠어요. 제가 분노에 차고 억세 보이는 피해자가 되는 과정을 거쳐야만, 그 반대편으로 건너갈 수 있었다는 걸."

엄마의 일부, 그러나 독립된 존재
엄마에게서 독립하기

결국 다들 자기 엄마처럼 될 거라면, 그게 대체 무슨 의미가 있겠어요?

— 엘리자베스 스트라우트Elizabeth Strout,
 『에이미와 이저벨』Amy and Isabelle 중에서 진짜 자신으로서 온전해지는 것. 이것이 나르시시스트 엄마로부터의 회복에서 지향해야 할 최종 목표다. 이번 단계에서 해야 할 일은 엄마에게서 심리적으로 독립한 어엿한 성인이 되어 자신의 내면 정서를 키워내는 것이다. 그렇게 내면의 정서적 자아가 성장할 때 우리는 흔들림 없는 강한 존재가 되고 스스로 당당히 설 수 있게 된다. 엄마로부터의 결핍 속에서도 나 자신을 지탱하고, 엄마의 부정적인 말들에도 꿋꿋이 버티며, 외부로부터 오는 어떤 비난에도 흔들리지 않을 수 있다. 그렇게 될 때, 당신은 엄마에게서 자유로운 존재로 온전한 진짜 자기 자신이 될 수 있다. 즉, 함께하면서도 독립적인 존재일 수 있는 힘을 갖게 된다. 그리고 그 안에서 언제나 흔들림 없이 단단한 자기 자신을 유지할 수 있다.

왜 엄마에게서의 심리적 독립이 정신 건강에 중요한가?

개별화individuation는 발달 과정에서 정상적으로 나타나는 현상이다. 보통은 아이들이 "아니" "내 것"이라고 말하기 시작하는 두 살 무렵부터 한 사람의 독립적 개인이 되기 시작한다고 본다. 그리고 성장기를 거치며 자신만의 욕구와 필요, 바람을 발전시키고 건강한 어른으로 성장하기 위해 서서히 홀로서기를 하며 나다움을 형성한다. 건강한 부모라면 아이에게서 서서히 일어나는 이 변화를 자연스럽게 받아들인다.

그러나 나르시시스트 엄마의 자녀들에게는 이 과정이 가로막힌다. 엄마가 자녀를 집어삼키거나, 혹은 무시하기 때문이다. 방치 받은 아이는 심리적으로 욕구불만이 되어 엄마에게서 인정과 사랑을 받으려 부단히 애쓰느라, 자기 자신을 세우고 엄마와 분리되는 작업을 시작할 수조차 없다. 그래서 갓난아이처럼 여전히 엄마와 자신을 하나로 보면서 엄마의 인정이나 관심을 받으려고 애쓴다. 반대로 엄마에게 억눌린 아이는 자신을 엄마와 다른 존재로 인식하는 것이 막히고, 자신만의 욕구·바람·생각·감정조차 갖지 못한다. 두 경우 모두 아이의 심리적 욕구가 채워지지 못하며, 자아감을 확립하기도 어렵다. 만약 당신이 자신의 삶과 감정을 통제하는 문제로 끊임없이 씨름하고 있거나, 성공을 마음껏 즐기지 못한다면, 당신 역시 대부분의 나르시시스트 엄마의 딸들과 마찬가지로 분리와 개별화의 과정에서 여전히 고군분투 중인 것이다. 어쩌면 아직도 '온전한 나'를 찾고, 길러내는 과정에 있을 수도 있다.

나는 오랫동안 어딘가에 짓눌려서 작아지는 느낌이 들 때마다 버릇처럼 이렇게 되뇌곤 했다. "내가 이런 걸 어떻게 해?" 큰 프로젝트를 앞두거나 인생에서 중요한 결정을 내려야 할 때마다 그 말이 나도 모르게 튀어나왔다. 어느 날 문득 그 말이 단순한 언어습관이 아니라 훨씬 깊은 무의식에서 나온 것임을 깨달았다. 사귀던 사람과 헤어진 것 때문에 상담을 받고 있는데 상담 선생님이 내게 무심히 물었다. "그 남자와 헤어지고 싶은 거 아니었어요? 그런데 왜 아직도 그 남자의 집에서 사는 거예요? 혼자 살기엔 너무 크지 않아요?" 그때 나는 멍하고 얼떨떨한 상태로 이렇게 대답했다. "저 같은 사람이 어떻게 혼자 이사를 하겠어요." 그러자 선생님의 눈이 반짝 빛나더니 입가에 미소가 스쳤다. 나는 순간 방어적으로 변하고 짜증이 났지만, 선생님이 부드럽게 말을 이었다. "그게 바로 핵심이에요."

난 정말 "나 같은 사람이 이걸 어떻게 할 수 있겠어?" 느끼며 살아온 셈이다. 엄마와의 개별화 과정을 끝내지 못한 사람은 심리적으로 미성숙하며, 머릿속에 배운 것은 많지만 덩치만 큰 어린아이에 머문다. 정서적 자아가 위축되면, 신체적·지적·영적 자아가 자라더라도 그에 비례해 함께 성장하지 못한다. 온전한 내가 되기 위해서는 내면의 치유가 꼭 필요하다.

수년 전, 나의 무의식적인 말버릇을 또 하나 알게 되었다. 스트레스를 받으면 "엄마야"라는 말이 입 밖으로 튀어나온다는 것. 다행히 이제는 그런 말이 나오지 않지만, 그 당시 내가 얼마나 유아적이고 버려진 아이 같은 기분이었는지는 잊히지 않는다. 오늘 이렇게 글로 쓰면서 웃을 수 있는 건, 이제는 그 사실을 인정할 수 있고, 또 그 너머로 성장했다는 사실에 감사할 수 있기 때문이다.

엄마로부터, 또 당신의 어린 시절과 심리적으로 분리된다는 건 어떤 의미일까? 그것은 당신 내면에서 끊임없이 들려오는 "난 부족해" "난 사랑받을 자격이 없어" "난 나 자신을 믿을 수 없어"와 같은 부정적인 자기 대화를 떨쳐내는 일과도 연결된다. 이런 메시지들이 당신 안에 내면화되어 지금도 엄마가 했던 말처럼 들려오기 때문이다. 하지만 이제는 스스로 판단할 수 있을 것이다. 이미 몸에 완전히 밴 탓에 엄마가 안 해도 스스로 자신에게 끊임없이 되뇌는 그 메시지들이 무엇을 의미하는지 분별하고, 그것을 차단하며, 새로운 말로 덮어써라. 그렇게 하면 엄마답지 않은 엄마는 물론, 그녀가 계속해서 주입한 파괴적인 신념체계로부터 건강하게 분리될 수 있다. 그리고 자신을 독립적인 여성으로 인식하게 될 것이다.

** 그레이시(35세)는 개별화 과정에서 겪었던 고통을 선명하게 기억한다. "엄마와 별개의 사람이라고 느끼기까지 오랜 시간이 걸렸어요. 엄마와 저는 한 몸이었어요. 합쳐지면서 저는 엄마에게 녹아들어 사라져 버렸고, 그렇게 평생을 살았어요. 모든 건 결국 엄마 중심이었죠. 우리 사이에는 거리가 전혀 없었어요."

** 마리안은 가족과 가깝게 지내고 싶지만, 어렵게 쟁취한 자아감을 지켜야 했다. "엄마와 가족을 떠나 있으면 나답게 잘 지내요. 그런데 엄마와 가족 곁에 가면 예전 우리가 했던 역할 속으로 다시 빨려 들어가는 것 같아요. 그 속에서도 그냥 '나'로 남고 싶어요."

'분리'라는 말의 정확한 의미는?

심리학에서는 분리-개별화를 '자아감을 형성하고, 다른 사람과 차별화하는 과정'으로 설명한다. 진정한 성인이 되기 위해서는 누구나 원가족들로부터 개별화되는 과정을 거쳐야만 한다. 이 과정은 내면에서 일어나기 때문에 물리적인 거리와는 무관하다. 가족 치료의 권위자인 머리 보웬Murray Bowen 박사에 따르면, 성인이 이 개별화를 얼마나 이루었는지를 가늠하는 기준은 다음과 같다.

1. 가족 역학에 덜 감정적으로 반응한다.
2. 가족 역학을 더욱 객관적으로 바라볼 수 있다.
3. 성장 과정에서는 보지 못했던 '신화, 이미지, 왜곡, 삼각관계'를 자각하게 된다.

이전 장에서 인정하고 슬퍼하는 과정을 잘 거쳤다면, 우리는 이 단계를 성공적으로 밟아 나갈 수 있다. 보웬의 말을 들어보자.

> 타인의 시선을 의식하지 않고 자신을 관찰할 수 있는 능력, 그리고 감정적 반응을 조금이라도 조절할 능력을 갖추게 되면, 인생에서 맞닥뜨리는 온갖 감정의 얽힘을 풀어내는 데 큰 도움이 된다. 대부분의 경우 우리는 자연스럽고 적절한 감정 반응을 하며 살아간다. 그러나 언제든 한발 물러나 감정의 반응

을 가라앉히고, 자신과 상황을 객관적으로 관찰할 수 있다는 사실을 알고 있는 것, 그것이야말로 인생을 다스리는 힘이다.

엄마의 궤도에서 탈출하는 법

엄마의 궤도에서 벗어나는 것만이, 스스로 삶의 선택을 진정으로 주도하고 자신이 원하는 모습이 될 수 있는 길이다. 나는 내담자들에게 다음과 같은 세 단계를 밟도록 안내한다.

1. 엄마가 자신이 감정을 어떻게 딸에게 투사하는지 이해하기.
2. 엄마와 다른 사람들로부터 받는 시기심을 이해하고 감당하기.
3. 내면화된 부정적인 메시지를 뿌리 뽑기.

이제 이 세 가지를 좀 더 상세히 살펴보자.

투사

투사projection란 자신이 느끼는 감정을 다른 사람에게서 비롯된 것처럼 여기는 과정을 말한다. 마치 상대방이 그 감정을 시작한 것처럼 믿는 것이다. 사람들은 자기 내면의 고통이나 갈등을 제대로 다루지 못할 때 이를 다른 사람 탓으로 돌리며 투사를 한다. 나르시시스트 엄마의 딸들은 흔히 엄마의 투사, 즉 불안정한 자아와 자기 자신에 대한 깊은 혐오의 희생양이 된다. 딸은 엄마가 자신을 향해 쏟아내는 이 증오를 이해하지 못하고, 그것을 내면화하여 스스로 나쁘거나 충분히 괜찮지 못한 사람이라고 느끼게 된다. 이런 과정이 아주 어린 시절부터 시작되기 때문에, 딸에게는 그것이 지극히 정상적이고 실제적인 것처럼 느껴진다.

엄마의 시기심 다루기

나르시시스트 엄마의 딸들은 대개 엄마의 질투를 온몸으로 느끼며 자란다. 이제는 그 사실을 인정하고 이해할 때다. 흔히 질투의 대상이 되는 것을 매력적이고 힘 있는 경험이라고 여긴다. 하지만 현실은 그렇지 않다. 특히 자기 엄마에게서 질투를 받는 것은 섬뜩하고 끔찍한 경험이다. 엄마의 경멸과 비난은 딸의 자아감을 지워버린다. 딸의 선함은 의심받고, 나쁘다고 낙인찍히거나, 가볍게 취급되며, 결국 딸은 "한 인격으로서의 나의 현실이 지워진다"는 느낌을 받게 된다. 엄마가 자신의 외모, 성취, 부, 몸무게, 성격, 친구, 남편이나 남자친구, 아버지나 형제자매와의 관계에 대해 질투한다는 걸 곱씹다 보면 자신이 가치 없는 사람처럼 느껴진다. 엄마가 딸을 향해 그런 부정적인 감정을 갖는다는 사실은 딸에게 도무지 이해되지 않기 때문에, 딸은 결국 자기 자신에게 문제가 있다고 믿게 된다.

　이런 여성들은 보통 질투를 받는 사실을 인정하거나 그것을 터놓고 이야기하는 걸 매우 어려워한다. 누군가를 질투한다고 말하는 것은 흔하지만, 누군가가 나를 질투한다고 말하는 건 거만해 보일까 두렵기 때문이다. 이들은 엄마가 자신을 질투할 만큼 자기 안에 뭔가 좋은 점이 있다는 건 알지 못한 채, 그저 또다시 내가 뭔가 잘못했구나 하고 믿어버린다. 하지만 당신이 받은 질투는 실제였다. 엄마가 당신이나 당신이 한 일에 대해 남긴 구체적인 말이나 비난, 평가가 기억난다면 더욱 그렇다. 예전에는 그런 말들을 이해해보려고 애썼을지 모르지만, 지금부터는 그 말들을 글로 남겨 두는 것이 중요하다. 그것들을 구체적으로 기록해 두면, 왜곡된 말들이 당신에게 어떤 식으로 흘러들어와 깊은 상처를 남겼는지 분명히 볼 수 있을 것이다.

만약 엄마의 그런 말들을 오해라고 여기고, 자기 탓으로 돌리며 어떻게든 바로잡으려 애썼다면, 그 노력은 번번이 실패했을 것이다. 나르시시스트의 왜곡된 질투심을 고쳐주는 건 불가능하기 때문이다. 질투는 불안정한 엄마가 잠시나마 자기 자신을 덜 초라하게 느끼도록 만들어 줄 뿐이다. 엄마는 딸을 질투하며 비난하고 평가절하함으로써, 그런 딸을 자기 삶에서 지워버려야 자기의 불안정한 자존감이 덜 위협받게 된다. 질투는 나르시시스트가 흔히 사용하는 강력한 무기다. 아마 당신은 엄마가 다른 사람들에게 질투의 화살을 쏘는 모습을 본 적이 있을 것이다. 그러나 그 대상이 당신이 되어버리면, 무력감과 깊은 자기 의심 속으로 빠져들 수밖에 없다.

이 혼란에서 벗어나 질투를 있는 그대로 보기 위해서는,

자기 안의 선함과 강함을 인정해야 한다. 악의로 맞서거나, 복수하려 하지 마라. 당신이 질투의 대상이 되었다는 사실은 당신의 본모습과 아무 상관이 없으니, 결코 동일시될 필요가 없다. 상처와 슬픔은 있는 그대로 느끼되, 되받아치거나 보복하려 하지 않아도 된다. 당신 안에 있는 선함을 붙잡아라. 나와 상담한 여성 중 그런 복수심에 휘둘린 사람은 거의 없었다. 당신도 아마 그럴 것이다. 그래서 나르시시스트 엄마의 딸들이 가장 좋아하는 동화가 『신데렐라』라는 사실이 그리 놀랍지 않다. 신데렐라 역시 끊임없는 질투와 멸시 속에서도 자신의 선함을 지켜냈으니 말이다.

부정적인 메시지 뿌리 뽑기

부정적인 메시지를 없애려면 어떻게 해야 할까? 우선 다음의 물음에 답해보면서 당신이 결정을 내리는 방식을 생각해보자. 주로 신뢰할 수 있는 정보를 바탕으로 선택해왔는가? 그 정보는 대체로 믿을 만한 출처에서 온 것인가? 그 출처가 자격을 갖춘 사람, 조언이나 도움을 줄 만한 사람이라는 확신이 있었는가? 그 사람의 통찰이나 지식이 도움이 된 경험이 많았는가? 그 사람이 당신의 감정을 존중하고 진심으로 아껴주는 태도를 보여왔는가? 이런 질문들에 대해서 당신은 아마 대부분 '그렇다'라고 대답했을 것이다.

그렇다면 다음 질문은 바로 이거다. 어린 시절 내면화된 메시지들을 지금도 곧이곧대로 믿는 것이 과연 지혜로운가?

그 메시지는 당신에게 애정이나 공감을 보이지 못하고, 당신과 친밀한 정서적 유대를 맺지 못했으며, 자신의 감정을 당신에게 투사하고 때로는 당신을 질투하던 사람에게서 비롯된 것이다. 왜 그런 사람이 당신의 자아감을 규정하도록 내버려 두는가? 그 메시지의 출처가 어디인지, 그 사람이 어떤 사람인지 곰곰이 생각해보라. 이 점을 떠올리며 펜을 들거나 컴퓨터 앞에 앉아 어린 시절부터 들어온 부정적인 메시지를 적어보라. 한쪽에는 들었던 말들을 그대로 쓰고, 다른 쪽에는 왜 그것들이 진실이 아닌지 이유를 써보라. 그렇게 함으로써 당신은 자신에 대해 믿어온 '진실'을 새롭게 정의할 수 있다. 이를테면, "나는 충분히 괜찮지 않아"라는 믿음이 정말 사실일까? 누가 그렇게 말했는가? 당신이 충분히 괜찮은 사람이라고 인정해야 할 유일한 사람은 바로 당신 자신이다.

부정적인 메시지를 찾아내고, 그것이 왜 틀렸는지 분명히 밝혀냈다면, 다음에는 그 메시지가 떠오를 때마다 같은 과정을 반복하라. 그렇게 하다 보면 지금껏 가져왔던 오래된 메시지가 사라지고, 새로운 믿음이 하나씩 그 자리를 차지할 것이다. 당장 되지는 않겠지만 인내심을 가지고 하다 보면 결국 완성될 것이다.

오래된 메시지를 지우기가 어렵다면, 전문적인 도움을 청하는 것도 좋은 방법이다. EMDR을 활용하는 상담사와 함께라면 더 효과적일 수 있다. EMDR이 제대로 작동하려면, 상담사와 함께 각 부정적인 메시지를 살펴보고, 그 메시지와 얽혀 있는 외상 기억을 같이 다루어야 한다. 이렇게 해야 마음속 깊은 곳에 남아있는 상처를 조금씩 풀어낼 수 있다.

분리의 기준

진짜 자아가 성장하여 엄마의 궤도에서 벗어났다는 걸 어떻게 알 수 있을까? 어떻게 하면 엄마의 기능장애와 확실히 분리되어 당당히, 강인하게, 스스로 서 있다는 걸 알 수 있을까? 제임스 매스터슨James Masterson은 『진정한 자아를 찾아서』 Search for the Real Self에서 진짜 자아의 핵심 역량을 자세히 설명한다. 나는 이를 딸들의 경험에 맞추어 다음과 같이 풀어내고자 한다.

진짜 자아의 핵심 역량
1. 감정을 깊이 느끼고 표현할 수 있는 능력
생동감, 기쁨, 활력, 흥분, 자발성을 갖고 폭넓은 감정을 온전히 경험할 수 있다. 자기 진짜 감정을 차단하지 않고, 인간 감정의 전 영역을 무디게 만들 장벽을 세우지 않는다. 그리고 그 감정들을 적절한 방식으로 표현할 수 있다.

2. 자신에게 마땅히 주어져야 할 권리를 기대할 수 있는 능력
자기 회의에 빠져 불안해하지 않고 자기 자신에 대해 믿음을 갖는다. 정당하게 인정받을 만한 부분에서는 기꺼이 스스로에게 그 공로를 돌릴 수 있다.

3. 원하는 삶을 향해 나아가는 능력
자신의 꿈과 욕구를 인식하고, 그것을 이룰 수 있다고 믿으며 행동에 나설 수 있다.

4. 자기 존중 능력
자신이 존중받을 만한 존재임을 알고, 외부의 승인이나 세상의 평가와 상관없이 스스로를 인정할 수 있다.

5. 상처를 놓고 회복하는 능력
삶에서 고통스러운 상황을 만나더라도, 자신을 위로하고 그 속에 빠져 허우적대지 않으며 해결책을 찾아낼 수 있다.

6. 결심을 끝까지 지켜내는 능력
스스로에게 옳다고 믿는 결정이라면, 비난이나 좌절, 장애물을 뚫고 나가 끝까지 밀고 나갈 수 있다.

7. 창의력
문제의 해법을 찾아내고, 자원을 활용하며, 부정을 긍정으로 바꾸고 무디게 만들 수 있다.

8. 친밀감을 맺는 능력
가까운 관계 안에서 자신을 솔직하고 온전히 표현할 수 있다. 버림받거나 삼켜질 것 같은 불안 없이 자신을 개방하여 정서적 친밀감을 만들어낼 수 있다.

9. 혼자 있을 수 있는 능력
자기 자신과 관계를 맺고, 혼자 있는 시간을 즐기며, 그 안에서 의미를 발견할 수 있다.

10. 자기다움을 이어가는 능력
삶의 시련과 고난, 그리고 세월의 흐름 속에서도 내적 중심을 지키며 자기다움을 잃지 않는다.

아마 이렇게 생각할지도 모른다. '말은 좋아 보이지만, 나는 아마 안 될 것 같아….' 그러나 남은 장들은 위에서 말한 모든 것들을 이루어 갈 수 있도록 도와줄 것이다. 다만 회복은 평생에 걸친 작업이며, 이 모든 것을 한 번에 다 이룰 수는 없다는 것을 명심하라. 이제 엄마로부터 개별화를 이루어낸 여성들의 용기 있는 이야기들을 들어보자.

** 에린(40세)은 벅찬 마음을 드러냈다. "저는 '개별화 과정'이 뭔지 전혀 몰랐어요. 이 치료를 받으면서 비로소 알게 되었죠. 이제는 엄마를 보면서도 동시에 나 자신을 지킬 수 있어요. 이게 저에게 얼마나 큰 의미인지 말로 다 할 수 없어요."

** 애너벨(34세)은 그동안 시기 어린 눈총 때문에 너무 힘들었다. "질투라는 문제를 이해하게 된 게 제겐 정말 큰 전환점이었어요. 제 인생에서 엄마와 언니, 그리고 몇몇 여자 친구들의 질투는 늘 고통스러운 일이었거든요. 저는 늘 무언가 잘되거나 성취한 게 있으면 그들의 분노를 피하려고 꼭꼭 숨겨야만 했어요. 그런데 이제는 그들의 질투가 저랑 아무 상관이 없다는 걸 알았어요. 스스로 자랑스러워해도 되며 인정해도 된다는 것도요. 이게 저 자신에 대한 믿음을 세우는 데 얼마나 중요한지 몰라요. 예전엔 받아들여지려면 늘 스스로를 쥐어내려야 했는데, 이제는 그냥 '나'로 있을 수 있어요."

** 클로이(62세)는 자신의 성취가 엄마와의 관계 속에서 오히려 상처가 됐던 기억을 떠올렸다. "참 이상했어요. 엄마는 제가 뭘 잘 해내면 항상 꼬투리를 잡거나 잘난 척 말라며 딱 잘라 말씀하셨어요. 실수를 저지르면 잠잠하셨죠. 뭔가를 잘하지 못하면 더 좋아하시는 거 같았어요. 얼마나 마음이 아팠는데요. 그런데 이제는 엄마가 무슨 말을 해도 별로 중요하지 않아요. 그동안 엄마에게서 심리적으로 독립하려고 부단히 애를 썼고, 이제는 엄마가 저를 규정할 신뢰할 만한 근원이 아니라는 걸 압니다. 이제야 비로소 모든 게 이해돼요."

** 홀리의 엄마는 목사였다. 성인이 된 뒤 가족의 종교를 따르지 않았다는 이유로, 홀리는 늘 압박감과 '스스로 부족하다는 느낌'에 시달려 왔다. "이 회복 작업을 하면서 달라졌어요. 엄마가 아내로서 어떻게 살아야 한다는 성경 구절이 잔뜩 담긴 편지를 보내와도, 이제는 며칠씩 곱씹으며 무너지는 일이 없어요. 엄마의 믿음은 엄마의 것으로, 내 믿음과 영성, 삶의 방식은 내 것으로 받아들일 수 있게 됐어요. 이제는 모든 게 그저 담담하게 느껴져요. 드디어 제 삶의 주인이 된 것 같은 기분이에요."

** 조셋(39세)은 예전엔 엄마와 통화만 해도 며칠씩 울곤 했다. "엄마는 늘 제가 결코 충분하지 않다는 메시지를 주었고, 저는 그걸 고스란히 제 잘못으로 받아들였어요. 그런데 지금은 엄마가 신뢰할 만한 기준이 아니라는 걸 알아요. 엄마는 늘 자기 문제를 제게 떠넘겨 왔던 거예요. 여전히 그게 너무 슬프고 끔찍하다고 생각하지만, 이제는 그 짐을 제 것으로 안고 가지 않아요."

이제 다음 장으로 넘어가서 진정으로 가치 있는 여성으로서 당신이 지닌 고유한 자질에 더욱 집중해 보자.

나답게 피어나는 길

소중한 나

우리 안에서 행복을 찾는 것은 결코 쉬운 일이 아니다.
그러나 그 외 다른 곳에서 찾는 것은 아예 불가능하다.

— 아그네스 리플라이어Agnes Repplier,
  『보물 상자』Treasure Chest 중에서

우리는 오랫동안 엄마가 원하는 모습대로 강요받으며 살아왔다. 외모와 행동은 물론, 믿음과 가치관까지 엄마 뜻에 맞추어야 했던 세월이었다. 이제는 시선을 거둬, 진짜 내가 원하는 것이 무엇인지에 집중할 때다. 더는 엄마가 만든 이미지에 나를 끼워 맞추지 마라. 더는 엄마를 만족시키려고 당신의 내적 성장을 미뤄두지 마라. 이제 더 이상 겉치레 웃음을 예쁘게 짓고 살지 마라.

이 장에서 함께하려는 '즐거운 작업'에 들어가기 전에, 먼저 두 가지 중요한 과제를 짚고 넘어가야 한다.

- '내면의 보호자'를 세우고 강화하는 법
- '붕괴' 상태를 이해하고 다루는 법

이제부터 각 개념을 차례로 살펴보고, 회복에 필요한 방법들을 이야기해 보자.

내면의 보호자

내면의 보호자는 자신만의 보호 본능을 말한다. 당신에게 말을 걸며 사랑을 주고 돌보려는, 내면에서 우러나오는 목소리이다. 과거에는 엄마에게서 필요한 것을 받을 수 없다는 사실을 인정해야 했지만, 이제는 언제든 자신 안에서 내면의 보호자를 불러낼 수 있다. 내면의 보호자가 스스로 당신을 돌볼 수 있도록 안내해줄 것이다.

자신을 보살펴야 한다는 사실에 슬프거나 화가 날 수도 있다. 그러나 일단 그 감정을 직면하고 받아들이면, 그 너머 내면의 힘으로 연결되고 주체성을 느끼게 된다.

내면의 보호자가 제 목소리를 내게 하려면 우선 그 자리에 있도록 허락해야 한다. 사랑에 가득 찬 그 목소리가 내면에서 울리도록 두고, 그 소리에 귀 기울여야 한다. 우선 혼자 있을 수 있는 조용하고 아담한 장소에서 시작하는 것이 좋다. 욕조 안, 베란다, 서재, 혹은 산책길, 당신에게 맞는 곳이라면 어디든 괜찮다. 방해받지 않도록 하라. 이런 경험을 여러 번 하고 나면 어디에서는, 심지어 방해가 있어도 가능해진다. 그렇지만 처음에는 온전히 고요한 가운데 자신에게만 집중할 수 있도록 하라. 이때 일기장이나 메모지, 연필을 곁에 두는 것이 좋다.

처음에 할 일은 "나는 누구인가"라는 제목으로 목록을 작성하는 것이다. 그러려면 내면의 보호자가 당신이 지닌 많은 장점과 특징을 볼 수 있도록 허락해야 한다. 아래처럼 이를 하나씩 적어나가 보라.

나는 강하다.
나는 지적이다.
나는 현명하다.
나는 사랑이 넘친다.
나는 인정이 많다.

나는 공감할 줄 안다.

나는 부지런하다.

나는 활기가 있다.

나는 생산적이다.

나는 섬세하다.

나는 정직하다.

나는 신뢰할 수 있는 사람이다.

나는 재능이 많다.

나는 배려심이 있다.

나는 책임감이 있다.

나는 영적인 사람이다.

나는 내면과 외면이 모두 아름답다.

나는 건강하다.

그 후에는 "나는 장점이라고는 없다"와 같은 부정적인 메시지를 지워나가는 것이다. 진정 내면에서는 이미 그게 사실이 아님을 알고 있다. 당신이 허락한다면, 내면의 보호자가 목소리를 높여 당신 안에 있는 긍정적인 모습을 확인하고 검증해줄 것이다. 그래도 만약 부정적인 메시지가 가시지 않는다면, 다시 첫 단계로 돌아가 애도하고 트라우마를 더 다루어야 한다는 신호로 보면 된다. 앞서 이야기한 바와 같이 충분한 애도 과정을 거치지 않으면 새로운 긍정 메시지는 결코 뿌리내릴 수 없다.

이 목록이 바로 내면의 보호자와 함께하는 출발점이다.

그녀와 함께 시간을 보내는 연습을 해라. 보호자에게 자주 말도 걸어라. 그러면 위로의 말로 당신 마음을 어루만져 해 줄 것이다. 나는 종종 내담자들에게 자신을 두 살짜리 아기처럼 대하라고 말한다. 부드럽고, 친절하고, 사려 깊고, 다정하게 대하라. 당신은 그럴 자격이 있다. 어떻게 해야 할지 모르겠을 때는, 똑같은 감정이나 어려움에 빠진 어린아이를 내면의 보호자가 어떻게 대할지를 떠올려보라. 그리고 그대로 자신을 대하라. 나는 두 살배기 아이를 떠올릴 때면, 아이를 들어 안고서 무한한 사랑과 관심으로 정성스레 돌봐주는 장면을 떠올린다. 당신 내면의 보호자도 크게 다르지 않을 것이다.

내면의 보호자와 대화하는 연습을 거듭하다 보면, 곧 내 안의 여러 자아 me, myself, and I로 이루어진 하나의 작은 위원회를 이루는 듯한 내적 감각이 생긴다. 그 위원회의 중심에는 내면의 보호자가 있다. 나는 내담자들에게 이렇게 말하곤 한다. "무언가 어떻게 해야 할지 몰라서 다른 사람에게 도움이나 조언을 구하고 싶어질 때가 바로 내면의 보호자를 단련하고 강하게 만들 기회입니다." 그럴 때 안으로 향해, 내 안의 위원회로부터 직관적인 답과 위로를 찾아보라. 그렇게 대화를 이어갈수록 당신은 더욱 강해지고 자신감 있게 설 수 있다. 이 보호자는 결코 당신을 저버리지 않을 것이다.

특히 내면의 힘이 모두 빠져나가는 '붕괴'Collapse를 겪을 때, 내면의 보호자를 더욱 필요로 하게 될 것이다.

붕괴

나르시시즘이 심한 사람들은 흔히 '자기애적 상처'narcissistic injury라는 경험을 한다. 이는 『정신질환의 진단 및 통계 편람』에서 정의된 개념으로, 자기애적 성향이 깊은 이들이 겪는 특유의 심리적 타격을 뜻한다.

** 자기애성 인격장애가 있는 사람들은 자존감의 취약성 때문에, 비판이나 패배로 인한 '상처'를 민감하게 받아들이고 매우 예민하게 반응한다. 겉으로는 티 내지 않을 수 있지만, 비판은 그들을 괴롭히며 굴욕감, 모멸감, 공허함과 같은 느낌을 오래도록 남긴다. 그러다 결국 경멸이나 분노를 드러내거나, 반항적인 방식으로 맞서려 들 수 있다.

이런 감정에 휩싸인 나르시시스트들을 본 적이 있는데, 상처를 극복하는 데 매우 오랜 시간이 걸렸다. 이런 사람들은 대개 억울해하며 자신에게 그런 상처를 준 사람에게 앙갚음하려고 한다. 복수심에 불타서 상대에게 문제를 일으키려 하고, 절대로 잊거나 용서하지 못하는 모습을 보인다. 나르시시스트 엄마 밑에서 자란 대부분 여성도 이와 매우 유사한 상태를 경험하는데, 그보다는 훨씬 약한 형태로 나타난다. 이를 '붕괴'라 한다. 이때는 마치 자존감이라는 풍선이 터져서 공기가 모두 빠져나간 것처럼 느껴지며, 다시 회복하고 풍선을 채우기까지 어느 정도 시간이 필요하다. 이 반응은 자기애적 상처와는 다르다. 오래가지 않으며, 딸은 비교적 빨리 잊거나 용서할 수도 있으며, 오랫동안 괴롭거나 굴욕감에 시달리지 않는다. 또 대부분 복수해서 되갚아주려고 이를 갈지도 않는다.

딸이 경험하는 '붕괴'는 엄마에게서 어릴 때부터 반복적으로 무시와 모욕을 당해온 내적 예민함에서 비롯된다. 회복 과정에서 이 현상이 나타날 때는, 순간적으로 어린 시절로 되돌아간 듯한 퇴행을 경험한다. 오래된 기억이 현재 상황을 과장해서 훨씬 큰일처럼 느껴지게 만드는 것이다. 이런 '도미노 효과'는 내적 '붕괴'로 이어지며, 이는 흔히 '외상 후 스트레스 장애'PTSD에서도 설명되는 현상이다. 『정신질환의 진단 및 통계 편람』에서는 다음과 같이 설명한다.

> 외상 경험이 다음과 같은 방식으로 끊임없이 되살아난다. (…) 과거의 사건을 상징하거나 떠올리게 하는 내적·외적인 단서에 노출될 경우 극도의 심리적 고통을 받는다. (…) 과거의 사건을 상징하거나 떠올리게 하는 내적·외적인 단서에 노출될 경우 생리적인 반응이 뒤따른다.

즉, 나르시시스트 엄마에게서 자란 여성들은 어떤 것을 계기로 어린 시절의 상처를 떠올리게 되면 '붕괴'를 겪는다. 그 순간 이들은 다른 사람들의 인정을 절실히 찾으며, 상태를 호전시켜 달라며 간절하게 보일 정도로 매달리고 싶어진다. 의존적으로 행동하고 싶은 충동이 드는 것이다. 그렇지만 내면의 보호자에 대해 알고 있다면 이럴 때 어떻게 행동할 수 있을까? 다른 사람들에게 구원의 손길을 요청하는 대신 당신 내면의 보호자에게 달려가 지지와 위안을 찾는 방식으로 다룰 수 있다.

내담자들을 만나본 결과, 나르시시스트 엄마를 둔 딸들이 '붕괴'라는 용어는 모르지만 이를 자주 겪는다는 것을 알 수 있었다. 펠리시티가 내게 구구절절 늘어놓은 다음 얘기를 들어보라.

** 얼마 전 손님 한 분과 집 안에 앉아있었어요. 그런데 자기 부하직원이 우리 집에 들러 급여 봉투를 받아갈 거라고 하는 거예요. 조금 이상하다곤 생각했지만 별로 신경 쓰지 않았어요. 곧 부하직원이 실제로 집에 왔고, 전 처음 보는 사이였지만 반갑게 맞으며 가벼운 대화를 나누고 음료수를 대접했죠. 그녀는 10분 정도 머물다 떠났고, 저는 배웅을 하면서 만나서 반가웠다고 했어요. 그런데 그녀가 저에게 이렇게 말하는 거예요. "사모님에게 문제가 조금 있긴 했지만, 어쨌든 저도 즐거웠어요." 전혀 모르는 사람에게서 갑자기 그런 부적절한 말을 들으니 충격을 받았어요. 문제가 있는 건 제가 아니라 그 사람 아닌가요? 별별 생각이 다 들었어요. 본능적으로 그 말이 그녀 개인적인 사정 때문이라는 걸 알았지만, 그 순간은 뒤통수를 얻어맞은

것처럼 아팠고, 온종일 기분이 좋지 않았어요. 선생님, 왜 저는 모르는 사람의 부적절한 말 한마디에도 이렇게까지 흔들리는 걸까요?

펠리시티는 과거 엄마와의 관계에서 늘 착하고, 친절하게 굴고, 올바르게 하려고 애쓰며, 모든 면에서 잘하려 했음에도 끝내 "넌 부족해"라는 평가를 받았던 기억이 떠올랐다. 일상의 작은 사건 하나가 도미노처럼 연쇄 반응을 일으키며 '붕괴'가 일어난 것이다. 그녀는 나에게 털어놓음으로써, 즉 자기 자신이 아닌 외부로부터 인정을 받음으로써 위로를 얻으려 했다. 이는 외부의 인정에 의존하는 방식이었지만, 시간이 흐르며 점차 이런 상황들을 스스로 다루는 법을 배워나갔고, 그것이 곧 그녀의 회복 과정이었다.

이제 '붕괴'가 무엇인지 알게 되었으니, 그것이 당신에게 찾아올 때 더 잘 대처할 수 있을 것이다. 앞으로 일주일 동안 자신의 반응을 유심히 살펴보고, 실제로 붕괴가 몇 번 일어나는지 기록해보라. 이렇게 의식이 높아질수록 당신은 점점 더 강해질 것이다. 당신은 당신 자신의 주인이다.

크리스탈은 또 다른 붕괴 순간을 이렇게 설명했다.

** 제가 볼일이 있어 잠시 외출하는 동안 몇 시간 아이를 봐줄 수 있는지 물어보려고 친구네 집에 들렀어요. 우리는 늘 일이 있을 때 서로 아이를 봐주곤 했거든요. 그런데 그날은 베스가 세탁할 게 있다면서 얼마나 봐

줘야 하는지 물어보더라고요. 그게 전부였어요. 베스는 단순히 시간을 확인하려고 질문한 거였을 뿐인데, 저는 그걸 곧장 '내가 부담스러운 존재라 돕기 싫다'는 뜻으로 받아들였어요.

크리스탈의 경우, 친구는 건강한 경계를 지닌 사람이었고 그 질문도 전혀 부적절하지 않았다. 그러나 그 말은 크리스탈 안에 '엄마에게 짐이 된다'고 느꼈던 기억을 건드렸고, 그녀는 며칠 동안이나 강렬한 반응을 겪어야 했다.

붕괴는 또 다른 문제를 불러올 수도 있다. 조앤(36세)의 사례가 이를 잘 보여준다.

** 우리는 가족 바비큐 자리에서 늘 하던 대로 티격태격 장난을 치고 있었어요. 그런데 그날 오빠가 대뜸 제가 살이 쪘다면서, 엉덩이가 커 보인다고 하더라고요. 오빠는 평소에도 제 몸매를 두고 "너 혹시 제니퍼 로페즈 흉내 내는 거 아냐?"라고, 자기식대로 말하자면 '제이 로J-Lo 스타일'〔힙도 크고 몸매 좋은 사람을 두고 하는 말)이라며 놀리곤 했어요. 그런데 그날은 그냥 "커졌다Big!"라고만 해서 정말 상처가 됐어요.

저는 언니에게 가서 하소연했는데, 언니는 "아니, 왜 그걸로 기분 나빠해? 걘 그냥 철없는 애잖아. 누가 네 엉덩이에 대해 뭐라고 하든 무슨 상관이야? 그냥 넘겨버려."라고 하더군요. 그 순간 전 오빠 때문에 속상했을 뿐 아니라, 제 기분을 받아주고 공감해주지 않은 언니에게도 화가 났어요.

그런데 가장 힘들었던 건, 그 일이 일주일 내내 머릿속에서 떠나지 않았다는 거예요. 어린 시절 엄마가 제 몸매에 대해 끊임없이 비난하고 흉보던 기억이 너무도 선명하게 되살아났거든요.

조앤의 일주일간 이어진 붕괴 경험은 흥미롭다. 처음엔 오빠의 말에 상처받았고, 이어서 고통에서 구해주지 않은 언니 때문에 화가 났다. 그러나 그 순간 내면의 보호자를 물러내 스스로를 위로했다면, 훨씬 빨리 고통에서 벗어날 수 있었을 것이다. 그런데 조앤은 자신의 감정을 확인받지 못한 채 일주일이나 마음 아파하다가 그다음 주 상담시간에 와서야 그 과정을 밟았다. 물론 도움을 구하는 건 중요한 일이고 가끔은 그럴 필요가 있다. 하지만 내면의 보호자, 즉 자기 자신을 지탱하는 힘을 기르면 그렇게 긴 시간을 괴로움에 묶여 있지 않아도 된다.

예민한 아이

나르시시스트 엄마에게서 자란 딸들은 가족들 사이에서 '예민한 아이'로 낙인찍힌 채 산다. 다른 사람이 한 말이나 행동에 자신이 지나치게 반응한다는 이야기를 지긋지긋하게 듣는다. 이 여성들은 과거에 묶여 있는 이 굴레에서 벗어나기 위해 애를 써야 한다. 과거를 떠올리게 하는 자극 앞에서 잠시 무너지는 건 지극히 정상적인 반응이다. 그 사실을 알면 덜 화가 나고 덜 혼란스럽다고 느낄 수 있다. 그런 반응을 알아차리고 이해하면 감정을 잘 처리할 수 있고, 같은 일이 반복되지 않도록 막을 수도 있다. 그렇지 않으면 자신을 윽박지르며 "넌 원래 예민한 애잖아"라는 오래된 대본을 또다시 믿어버리고, 사소한 일에도 흔들리는 자신을 탓하게 될 것이다.

** 데이드라(35세)의 가족들은 데이드라가 감정 표출하는 걸 싫어했다. "우리 집에서는 감정이란 게 대체로 허용되지 않았어요. 제가 무언가를 느끼고 표현하려 하면, 늘 '넌 너무 예민하다'라는 말을 들었죠. 그 말에 보통은 곧바로 입을 닫게 되었지만, 마음속에 남아 있는 감정들을 어떻게 처리해야 할지는 알 수가 없었어요."

** 멜로디(42세)는 자신의 감정에 충실해지고 싶다고 말했다. "사람들이 저보고 '너무 예민해'라고 할 때 정말 진절머리가 나요! 어릴 때 제가 조금이라도 감정을 드러내면 엄마는 항상 그렇게 말했었죠. 그건 사실 엄마가 타인의 감정을 감당하지 못했기 때문에 제 감

정을 허용하지 않았던 거예요. 지금은 남편이나 아이들이 똑같이 말할 때가 있는데, 그럴 때면 정말 한 대 때려주고 싶은 마음이에요. 저는 있는 그대로의 나로서 느끼는 감정을 인정받고, 그런 감정 때문에 괴로워하는 일을 그만두고 싶어요."

이제 왜 내면의 보호자에게 힘을 실어주어야 하는지 알겠는가? 자신이 주기적으로 심리적 붕괴 상태에 빠질 가능성이 있음을 알게 되었으니, 이제부터는 당신 자신을 재창조할 준비가 된 것이다. 이전 장에서 그 고통스러운 단계를 밟았기 때문에, 이 장의 나머지 부분은 좀 더 즐겁고 흥미로울 것이다. 이어지는 연습에는 오직 당신 자신의 승인과 어떤 상황에서도 늘 당신 편에 서 있는 '내면의 보호자'의 승인만 있으면 된다. 이제까지는 '모든 것이 엄마 중심'이었기에 감춰두었던 당신의 열정과 취향을 발견할 수 있을 것이다. 스스로에게 이런 질문들을 던져보라.

- 내가 가장 소중히 여기는 것은 무엇인가?
- 무엇이 나를 행복하게 하는가?
- 무엇이 내게 가장 깊은 충만함과 성취감을 주는가?
- 내가 열정을 쏟을 수 있는 분야와 나의 재능은 무엇인가?

나는 정말 누구인가?

나르시시스트 엄마의 딸들은 엄마와 가족 체계의 강요로 뒷받침하는 역할을 맡으며 살아왔기 때문에, 자신이 누구인지, 무엇을 좋아하는지 잘 모르겠다고 말하는 경우가 많다. 이들은 타인을 위해 희생하는 데 익숙해져, 자신에게 건강하게 집중하는 법을 배우지 못했다. 내 내담자인 메이도 이렇게 말했다. "엄마에게서 받은 메시지는 내가 엄마가 원한다고 생각하는 일을 할 때만 사랑받는다는 거였어요. 그래서 나답게 살아보려고 해도, 정작 내가 누구인지 잘 모르겠어요."

나답게 살기 위해서는, 먼저 내가 무엇을 좋아하고 무엇을 믿는지 기본적인 것부터 아는 것이 중요하다. 그래서 아래 두 가지 연습을 제안하고자 한다.

여성 콜라주 만들기

콜라주 만들기는 자신을 다른 시각으로 들여다보기 시작하는 데 도움이 된다. 우선 커다란 종이와 여성 잡지 몇 권을 준비한다. 당신이 닮고 싶은 여성의 모습이 나올 때까지 잡지를 뒤져라. 어떤 모습을 고르는지 유심히 살펴야 한다. 그것이 정말로 내가 원하는 모습인지, 아니면 엄마나 다른 누군가가 내가 되어야 한다고 생각하는 모습인지 말이다. 그중에서도 당신이 긍정적으로 여기고 성숙한 여성성을 상징한다고 믿는 이미지, 즉 '진짜 나'와 내가 되고 싶은 모습을 대표하는 이미지나 사진만 잘라내라. 그렇게 모은 이미지들을 종이에 붙여 콜라주를 만든다. 이 훈련은 스스로를 재창조하고 발견해가는 여정에서 내가 어디로 가고 있는지를 알게 해줄 것이다.

내가 가장 가치 있다고 생각하는 것은 무엇인가?

이 연습은 내가 무엇을 믿고, 무엇을 좋아하는지를 스스로 상기하는 데 도움이 된다. 자신이 바람직하다고 생각하고 좋아하는 신념 목록을 만들어라. 내가 먼저 시작할 수 있는 목록을 제시할 테니, 거기에 더해 당신이 집중하고 싶은 신념들을 추가하면 된다. 각 항목은 단순하고 사소해 보이는 것부터, 삶을 좌우하는 커다란 철학까지 섞여 있다. 항목마다 당신의 스타일, 선호, 혹은 신념을 적는 것이 과제다.

- **교육**: 자신이나 가족의 교육에 관한 신념과 철학
- **정치**: 정치적 신념
- **종교**: 종교적 믿음
- **양육관**: 아이를 어떻게 키우고 싶은지, 엄마로서 우선순위는 무엇인지
- **연인 관계**: 연애·사랑에서 가장 중요하게 여기는 것

- **남성관**: 이상적인 남성상은 누구이며, 그의 특성은 무엇인지
- **친구**: 어떤 유형의 친구에게 끌리는지
- **영화**: 가장 좋아하는 영화의 유형
- **책**: 가장 좋아하는 책의 유형
- **장신구**: 선호하는 장신구 스타일
- **패션**: 선호하는 옷차림
- **차**: 아무 차나 두 대를 살 수 있다면 어떤 차를 고를지
- **건축과 집**: 어떤 건축양식과 집을 좋아하는지
- **가구**: 좋아하는 가구의 종류
- **보석**: 좋아하는 보석
- **날씨**: 좋아하는 날씨
- **지리**: 좋아하는 풍경
- **계절**: 가장 좋아하는 계절과 그 이유
- **나의 플레이리스트**: 즐겨 듣는 음악 취향
- **운동할 때 듣는 음악**: 좋아하는 댄스 음악
- **취미 활동**: 가장 좋아하는 여가 활동
- **놀이**: 순수하게 재미를 느끼는 활동
- **운동**: 좋아하는 운동 종류
- **TV 프로그램**: 즐겨보는 TV 프로그램
- **음식**: 가장 즐겨 하는 요리와 자주 먹는 음식
- **레스토랑**: 가장 선호하는 외식 장소
- **쇼핑**: 가장 자주 가는 쇼핑 장소
- **휴가**: 이상적인 휴가 계획
- **운동**: 가장 즐겨 하는 운동

- **관람하는 스포츠**: 가장 즐겨보는 스포츠
- **색깔**: 입거나 꾸밀 때 가장 좋아하는 색
- **섬유**: 입거나 꾸밀 때 가장 좋아하는 소재
- **꽃**: 좋아하는 꽃
- **대화**: 누구와 어떤 주제의 대화를 가장 좋아하는지
- **선호하는 연령대**: 함께 어울리기를 가장 좋아하는 연령대

항목은 계속 늘려 가면 된다. 이 연습의 목적은 오로지 당신의 생각, 욕구, 선호, 신념, 가치 등을 기록하며 자신을 돌아보는 것이다. 우리는 좀처럼 이런 걸 시간 내서 따로 생각하지 않는다. 그러나 질문을 늘려 가고 답해보는 과정을 거치다 보면, 자신만의 고유한 '색깔'이 얼마나 풍부한지, 또 이미 자신에 대해 얼마나 잘 알고 있는지를 깨닫고 놀라게 될 것이다.

내가 충분히 괜찮은 사람이라면

이번 작업은 특별히 시간과 정성을 들이면 아주 유용한 결과를 낳는다. 일기장 맨 위에 '내가 충분히 괜찮은 사람이라면'이라고 써라. 그리고 '내가 충분히 괜찮은 사람이라면, 나는 ~을 할 것이다'라는 식으로 적어나가라. 최소한 열 가지는 채워라. 나는 매년 이 작업을 하는데, 해마다 달라지는 목록을 보면서 늘 놀라곤 한다. 이 작업은 내면에 자리한 오래

된 부정적 메시지를 물리치고, 그것들이 더 이상 당신의 삶을 좌지우지하지 못하게 하는 데 아주 유용하다.

다 적고 나면 당신을 아끼는 누군가에게 읽어주고 반응을 살펴라. 또 내면의 보호자가 그 내용을 받아들일 수 있도록 하라. 그리고 목록에 적힌 일들을 실제로 실행에 옮겨라.

기억력 훈련에서 흥미 찾기

내담자들에게 무얼 좋아하는지 물었는데 잘 모르겠다고 대답하는 경우가 많아 늘 안타깝다. 혹시 당신도 좋아하는 게 무언지 모르겠다면 조용히 묵상하는 시간을 갖고서 어린 시절에 자신이 무얼 좋아했는지를 떠올려보라. 무얼 가지고 놀았는가? 때로는 어린 시절의 활동을 현재의 관심사에 잘 맞는 성인기의 활동으로 이어갈 수 있다. 나 같은 경우는 일곱 살도 안 되었을 때를 떠올렸다. 그때 시골에 살면서 셰틀랜드 포니라는 조랑말을 타고 다녔다. 난 말과 시골을 좋아했는데, 그 기억은 컨트리 댄스나 컨트리 뮤직을 떠올리게 했고, 나는 다시 그 활동에 푹 빠져들었다. 그래서 이 두 가지가 지금도 가장 좋아하는 취미 활동이다. 또 어릴 때 종이 인형 놀이를 좋아했던 걸 떠올린 이후 옷과 패션에 관심 가지게 되었다. 이런 기억하기 연습을 직접 해보고 무엇이 떠오르는지 살펴라.

당신이 무엇에 관심이 있는지 알고는 있지만, 그것을 탐

구하거나 즐길 시간을 자기 자신에게 허락하지 않을 수도 있다. 나답게 살기 위해서는 마음속의 어린아이를 불러내어 웃고, 진심으로 즐거운 시간을 보낼 수 있어야 한다. 더 이상 이 핵심적인 부분을 억누르지 말라. 당신만의 그것을 찾아내라. 여가로 삼는 취미는 물론, 순수하게 즐기며 몰입할 수 있는 활동도 찾아내라. 나의 경우 뮤지컬 관람은 여가의 즐거움이고, 좋아하는 음악에 맞춰 마음껏 춤출 때는 '주체할 수 없이 즐거운 순간'을 느낀다. 어떤 사람은 사흘 동안 야생에서 암벽등반을 즐길 수 있고, 또 다른 사람은 고급 호텔에서 보내는 휴가를 더 좋아할 수도 있다. 무엇이 당신에게 즐거움과 만족을 주는지, 또 무엇이 주체할 수 없이 웃음이 터지는 진짜 즐거움인지 찾아내라.

구체적인 관심사를 찾아냈다면, 이제 그것을 삶의 일부로 넣기 위해 일과를 조절해야 한다. 당신은 갑자기 피아노나 댄스, 또는 스키 레슨을 받아야겠다는 생각이 들지도 모른다. 내 한 내담자는 최근에 벨리댄스를 시작했는데, 운동도 되고 웃으며 즐거운 시간을 보내고 있다. 집에서 연습할 때는 남편도 좋아한다. 만일 좋아하는 걸 찾았는데도 같이 할 사람이 없다면 어떻게 해야 할까? 그런 경우라면 혼자서라도 반드시 해보는 것이 좋다. 영화 보러 가기, 춤추기, 하이킹, 산책 등 그게 무엇이든 혼자 해보라. 자신과 보내는 시간은 자기 이해와 자립심을 키우는 데 아주 중요하다. 혼자 있는 시간이 사치처럼 느껴질 수 있지만, 마음의 상처를 치유하는 데 자신의 관심사에 시간을 쓰는 것이 극도로 중요하다는 걸 다시 한번 강조하고 싶다.

나이는 결코 걸림돌이 되어서는 안 된다. 내게 상담하러 오는 사람들 가운데는 50대, 60대, 70대가 되어서야 늘 하고 싶었던 일을 시작하고, 그 안에서 큰 기쁨을 발견하는 이들도 있다.

일기장에 진정으로 흥미를 느끼는 목록을 계속 적어 나가라. 힘들고 고통스러운 과정을 거쳐야 할 때마다 그 목록을 다시 살펴보며, 회복의 또 다른 측면에서 격려를 얻을 수 있다. 회복에는 반드시 즐거움이 있어야 한다. 그러니 이 부분을 놓치지 말라. 자신에게 친절을 베푸는 것은 다른 누구도 아닌, 당신과 당신의 내면의 보호자만이 꾸준하고 확실하게 줄 수 있는 선물이다. 스스로에게 허락하라. 자신을 돌보고 즐기는 일을 이기적이라고 믿는 함정에 빠지지 말라. 오히려 그것은 회복에 꼭 필요한 과정이다.

이기적이라는 착각

회복 과정에 있는 많은 여성은 나르시시스트 엄마와 가부장적 문화 속에서 자라며, 자신의 욕구에 집중하는 것은 이기적인 행위라고 배워왔다. 여성은 언제나 타인의 '돌봄 제공자'로서 늘 무언가를 내어주는 역할을 요구받았다. 나르시시스트 엄마들은 또 딸이 사랑받고 돌봄을 받을 자격조차 없는 것처럼 대했다. 그러나 자신에게 없는 것을 줄 수 있는 사람은 없다. 사랑과 에너지가 충만한 사람만이 자신을 소진하지 않고도 다른 이들에게 기꺼이 그것을 나눌 수 있다. 그들의 내적 연료통이 가득 차 넘쳐흐르고 충전되어 있어, 남을 위해 쓸 에너지가 남아 있는 것이다. 반대로 당신의 영혼과 에너지가 만성적으로 고갈되어 있고, 불행하며 충만하지 못한 상태라면, 타인을 돌보는 일은 어려워질 수밖에 없다. 개인 코치이자 코치 대학Coach University 설립자인 토마스 레너드 Thomas J. Leonard는 이를 가장 잘 표현했다.

> 창의성과 탁월함에는 이기심이 필요하다. 진화도 마찬가지다. 무언가를 붙잡았나고 확신할 때—어떤 쫑류든 돌파구가 될 가능성이 보일 때—그 순간에는 가장 순수한 집중과 몰입이 요구된다. 집단의 부름에 응답하기 전에, 먼저 마음과 정신의 부름에 응답해야 한다. 합리적이고 책임감 있는 이기심은, 오히려 당신이 아끼는 모든 이들에게 장기적인 혜택을 가져다줄 수 있음을 기억하라.

신체 건강

나는 의사는 아니지만, 신체 건강의 중요성을 언급하지 않고는 이 장을 완성할 수 없다. 어떤 여성들은 자신을 학대하고 자기파괴적인 행동을 일삼아서 건강이 심각한 수준에 이르기도 한다. 몸을 건강한 상태로 유지하는 일은 의무사항이라는 점을 분명히 숙지해야 한다. 건강하지 않은 신체에는 건전한 정신이 깃들 수가 없는 법으로 회복이 어렵다. 여기서는 회복 단계에 반드시 포함해야 할 일반적인 건강 영역에 대해 몇 가지 사항만 나열하겠다. 아래 목록 중에서 한두 가지라도 챙기지 않고 있다면, 그 이유가 무엇인지 자문해보고, 그 장벽을 어떻게 극복할 수 있을지 살펴보라. 만약 중독처럼 혼자 해결하기 어려운 문제라면, 필요한 도움을 받을 수 있도록 추가적인 회복 프로그램을 찾아 참여하라. 아래 목록은 가정의학과 전문의 제임스 그레고리 James Gregory, M.D.와 상의한 뒤에 정리한 것이다.

- 연령에 맞는 일반 검진을 포함해 철저한 병력 조사를 바탕으로 종합 건강검진을 받고, 개인별 건강 계획을 세워라. 예를 들어 50세 이후에는 대장내시경, 60세 이후에는 골밀도 검사가 필요하다.
- 균형 잡히고 영양이 풍부한 식사를 하라.
- 하루에 1.4리터 이상의 물을 충분히 마셔라.
- 주 3회 이상, 한 번에 최소 30분씩 규칙적으로 운동하라. 전신 건강을 위한 유산소 운동뿐 아니라, 골밀도 유지를 위한 웨이트 트레이닝 같은 근력 운동도 병행하라.
- 정기적으로 치과 검진을 받고, 일 년에 두 번은 스케일링을 하라.
- 밤에 충분히 수면을 취하라. 수면 시간은 개인차가 있지만, 의사들은 보통 약 7~8시간을 권한다. 낮 동안 피곤하다면 더 자

야 한다는 뜻이고, 하루를 활기차게 보낼 수 있다면 충분히 자고 있다는 것이다.
- 과도한 섭취를 삼가라. 과식, 과음, 흡연, 약물 복용 등은 장기적인 건강에 치명적이다.

재능 찾기

다음으로 살펴볼 영역은 재능이다. 누구나 자신만의 재능을 갖고 태어난다. 그게 무엇인지 알아내고, 원한다면 그것을 따라가는 것은 당신의 몫이다. 나는 상담을 하면서 타고난 재능을 지녔지만, 자기 자신을 믿지 못해 한 번도 그것을 추구하지 못한 여성을 많이 보았다. 엄마의 과시욕 때문에 자신의 재능을 알면서도 숨기거나, 지금은 지쳐서 그 능력을 더 이상 쓰지 않는 경우도 있었다. 자신의 재능을 아예 모르는 여성들도 있었다.

당신에게 특별한 재능이 있고 그것을 쓰고 싶다면, 다시 시도하고 추구하라. 재능을 꽃피우는 걸 가로막았던 엄마와의 기억 때문에 이를 따르지 못하거나 다시 붙잡지 못하고 있다면, 그 기억을 애도하고 치유하라. 그리고 피우지 못한 그 꽃을 이제는 피워보라. 삶은 길지 않고 당신에게 그런 재능이 있다는 데에는 분명 이유가 있다. 유명인사가 되어 이름을 떨치지 않아도 괜찮다. 무엇을 하든 충분히 의미가 있다. 이 연습은 다른 누구를 위한 것이 아니라 오직 당신 자신을 위한 것이다. 내 내담자 중 한 여성은 예술적 재능이 뛰어났지만, 그림을 팔거나 갤러리를 열고 싶지는 않았다. 대신 동네 학교의 미술 수업에서 자원봉사로 수업을 하며 자신의 재능을 펼쳐갔고, 그 경험을 무척 즐거워했다. 또 다른 여성은 목소리가 매우 아름다웠는데, 교회 성가대에서 노래하기 시작했다. 이처럼 재능을 발휘하는 방법은 무궁무진하다. 이제 당신을 드러내고 재능이 마음껏 꽃피우도록 허락하라.

열정을 마음껏 누리기

모든 사람이 열정적으로 사는 것은 아니다. 하지만 마음속에 열정이 있다면, 당신의 흥미를 돋우고 목적의식을 심어줄 세계로 주저 말고 들어가 보라. 그것을 시도해 보지 않고 허송세월 시간을 흘려보내지 마라. 당신의 영혼을 흔드는 무언가를 반드시 탐구해야 한다. 최고가 될 필요는 없다. 원한다면 최고를 향해 나아가도 좋지만, 이제 그것은 전적으로 당신의 선택이다. 당신은 무엇이든 해볼 자격이 충분히 있다. 당신은 자신의 인생 여정을 스스로 운전하는 사람이다.

나는 춤을 좋아했다. 지난 몇 년 동안 틈만 나면 춤에 빠져 살았다. 이 책을 마무리하고 나면, 가능한 모든 방식으로 또다시 춤의 세계에 뛰어들 계획이다. 이 열정 덕분에 나는 은퇴 후에도 내가 진심으로 사랑하는 일을 하며 지낼 수 있을 것이다. 나는 당신도 그럴 수 있기를 바란다.

이제 수첩을 펴고, 당신에게 생기를 불어넣고 흥분을 주는 것이 무엇인지 전부 적어보라. 깊숙한 내면에서 우러나오는 관심사와 욕망은 무엇인가? 혹시 열정의 대상이 없다고 느낀다 해도, 억지로라도 그것을 찾아보라. 그것은 사회적으로 의미 있는 것이어도 좋고, 전적으로 당신 자신만을 위한 것이어도 좋다. 무언가를 수집하거나, 읽거나, 요리하거나, 기록하는 일일 수도 있다. 바느질, 스크랩북 만들기, 퀼트, 달리기, 암벽 등반, 하이킹 등 무엇이든 괜찮다.

이 장에서 제시한 연습들을 해나가다 보면, 처음에 던졌던 중요한 질문들에 대한 답에 조금 더 가까워졌을 것이다.

- 내가 가장 소중히 여기는 것은 무엇인가?
- 무엇이 나를 행복하게 하는가?
- 무엇이 내게 가장 깊은 충만함과 성취감을 주는가?
- 내가 열정을 쏟을 수 있는 분야와 나의 재능은 무엇인가?

당신은 또한 내면의 보호자를 강화하는 법을 배워서, 자신감을 세우고 더 자립적인 사람이 되는 법을 알게 되었다. '붕괴'를 어떻게 다루고, 그 좌절의 순간을 어떻게 넘어설 수 있는지도 익혔다. 그러니 이제 자신을 더 긍정적으로 바라보고, 내가 상담했던 에이미의 말에 공감할 수 있기를 바란다.

** 에이미는 자신을 긍정한다. "제 경험과 저의 성격은

제게 주어진 선물이에요. 저는 조금 특이하기는 하지만, 아주 긍정적인 사람이에요. 제 삶은 제가 선택한 것이고, 저는 제 행동에 대한 책임을 기꺼이 받아들여요."

** 내담자 보니는 이렇게 말했다. "예전에는 나 자신을 사랑할 수 없었어요. 내가 아는 것과 느끼는 것 사이에 늘 간극이 있었거든요. 하지만 이제는 나 자신을 사랑할 수 있다는 걸 느껴요. 드디어 자유로운 여자가 된 거예요!"

당신도 내적 힘을 기르는 데 필요한 기술들을 이미 익혔다. 이제 우리는 실제 엄마와의 관계를 건강하고 새로운 방식으로 다루는 과정으로 나아갈 것이다.

엄마와 나 사이, 내가 주체
회복 과정에서 엄마 마주하기

엄마는 오래전에 세상을 떴거나, 백발이 성성하고 병든 노인일 것이다.
그러나 이들은 아직도 딸의 손을 꼭 붙든 채 놓지 않고 있다.
곧 보내준다고 말만 하면서.
작고 연약한 노인이 어떻게 이런 무자비한 권력을 휘두른단 말인가.

— 빅토리아 세쿤다Victoria Secunda,
  『엄마와 친구가 될 수 없을 때』When You and Your Mother Can't Be Friends 중에서

자신에 대한 자긍심이 느껴지는가? 자신을 자랑스러워할 이유는 수없이 많지만, 그중에 지금까지 회복 과정을 잘 따라오고 있다는 것도 넣도록 하라. 이번 장에서는 엄마와의 관계를 어떻게 다룰지 살펴보자. 만일 아직도 엄마가 당신 삶의 일부를 차지하고 있다면 대체 어떻게 해야 할까? 당신만 변하고 엄마는 여전히 똑같은 지금이야말로 자신을 건강하게 유지한 채 엄마와 관계를 어떻게 진전시킬 수 있는지 고민해볼 때이다.

당신은 지금 더 강해졌고 자아감도 단단해졌지만, 엄마를 어떻게 대할지는 여전히 쉬운 문제가 아닐 것이다. 스스로에게 이런 질문을 던지고 있을지도 모른다. "엄마한테 뭐라고 말해야 하지?" "엄마가 바뀔 수 있을까?" "엄마를 어떻게 대해야 할까?" "너무 힘들고 고통스러운데도, 엄마와는 관계를 계속 이어가야 할까?" 등의 문제가 머릿속에 마구 떠오르지 않는가? 나르시시스트 엄마와 벌어지는 전쟁을 어떻게든 피하려고 온갖 방법을 시도해 본 여성들이 많다. 그러나 대부분은 결국 막다른 길에 봉착하고 좌절감을 느끼고 만다.

** 버지니아는 확신은 안 섰지만 계속 노력했다. 요즈음에는 거리낌 없이 있는 그대로 말하는 작전을 펴기로 했고 그러면 뭔가 나아지리라 믿고 있었다. "전 요즘 매일 엄마와 싸워요. 요즘처럼 엄마에게 대든 적이 없었어요. 엄마가 어떤 행동을 하든 비판적으로 보고,

무슨 말을 해도 한 귀로 듣고 한 귀로 흘리죠. 제가 엄마에게 가장 많이 하는 말이 뭔지 아세요? '엄마는 거짓말쟁이야! 엄마 말은 하나도 믿을 수 없어! 그러니 제발 조용히 해!' 전 언젠가는 엄마가 변할 거라고 믿어요. 엄마의 행동이 잘못되었다는 증거를 많이 보여주면, 엄마도 조금은 달라지지 않을까요? 전 제가 엄마를 도와줄 수도 있을지 모른다고 생각해요. 그런데 앞으로 상황이 어떻게 될지 종잡을 수가 없어요."

** 나키아는 지금까지 엄마를 대하던 방식을 바꿀 생각이 없다. "평생 이 상황을 겪어왔지만, 엄마는 결코 나아지지 않았어요. 게다가 엄마는 이제 83세예요. 남은 시간을 망치고 싶지 않아요. 그래서 엄마와 '큰 대결'은 하지 않았어요. 지난 15년간 우리 관계는 오로지 엄마 중심이었어요. 그게 유일한 길이었던 것 같아요."

** 벨바는 이제 희망을 품을 기운조차 없다. "엄마는 항상 저를 도발하고 화나게 해요. 제가 무너지는 걸 보며 즐거워하고, 그로 인해 우월감을 느끼는 것 같아요. 그래서 저는 늘 지치고 허무감을 느껴요. 이제는 해결책이 있다고도 믿지 않아요."

** 테리는 이렇게 회상한다. "가끔은 엄마와 통화해야 한다는 사실만으로도 너무 두려워서, 전화를 걸기 전

에 마음을 다잡아야 했어요. 와인 한 잔 마시고 나서
야 전화를 걸 수 있었죠! 엄마가 무슨 말을 할지 전혀
알 수 없거든요. 사사건건 트집을 잡고, 심지어 나무
까지도 흉을 본다니까요! 항상 부정적이에요."

이번 장에서는 이렇게 어려운 상황을 어떻게 다룰지 이
야기하려 한다. 나르시시스트 엄마와 건강한 방식으로 관계
를 유지하는 길을 찾는 일이 어디 쉽겠는가. 그러니 수많은
여성이 절망과 무력감에 시달리며 힘겨워하는 것도 놀라운
일이 아니다. 자, 그렇다면 당신은 무엇을 할 수 있을까?

불치병

당신의 엄마가 심한 나르시시스트일 경우에는 엄마가 바뀔
가능성이 거의 없다고 봐야 한다. 불가능이라고는 말할 수
없으나, 오랫동안 집중적으로 치료를 받아야 하며, 무엇보
다 변화하려는 엄마의 의지가 가장 중요하게 작용한다. 그
런데 이런 사람들이 스스로 치료의 필요성을 절감하고 내적
으로 성숙해지려는 경우는 극히 드물다. 내 경험에 비추어보
면, 나르시시스트 환자들은 다른 사람을 다루는 방법을 알려
고 찾아오는 경우가 많았다. 혹시 자기 자신을 고치고 싶다
고 말하더라도, 대개 금방 치료를 중단한다. 그리고는 내 접
근 방식이 마음에 들지 않는다며 다른 상담사를 찾아야겠다

며 돌아섰다. 결국, 그들의 눈에는 자신이 아닌 상담사가 문제가 있는 사람으로 보이는 것이다.

내가 가장 기억에 남는 사건은 몇 년 전, 회당 치료비로 100달러를 받을 때 있었던 일이다. 나는 모녀간의 건강한 의사소통이란 무엇인지 설명하고 있었는데, 한 다소 공격적인 엄마가 갑자기 가방을 뒤적이기 시작했다. 그러더니 지갑에서 100달러 지폐 한 장과 라이터를 꺼내더니 눈앞에서 그걸 태우는 거였다. "이게 바로 내가 당신 치료 조언에 대해 생각하는 거예요!" 나는 웃음이 터졌다. 다행히 그 딸과 내가 불을 껐고, 상담은 곧바로 끝이 났다.

엄마가 나르시시스트의 특징을 많이 지닐수록 상담으로 성과를 볼 가능성은 더욱 낮다. 이는 곧 당신이 엄마를 고칠 수 없으며, 애써 그렇게 시도해서도 안 된다는 뜻이다. 엄마가 변하지 않을 것이므로, 이제 당신은 이런 질문을 던질 수밖에 없다. '엄마의 행동이 심각한 정서적 고통을 주는데 과연 계속해서 관계를 유지해야 할까?'

가까이하기엔 너무 힘든

나르시시스트 엄마는 상대하기가 정말 힘들다. 엄마가 나르시시스트인 경우, 딸들은 정신적으로 견디기 힘든 나머지 엄마와 완전히 관계를 끊어버리는 경우도 빈번하다. 주변 사람들이 이를 이해하지 못하더라도, 이는 전적으로 자신의 정신 건강을 위해 내려야 하는 어쩔 수 없는 선택이다.

** 체리스는 엄마와 관계를 끊었다. "엄마가 어린 시절 상처를 많이 받았다는 사실을 알게 되면서 연민을 배우게 되었어요. 하지만 지금은 엄마와 관계를 맺지 않기로 했어요."

** 맨디는 엄마가 변하지 않는다는 걸 깨닫고 바라던 모녀관계를 포기하기로 했다. "6개월 전쯤 엄마와 정서적으로 마지막으로 연결되려 했지만 끝내 실패했어요. 관계에는 자연스러운 질서가 있다고 믿기에 마음이 아파요. 엄마와 딸로서 관계를 맺을 수 있었다면 좋았겠지만, 이제는 그것이 불가능하다는 걸 받아들였습니다."

** 앙트와네트(60세)는 엄마가 세상을 떠나기 전 10년 동안 엄마와 말을 하지 않았다. "정말이지 더는 견딜 수가 없었어요. 오랫동안 엄마와 잘 지내보려 하고, 모든 게 괜찮아지도록 애써왔지만 소용없었어요. 너무 슬펐죠. 엄마가 돌아가신 것도 보안관을 통해 소식을 들었어요. 같이 물건을 정리하는데 엄마가 남긴 쪽지가 나왔어요. '그동안 네가 그렇게 못되게 굴었지만, 나는 모두 용서하마'라고 적혀 있었어요. 그 후 엄마의 유골이 제게 보내져서 차에 두었는데, 집 안으로

가져갈 수가 없었어요. 결국엔 그 차를 팔아버렸고, 유골을 꺼내는 것도 잊어버렸어요. 그래서 새 주인에게 전화해 그 안에 남겨 둔 유골을 폐기해달라고 부탁했어요. 사람들은 제가 엄마와 끝내 화해하지 못한 걸 듣고 늘 충격을 받지만, 그들은 엄마가 어떤 사람이었는지 전혀 모르는 거예요!"

이렇게 슬프고 극단적인 사례는 생각보다 흔하다. 어떤 딸들은 나르시시스트 엄마가 세상을 떠났을 때 엄청난 안도감을 느끼기도 한다. 그들을 짓누르던 엄청난 멍에를 이제야 벗어던진 듯한 해방감을 맛보지만, 또 동시에 그런 심정을 인정하는 것에 죄책감을 느끼기도 한다.

엄마가 변할 가망은 전혀 없고, 그런 엄마에게 끊임없이 학대를 당하고 있다면, 관계를 끊는 것이 오히려 건강한 선택일 수 있다. 그러나 이런 결정을 내릴 때는 반드시 당신 스스로의 회복 과정을 충분히 마쳤는지가 중요하다. 상처는 그대로 있는데 단순히 물리적으로 엄마와 멀어진다고만 해서 고통이 줄어들지 않으며, 당신이 원하는 평온과 나다운 삶에 도달할 수도 없다. 보웬 박사가 『임상 현장에서의 가족 치료』Family Therapy in Clinical Practice에 썼듯이 "심리적으로 분화가 덜 된 사람은 정서적 긴장이 몰아치는 대로 꼭두각시처럼 움직이지만, 분화가 잘 된 사람은 그런 긴장에 덜 휘둘린다."

다행히도 나르시시스트적 성향을 지닌 모든 엄마와의 관계가 회복 불가능한 것은 아니다. 많은 여성이 여전히 관계를 이어가되, 보다 현실적으로 관계를 재구성하기를 선택한다. 이러한 '가벼운 관계'에 대해 자세히 살펴보자.

가벼운 관계 맺기

'가벼운 관계'란, 나르시시스트 엄마의 딸들이 엄마와의 상호작용 방식을 바꾸어 접촉을 줄이는 것을 의미한다. 연락을 주고받더라도 상황을 가볍고, 예의 바르며, 정중하게 유지할 뿐 정서적 친밀감을 쌓으려는 시도는 하지 않는다. 이는 엄마와의 관계를 완전히 끊고 싶지는 않지만, 그녀가 진정한 의미의 '엄마 역할'을 할 수 없다는 사실을 받아들인 딸들에게 좋은 선택지가 될 수 있다.

이런 방식에서는 딸이 엄마와 연락을 유지하더라도 더는 기대를 품지 않기 때문에, 실망을 겪는 일도 거의 없다. 다만 이 관계가 잘 작동하려면 반드시 회복 과정을 충분히 마친 상태여야 한다. 그래야 엄마의 한계를 인정하고, 그녀와 적절히 분리될 수 있다. 분리가 충분히 이루어지지 않으면 다시 나르시시스트 가족의 역학에 빨려 들어갈 위험이 크다.

11장에서 언급했듯이, 분리의 목표는 엄마와 원가족의 일원이면서 동시에 독립된 존재가 되는 것이다. 이는 자기 자신을 둘러싼 분명한 경계를 세웠음을 의미한다. 어떤 딸들에게는 회복 단계를 밟고는 있지만, 아직 엄마 곁에 있을 만큼 스스로 강하지 않다고 느껴지는 시기가 있는데, 이 경우

나는 '일시적 거리 두기'를 권하기도 한다.

일시적 거리 두기

엄마는 이 방법을 그다지 달가워하지는 않겠지만, 회복 단계에서 일정 기간 엄마와 거리를 두는 것은 큰 도움이 된다. 그렇게 해야 서서히 상처가 아물고 감정도 정리되며 엄마의 행동으로부터 영향을 받지 않을 수 있다. 엄마에게 이렇게 말해도 괜찮다. "지금 제 문제를 다루는 중이라 한동안은 제 공간이 필요해요." 응급 상황이 생기면 연락하겠다고, 엄마도 꼭 필요한 경우에만 알려 달라고 전할 수 있다. 엄마가 이를 좋아하지 않아도 괜찮다. 심지어 화를 내거나 발끈할 수도 있다. 그러나 그건 문제가 되지 않는다. 당신은 말하고, 그리고 그대로 행동하면 된다.

만약 엄마가 당신을 가만두지 않는다면, 그때는 엄마와 경계선을 긋는 법을 배워야 한다. 이 부분은 뒤에서 더 다루겠다. 중요한 건 당신 인생의 주인은 엄마가 아니라 바로 당신이라는 사실이다. 엄마가 상황을 더 크게 만들고 아래처럼 조종하려 들 수도 있지만, 그럴수록 흔들리지 말고 당신 자리를 지켜야 한다. 당신의 회복이 달린 문제이기 때문이다.

** 미카엘라(46세)는 이렇게 말한다. "저는 가끔 엄마와 거리를 두려고 했지만, 엄마는 늘 제가 뭔가를 해주도

록 교묘하게 조종할 방법을 찾아냈어요. 정말 끝도 없이 짜증이 나요. 제가 전화를 받지 않으면, 스토커처럼 계속 전화를 걸어대거든요!"

** 또 다른 딸 미라(38세)는 슬퍼하면서 다음처럼 고백했다. "2년 전쯤에야 나르시시즘이라는 걸 알게 되었고, 평생 쏟아진 모욕 끝에 문제는 엄마에게 있다는 사실을 깨달았어요. 그 이후로 저는 예의는 지키되, 함께 보내는 시간을 줄이고, 오랫동안 원했던 경계 세우기와 거리 두기를 분명히 했습니다. 그런데 그다음부터 엄마는 오히려 더 심해졌어요. 이제는 저를 통제할 수 없다는 걸 깨달은 것 같아요. 이 모든 일이 제 속을 뒤집어놓습니다."

이처럼 일시적인 거리 두기는 도움이 되지만, 결국 중요한 것은 '엄마와의 경계선을 어떻게 설정하고 유지할 것인가'다. 이제 그 방법을 살펴볼 것이다.

경계선 설정

경계선을 긋는다는 것은, 당신이 무엇을 할지와 않을지를 분명히 밝히고, 다른 사람이 넘어서는 안 되는 선이 있음을 알리는 일이다. 곧, 당신의 영역을 침범할 수 없다는 사실을 분명히 하는 것이다. 그러나 많은 이들은 다른 이의 기분을 상하게 할까 두려워 경계선을 긋기를 주저한다. "제가 선을 긋는다면 엄마가 상처받으실 거예요." 나르시시스트 엄마를 둔 딸들은 엄마의 분노가 두려워 선을 긋지 못하기도 한다. "제가 쉬어야 해서 저녁 초대에 가지 않겠다고 하면, 엄마가 불같이 화를 내실 거예요!"

가장 흔한 이유는 버림받을까 하는 두려움이다. "엄마에게 간섭하지 말라고 하면, 엄마가 다시는 저와 말도 하지 않으실 거예요. 엄마와 완전히 남처럼 되는 건 원치 않아요. 엄마가 다른 사람들을 단칼에 끊어내는 걸 봤는데, 그걸로 끝이었거든요. 저한테도 그렇게 하실 수 있어요." 나르시시스트는 사람을 '좋은 사람' 아니면 '나쁜 사람'으로만 구분하는 얄팍한 정서적 방식 때문에 쉽게 관계를 끊는다. 모든 것이 흑백논리인 것이다. 만약 당신의 엄마가 그런 모습을 보여왔다면, 버림받을까 두려워하는 마음은 매우 현실적인 것이다. 그러나 이 두려움을 냉정히 바라볼 필요가 있다. 이미 엄마가 당신을 정서적으로 버린 상태라면, 그보다 더 심한 상처를 줄 힘은 더 이상 없다.

** 자넬(36세)은 엄마와 경계선을 긋지 못하는 이유를 이렇게 털어놓았다. "엄마는 화를 내고, 절대 용서하지 않을 거예요. 가족 전체가 저에게서 등을 돌리도록 할 거고, 결국은 유언장에서 제 이름을 지워버리겠죠. 저는 상속금이 필요하고, 제 아이들도 그걸 누릴 자격

이 있어요."

이런 선택은 오직 당신만이 내릴 수 있는 거지만, 엄마의 유언장을 통해 전해질지 말지도 모르는 돈보다 당신의 정신 건강과 온전함이 더 높은 가치를 지닌다는 것을 잊지 마라. 자신을 위해 경계선 세우는 법을 배우는 것은 곧 자신의 삶과 시간, 건강을 관리하는 방법이다. 이것은 건강한 삶을 위한 필수 조건이다.

자, 그러면 이제 엄마에게 경계선을 세우고, 한동안 만나지 않겠다고 통보했다고 가정해보자. 당신은 이렇게 말할 수 있다. "엄마, 제가 풀어야 할 문제가 좀 있어서 당분간은 일요일 저녁 가족 모임에 가지 못할 것 같아요. 저만의 공간이 필요해요. 전화도 드리지 않을 거예요. 상황이 정리되면 제가 먼저 말씀드릴게요. 그동안은 정말 긴급한 상황이 아니면 전화하지 않으셨으면 해요. 화가 나서 이러는 게 아니고, 엄마 때문도 아니에요. 지금은 그저 저에게 시간이 필요한 것뿐이니 이해해주세요."

엄마는 당연히 "무슨 일 있니?"라고 물을 수 있다. 그럴 때 당신은 괜찮다고, 엄마 때문에 속상한 게 아니라는 점을 다시 안심시켜 줄 수 있다. 하지만 엄마가 정말 나르시시스트라면, 이 일이 자기 때문이라고 생각할 가능성이 크다. 그래서 당신은 속으로 이렇게 생각할지도 모른다. "아, 안 통할 거야!" 그러나 중요한 건 당신이 끝까지 일관되게 행동한다면, 이 방법은 효과가 있다는 사실이다.

어쩌면 엄마가 슬그머니 조종하려 들거나, 전화를 계속하거나, 심지어 집에 찾아올지도 모른다. 그럴 때 당신이 할 일은 이미 말한 대로 경계선을 계속 지키는 것이다. 초인종을 눌러도 문을 열지 않는다. 전화를 해도 받지 않는다. 스토커처럼 따라다닌다면 단호한 어조로 당신이 진심이라는 걸 다시 알려준다. 그것을 어떻게 받아들이고 반응할지는 엄마의 문제이지, 당신의 문제가 아니다. 당신은 엄마의 감정을 책임질 필요가 없다. 경계선을 제대로 지켜내는 핵심은 바로 당신이 그 경계에 충실해지는 것이다! 물론 이 과정에서도 충분히 친절할 수 있다. 부드럽게 "제가 다시 연락드릴 수 있을 때 연락할게요"라고 상기시켜 주면 된다.

경계선을 설정하는 데 익숙해지면, 엄마와의 관계에서 부딪히는 여러 문제들을 해결하는 데 이 작업이 얼마나 큰 도움이 되는지를 깨닫게 될 것이다. 이제 몇 가지 연습 상황을 가정하면서 함께 살펴보자.

엄마: "얘야, 네 집 먼지가 너무 많구나. 거실 테이블 좀 봐라. 네가 직장 다니는 건 알지만, 가족들이 깨끗하고 위생적인 집에서 살아야지."

당신: "엄마, 여기는 제집이에요. 저는 지금 제 생활 방식에 만족해요. 걱정해 주셔서 고맙지만, 가족들이 여기에 대해 불편해한다면 그때 저희가 알아서 해결할게요."

엄마: "네가 요즘 살이 좀 찐 것 같아서 다이어트 보조제를 사 왔다. 살

빼는 데 좋은 것 찾는다고 얼마나 고생했는지. 이게 제일 효과가 좋다더라."

당신: "엄마, 몸무게를 줄여야겠다는 생각이 들면, 제가 직접 병원에 가서 의사와 상의해 해결할게요."

엄마: "우리 손녀딸은 볼 때마다 쥐 파먹은 머리 모양을 하고 있구나. 나는 네가 어릴 때 절대 그렇게 다니게 안 했다. 부모가 아이 외모에 신경은 써야지."

당신: "엄마, 전 아이의 있는 그대로가 좋아요. 아이의 머리 모양이 어떠한지는 크게 걱정하지 않고, 어떤 사람으로 자라는지가 더 중요해요. 그리고 제가 보기엔 오늘 머리도 괜찮아요."

엄마: "나는 네가 매일 전화 좀 해줬으면 좋겠다. 내가 아프거나 쓰러지면 네가 어떻게 알겠니? 괜히 혼자 방치된 거라고 동네 사람들이 수군거릴 거야."

당신: "엄마, 진짜 그게 걱정되시면 좋은 방법이 있어요. 엄마 몸에 응급 상황을 알릴 수 있는 호출기나 안전장치를 다세요. 그러면 몸에 문제가 생기는 즉시 119에 연락이 갈 거예요."

엄마: "세상에, 이혼이라니! 대체 결혼생활을 뭘 어떻게 한 거야? 어디 창피해서 이걸 친척들한테 뭐라고 말해야 하니?"

당신: "엄마, 제 결혼생활에 관한 결정은 제 몫이에요. 엄마가 지지해 주지 못하고 오히려 상처 주는 말씀을 하시니 저는 더 마음이 아프네요."

엄마: "이번 추석에 우리 집에 안 오겠다고? 매년 다 같이 모여서 차례 지내고 밥 먹는 거 알잖니. 내가 얼마나 힘들게 준비하는데, 네가 어떻게 나한테 이럴 수 있어?"

당신: "엄마, 저도 이제 결혼했잖아요. 시댁에도 가야 하고, 명절 연휴가 해마다 조금씩 다르기도 하잖아요. 결혼 전처럼 늘 똑같이 보낼 수는 없는 거예요."

    확고한 경계선을 긋고 나면 어떤 상황이 닥쳐도 당황하지 않게 된다. 특히 사생활에 사사건건 참견하려는 엄마와 함께 있을 때도 한결 편안해질 수 있다. 이를 위해서는 연습과 절제가 필요하다. 그러나 엄마의 반응에 적대적으로 대응하지는 마라. 경계선을 분명히 하고, 엄마가 그걸 존중하지 않는다면 그 상황에서 벗어나면 된다. 친절하고 예의 바르게 건강한 경계선을 세울 수 있다. 화를 내거나, 원망하거나, 방어적으로 행동할 필요가 없다. 중요한 것은 당신이 필요한 것과 느끼는 것, 그리고 용납할 수 없는 것이 무엇인지 분명히 알리며 선을 긋는 것이다. 논쟁에 끌려들기보다, 엄마가 알아들을 때까지 경계선을 반복해서 말하는 편이 낫다.

    엄마를 다루는 또 다른 방법으로는 모녀가 함께 참여하는 상담을 고려할 수도 있다.

엄마와 함께 상담받기

내가 내담자들에게 "엄마가 모녀 문제를 논의하기 위해 함께 상담에 참여할 의향이 있을까요?"라고 물으면, 대부분은 피식 웃거나 비웃듯 반응한다. 엄마가 나르시시스트일수록 딸과의 관계에서 느끼는 감정을 다루기 위해 기꺼이 상담에 나서겠다고 할 가능성은 거의 없다. 나르시시스트에게는 자기감정을 온전히 느끼는 것이 매우 어렵다. 감정을 자기 안에서 정리하고 받아들이기보다는 남에게 떠넘기기 때문이다. 느낄 수 없는 것은 치유할 수도 없다. 대부분의 나르시시스트 엄마는 자신의 내면 정서 세계와 마주하는 일을 회피한다는 점을 기억하라. 엄마가 자기감정을 다뤄본 적이 없거나 자기 문제를 인정해 본 적이 없다면, 상담은 결국 시간 낭비에 불과하다. 실제로 자신이 뭔가 잘못했다거나 딸에게 상처를 주었다는 식의 말이 나오면 그 자리에서 벌떡 일어나 상담소를 박차고 나가버리는 엄마들도 많다. 심한 나르시시스트는 상담자 앞에서 모든 책임을 딸에게 돌린다.

이건 당신을 끔찍한 곤경에 몰아넣는다. 당신은 엄마와 건강한 관계를 간절히 바라며 기꺼이 노력할 준비가 되어 있지만, 엄마는 자신에게 도움이 필요하다는 사실을 완강히 부정하기 때문이다.

** 로잔(30세)은 엄마와 함께 상담받지 않기로 마음먹었다. "엄마는 같이 상담받을 수 있는 분이 아니에요. 상

담시간에 제가 엄마가 실제로 어떻게 했는지 이야기 했더니, 엄마는 펄쩍 뛰며 모든 걸 부인했어요. 제가 듣고 싶었던 건 단 한마디 '내가 그랬니? 미안하다'였 는데, 엄마는 그 대신 울면서 자기한테 이렇게 형편없 는 딸이 있다는 식으로 말했어요. 울고불고, 피해자인 척만 하고, 공감은 전혀 없었어요. 다시는 엄마에게 같이 상담하자고 하지 않을 거예요.

** 모니카의 엄마는 딸과 함께 상담에 나가기는 했지만, 결국 상담 과정을 거부하고 오히려 모니카를 탓했다. 그러면서도 한편으로는 상담자에게 '이상한 엄마'처 럼 보일까 전전긍긍했다. "엄마랑 상담에 같이 간 건 정말 황당한 경험이었어요. 엄마가 따라오긴 했지만, 완전 엉망이었죠. 엄마는 극도로 방어적이었고, 상담 자 앞에서 자기 모습이 어떻게 보일지만 신경 쓰며 변 명하기에 바빴어요. 그래서 제가 하는 말은 한마디도 귀 기울이지 않았죠."

나르시시즘이 심하지 않은 엄마들은 새로운 것을 배우려 하고 내적으로 성숙하려는 의지를 보인다. 이런 엄마들과는 상담 안팎에서 모녀 관계의 치유가 가능하다는 희망이 있다. 대부분 딸은 본능적으로 자신의 엄마가 어느 쪽에 속하는지 안다. 과거에 감정이나 소통의 어려움에 관해 이야기를 시도 했을 때 엄마가 어떻게 반응했는지를 떠올려보면 알 수 있다. 비록 엄마들에게는 힘든 과정일지라도, 어떤 이들은 자신을 분명하게 돌아보고 딸과의 관계를 개선하겠다고 마음먹으며 상담실을 찾기도 한다.

내 내담자 게르다(62세)는 스스로에게도 약간의 나르시시스트 성향이 있음을 인정했다. 그녀는 자기 엄마 또한 심한 나르시시스트였다고 고백했다. 이미 세상을 떠난 엄마와의 관계 속에서 그녀는 큰 상처를 겪었고, 그 정서적 영향력은 여전히 강하게 남아있었다. 게르다는 그것이 자신의 삶에 끼친 부정적인 영향과, 부모로서 역할에 남긴 흔적을 분명히 볼 수 있었다. 그래서 세 딸과의 관계를 치유하고 싶다는 진심 어린 바람을 갖게 되었다. 그러나 안타깝게도 세 딸은 상처와 슬픔이 너무 커서 시도조차 할 수 없었다. 그들은 게르다의 변화를 믿지 못했고, 이미 마음을 닫은 상태였다. 그래서 모녀 상담은 아직 이루어지지 못했다. 하지만 나는 언젠가 그들 모두가 한자리에 모일 날이 있으리라 믿는다. 어떤 경우에는 딸들이 먼저 마음의 상처를 치유하고 난 다음에야 엄마와의 문제를 바라보고 구체적으로 상담을 할 수 있는 여유가 생기니까. 게르다의 딸들은 내면에 풀지 못한 과제가 남아있지만, 아직 젊고 본래 따뜻한 마음을 지닌 아이들이라 언젠가는 모녀 관계를 회복할 수 있으리라 느껴졌다.

엄마와 함께 상담을 시작할지 결정할 때 시기는 매우 중요하다. 때로는 모두가 준비될 때까지 기다리는 편이 더 생산적일 수 있다. 앞서 언급한 게르다의 경우, 한 발 뒤로 물러나 우선 자신의 문제를 해결하고 난 후, 세 딸과의 관계에서 대물림된 문제를 다루기 시작했다. 이런 사례는 드물기에, 나는 지금도 그녀가 놀랍다고 말하며 매우 자랑스럽게 여긴다.

엄마와 함께 상담소를 찾았는데 엄마가 모욕을 주거나 감정을 담은 채 모든 것을 당신 탓으로 돌리면 어떻게 해야 할까? 나는 즉시 상담을 중단하고 상담자와 단둘이 상의해 보라고 권한다. 엄마와 함께 상담을 이어가는 것이 과연 생산적인지 상담자에게 물어보라. 상담자는 당신의 관점에서 판단하여 당신에게 도움이 되는 결론을 내려줄 것이다. 상담이 엄마가 이미 쏟아낸 학대와 비난을 되풀이하는 자리가 되어서는 안 된다. 만약 당신은 더는 엄마와 함께 진행하고 싶지 않은데 상담자가 반대한다면, 그 결정에 대해 시간을 갖고 신중히 생각해 보아야 한다. 결국 지금이 적기인지에 대해서는 자신의 직관을 믿는 것이 중요하다.

엄마에게 상담에 대해 얼마나 알려야 할까

이 책은 당신 스스로 자신의 문제를 해결할 수 있도록, 내가 내담자들과 함께하는 회복 프로그램의 단계를 그대로 제시하고 있다. 즉 이를 따라가며 당신 혼자서도 개인적인 치유 작업을 해나갈 수 있다. 그와 더불어, 전문 상담사와 일대일로 상담을 받는 것도 큰 도움이 될 수 있다. 다만 상담받는 길을 선택하더라도, 당신이 상담을 받고 있다는 사실을 엄마에게 알릴지 말지는 오직 당신의 선택이다. 상담 내용은 전부 비밀이 보장되는데 여기에는 분명 그러한 이유가 있다. 당신이 원하지 않는다면 상담에 대해 누구에게도 말할 필요가 없다. 엄마 역시 예외가 아니다.

만약 엄마에게 알리기로 했다면 어느 정도까지 얘기할지도 미리 정해두는 것이 좋다. 단순히 상담을 받고 있다는 사실만 알리고, 그 경험 자체는 나누지 않겠다고 분명히 말할 수 있다. 엄마가 더 깊은 이야기를 캐묻는다면, 부드럽게 경계선을 세워라. 만약 그것으로 부족하다면, 더 단호한 경계가 필요하다. 아래의 예를 한번 보자.

> 부드러운 경계선: "엄마, 제 상담에 관심 가져 주셔서 고마워요. 제가 준비되면 엄마에게 말씀드릴 수도 있을 거예요. 하지만 지금은 아직 제 안이 혼란스럽고, 저 자신을 더 잘 이해하려고 노력하는 중이에요. 조금 더 진전이 있어야 분명하고 적절하게 말씀드릴 수 있을 것 같아요. 이해해주셔서 감사해요."

> 단호한 경계선: "엄마, 제 상담은 비밀이 보장되는 과정이고 저는 그 내용을 누구와도 나누지 않아요. 지금 제 삶에서 겪고 있는 문제들을 다루는 데 필요한 과정이에요. 그러니 더는 묻지 마세요. 저는 그 내용을 엄마와 공유할 계획이 없어요."

이런 경계 표현은 "엄마 심정도 이해는 가지만"이나 "엄마를 사랑해요, 하지만…" 같은 말로 시작할 수 있다. 만약 엄마가 마음이 상했거나 화가 난 것처럼 행동한다면, 그 감정을 다루는 일은 엄마의 몫이지 당신이 해결해야 할 문제가 아님을 기억하라. 그러니 그 상황에 개입하려 하지 말고 한발 물러서서, 엄마가 스스로 감정을 풀도록 내버려 두라. 경계선을 세우는 것은 결코 매정한 일이 아니며, 자신을 잘 돌보기 위한 건강한 방법임을 잊지 마라. 사실 이를 잘 알고 있어도, 엄마가 워낙 죄책감을 불러일으키는 데 선수이기 때문에 실행하기 어려운 경우도 많을 거다. 그러나 당신은 다른 사람의 감정을 만들어내는 존재가 아님을 늘 상기하라. 감정은 각자의 몫이며, 자기감정과 반응은 각자가 책임져야 한다.

진짜 치유는 내 안에서 시작된다

이미 느끼고 있겠지만, 엄마와의 관계는 당신이 자기 회복 과정을 거친 뒤 훨씬 다루기 쉬워진다. 그 변화의 이유는 여러 가지다. 엄마의 감정 투사에 덜 민감히 반응하게 된다. 분명한 경계선을 세울 줄 알게 된다. 애도 과정을 거친 덕분에 엄마가 더는 당신의 고통을 쉽게 건드리지 못한다. 엄마의 한계를 받아들였기에, 엄마에 대한 기대도 훨씬 줄어든다. 엄마와 완전한 단절을 선택했든, 일시적인 거리 두기를 하고 있든, 혹은 가벼운 관계를 유지하든, 관계의 성패는 결국 당신 자신의 내적 치유에 달려 있다.

엄마가 이미 세상을 떠났다면?

엄마가 살아 계시지 않는다면 위에 제시한 방법 중 당신과 전혀 관계가 없는 사항도 있을 것이다. 그렇다 하더라도 내면의 치유는 반드시 이루어져야 한다. 나는 엄마가 돌아가신 후에도 평생토록 '엄마의 흔적'을 안고 살아가는 여성들을 많이 만나왔다. 엄마가 남긴 상처투성이 메시지는 의식적으로 풀어내고 놓아주지 않는 한 마음속에 그대로 박혀 남아 있다. 회복 작업은 당신이 건강하게 살아가기 위해 꼭 필요한 과정이다.

자, 이제부터는 당신 엄마의 삶에 관해서 더 알아보자.

엄마는 왜 그렇게 되었을까

대부분 딸은 엄마의 욕구에 맞추느라 자기 자신을 희생하는 공의존적 성향을 지니고 있다. 그렇기에 나르시시스트 엄마의 배경과 성장 과정, 그리고 지금의 그녀가 어떻게 형성되었는지를 이해해보라고 권하는 건 제법 까다로운 일이다. 자칫 엄마의 잘못을 눈감아 주거나, 자신의 고통을 축소하거나, 상처를 없는 것처럼 덮어두게 될까 조심스럽기 때문이다. 다시 말해, 또다시 모든 것을 '엄마 중심'으로 돌려놓는 셈이 될 수 있다는 불안이 따른다. 그러나 이 과정의 목적은 엄마를 위한 것이 아니라 당신 자신을 위한 것이다. 이 작업은 내면을 차분히 정리하고, 관계를 더 큰 틀에서 바라보도록 돕는다.

비유를 들어보자. 당신이 아주 높고 지형이 복잡한 산을 오르려 한다고 상상해보라. 산 아래에서부터 차근차근 올라야 하고, 길을 오르며 수많은 장애물을 맞닥뜨리게 될 것이다. 그런데 만약 먼저 헬리콥터를 타고 산 전체를 내려다보거나 좋은 지도를 미리 살펴볼 수 있다면 어떨까? 여정이 쉬워지거나 노력의 무게가 줄어드는 것은 아니지만, 전체 과정을 준비하고 최종적으로 성공하는 데 큰 도움이 될 것이다. 엄마가 어디에서 비롯되었는지를 더 잘 이해하는 것도 마찬가지다.

그렇다면 먼저, 엄마에게도 나르시시스트 부모(외할머니 혹은 외할아버지)가 있었는지 살펴보라. 그럴 가능성이 크다. 이 책에서 다룬 특징들을 활용해 엄마에게 부모님이 어떠셨는지 직접 물어볼 수도 있다. 의외로 많은 나르시시스트 엄마들은 자신이 한 일이 아닌 경우라면 자신의 배경에 대해 비교적 쉽게 털어놓는다. 우리 부모님만 보아도 내가 요청하자 아주 상세히 얘기해주셨다. 아주 짧은 대화였지만, 심지어 활기차고 기분 좋은 대화도 주고받았다. 나는 그 대화를 통해 가족 안에 대물림된 흔적을 어느 정도 추적할 수 있었고, 그것을 바탕으로 조부모와의 경험을 새롭게 이해할 수 있었다.

그다음에는 친척들에게 물어볼 수도 있다. 이모, 고모, 삼촌, 사촌들이 좋은 정보원이 될 수 있으며, 나르시시스트가 아닌 조부모가 살아 계신다면 역시 귀중한 정보를 얻을 수 있다. 때로는 나르시시스트 배우자가 세상을 떠난 뒤에야, 남은 가족이 더 솔직하게 생각과 기억을 나누기도 한다.

물론 이런 대화가 불가능한 가정도 많다. 당신의 가족이 결코 이런 이야기를 받아들이지 않을 것 같다면, 억지로 시도하지 말라. 결과가 뻔히 보이는 상황에서 불필요한 갈등을 자초할 필요는 없다. 자신의 직관을 믿어라. 실제로 어떤 내담자는 친척들에게 억지로 캐묻다가 상황이 틀어졌는데, 결국 그 책임을 자기 탓으로 돌리며 괴로워했다. 당신에게 그런 일이 생기길 바라지 않는다.

부모나 조부모를 아는 친한 지인들도 도움이 된다. 요즘은 보기 드물지만, 예전에는 대가족이 어릴 때부터 한동네에서 함께 살아오며 서로를 잘 아는 경우도 있었다.

구체적으로 나르시시즘에 대해 물어볼 수 없다면, 엄마의 성장 과정 전반에 관해 질문을 해보라. 예를 들어 이런 질문들이다.

- 어릴 때 행복하셨는가?
- 부모님에게 사랑받는다고 느끼셨는가?
- 자라면서 충분한 관심을 받았다고 느끼셨는가?
- 부모님이 감정에 관해 이야기해주셨는가?
- 부모님이 엄마 얘기에 귀 기울이셨고, 스스로 존중받는다고 느끼셨는가?
- 부모님이 화가 났을 때는 어떤 방식으로 훈육을 받으셨는가?

- 엄마라는 개인이 존중받았는가? 아니면 가족의 기대나 이미지에 맞추셔야 했는가?
- 부모님 중 다른 사람들이 어떻게 볼지를 유난히 신경 썼던 분이 계셨는가?

엄마의 배경을 알면 알수록, 왜 엄마가 지금처럼 행동하는지 이해하는 데 도움이 된다. 엄마 자신도 제대로 '돌봄 받지 못한 아이'였을 가능성이 크며, 그 안에는 해결되지 않은 깊은 상처가 자리 잡고 있을 수 있다.

엄마에 대해 더 알아가려 할수록, 때로는 마치 어둠 속에서 손을 더듬는 듯한 답답함을 느낄 수 있다. 엄마가 자신의 어린 시절을 부인할 수도 있으니 미리 대비하라. 엄마가 스스로 좋은 정보 제공자가 되지는 못하겠지만, 기꺼이 이야기해 주는 것이 있다면 그대로 받아들이라.

또 엄마의 양육방식을 그녀가 속했던 세대와 시대적 맥락 속에서 살펴보라. 사실 모든 엄마의 양육은 여러 요인의 영향을 받는다.

엄마를 만든 시대적 배경

우리는 모두 사회적 가치와 양육에 대한 기대에 크게 영향을 받으며 자라난다. 세대마다 고유한 부모로서의 양육 철학과 신념이 있는데, 한 세대의 방식이 다음 세대와는 모순되기도 한다. 다음은 『세대: 공통점』Generation: Working Together에서 정의한 출생 세대 분류법이다. 나는 여기에 나의 가계도를 예로 들어 두었다. 당신도 자신의 가족사를 같은 방식으로 정리해 보면 큰 그림을 이해하는 데 도움이 될 것이다.

세대	출생년도	예
GI 세대	1901-1923	나의 할머니
침묵 세대	1924-1945	나의 엄마
베이비붐 세대	1946-1964	나
X 세대	1965-1980	나의 딸
밀레니엄 세대	1981-2002	나의 손녀들

세대를 거치며 양육에 대한 믿음은 크게 달라졌다. 예를 들어 '매를 아끼면 아이를 망친다'라거나 '아이들은 말대꾸하지 말고 조용히 있어야 한다'였던 교육 철학은, 베이비붐 세대에 이르러서는 학업이나 사회적 기술보다 자존감을 길러주는 것을 더 중시하는 방향으로 바뀌었다. 이는 엄청난 지각변동이었다. 그래서 사람들은 종종 이렇게 되묻곤 한다. "도대체 아이를 제대로 키운다는 게 무슨 의미죠?"

베이비붐 이전 세대는 도나 리드Donna Reed(미국에서 전형적인 전업주부상을 연기한 배우)처럼 쿠키를 굽고 늘 곁에 있어 주는 엄마를 바람직한 여성상으로 여겼다. 그러나 베이비붐 세대의 엄마들은 고학력에 직업이 있는 여성을 롤모델로 삼았다. 내가 첫 아이를 낳았을 무렵은 여성상을 둘러싼 지배적 개념이 문화적 혁명을 겪던 격동기였다. 엄마들은 페미니스트가 되어 양성평등을 외치며 시위에 나섰고, 사회에서 경력을 쌓기 시작했다. 가족 구조도 크게 변해, 이전 세대에서는 낯설었던 이혼 가정, 맞벌이 가정, 편부모 가정 보편화되었고, 보육 시설도 널리 보급되었다. 어느 날 화가 난 우리 딸은 나를 '하우스-이혼녀'house-divorcée라고 불렀다. 어쩐지 이제는 엄마를 '하우스-와이프'house-wife라고 부르는 것이 적절하지 않다는 메시지를 은연중에 받아들인 듯했다.

베이비붐 세대의 엄마들은 딸들이 더 나은 교육과 의료 혜택을 받고, 학교와 직업에서 동등한 기회를 누릴 수 있도록 길을 열었다. 이전 세대 여성들에게는 없던 선택지를 만들어낸 셈이다. 그러나 어떤 X세대 딸들은, 엄마들이 이런 변화를 추구하는 동안 가정은 후순위로 밀렸고, 자신들이 엄마의 커리어와 사회적 야망보다 뒷전이 되었다고 느낀다. 이런 논쟁은 모녀지간의 섬세한 소통으로 풀어야 할 문제이며, 엄마가 자기계발과 사회적 성공에 전념했다고 해서 곧바로 나르시시즘으로 볼 수는 없다. 단, 그 과정에서 나르시시스트적 특징이 드러난다면 이야기는 달라진다. 동시에 베이비붐 세대의 엄마들은 X세대 딸들의 감정을 인정하고, 이 책 속에 등장하는 몇몇 딸들의 경험이 곧 자신의 딸들의 마음과도 맞닿아 있음을 이해해야 한다. 이해와 공감, 그리고 소통만이 갈등 해결의 열쇠다.

어쨌든 우리의 엄마와 할머니가 속했던 문화적·사회적·역사적 배경을 고려하면, 그들이 언제나 가장 적절한 방식으로 양육할 수 없었던 것은 어쩌면 당연한 일이다. 많은 이들이 자신이 자란 방식 그대로 자녀를 키웠다고 할 수 있다. 이런 역사적 흐름을 이해하면, 한 세대에서 다음 세대로 어머니의 태도와 양육 방식이 어떻게 달라지는지, 또 그 과정에서 상처받은 어떤 소녀가 훗날 어떻게 나르시시스트 엄마가 되는지를 이해하기가 한결 수월해진다.

그러나 이렇게 엄마의 배경을 이해하려는 노력이 곧 엄마에게 변명의 여지를 만들어주자는 뜻은 아니다. 취지는 오직 더 깊이 이해하자는 데 있다. 어느 세대이든 좋은 엄마란 진실한 사랑과 공감을 바탕으로 아이의 몸과 마음을 세심히 돌보는 존재일 것이다.

이제 이러한 이해를 바탕으로, 복잡한 주제인 '용서'의 과정을 살펴보려 한다.

용서

'용서'라는 단어에는 많은 의미와 오해가 얽혀 있다. 많은 여성이 어린 시절부터 '착한 아이는 용서하고 잊는다'라는 가르침을 받으며 자랐다. 누군가에게 상처를 받더라도 그 사람을 용서하는 것이 '옳은 일'이라는 메시지가 분명하게 주어졌던 것이다.

나 역시 용서가 옳은 행동이며 그 중요성도 잘 안다. 용서를 통해 정서적으로 얻는 것도 많다. 그러나 내 관점은 조금 다르다. 상대가 우리를 해치려는 의도가 없었다는 것이 분명할 때, 용서는 긍정적인 치유의 힘을 발휘한다. 그러나 우리가 겪은 고통을 부인하는 순간, 그 용서는 아무런 의미가 없다. 더 나아가, 상처받은 현실을 직시하지 못하면 우리는 다시금 고의든 아니든 같은 상처를 입고 더 깊이 아파하게 될 것이다.

많은 이들이 용서를 '잘못된 행동을 묵인하는 일'로 오해한다. 마치 "괜찮다"라고 말해버리는 것처럼 말이다. 그러나 나는 정신 건강을 위해 책임을 묻는 과정이 꼭 필요하다고 믿는다. 따라서 상대가 자신의 행동을 인정하고, 그것을 의식하며, 진심으로 뉘우칠 때만 용서할 수 있다고 조언한다. 어쩌면 가혹하게 들릴 수도 있지만, 나르시시스트 엄마는 대부분 이런 태도를 보이지 않는다. 그래서 나는 그들을 섣불리 용서하라고 권하지 않는다.

나는 당신이 내면에서 '놓아주기'를 연습하길 권한다. 그것은 전적으로 당신 자신을 위한 일이다. 나르시시스트 엄마의 딸들은 사랑받지 못했으며, 많은 경우 신체적·성적·정서적으로 학대받으며 성장한다. 잘못된 양육이나 어린 시절 마땅히 받아야 할 기본적인 욕구와 권리를 빼앗긴 일을 그냥 넘어가자는 뜻은 아니다. 그러나 과거의 상처는 마음속에서 놓아주어야 한다. 그래야 가슴 깊이 쌓아온 분노와 원망, 슬픔 역시 내려놓을 수 있다. 용서란 바로 이런 부정적인 감정을 내려놓는 행위이며, 이를 통해 남은 인생을 과거에 얽매이지 않고 앞으로 나아갈 수 있다.

회복 과정의 첫 단계인 애도 과정이 바로 이 '놓아주기'를 가능하게 한다. 그 단계를 지나면, 당신 안에는 이전처럼 강렬한 감정이 아닌 더 중립적인 감각이 자리 잡게 된다. 엄마와 관련된 감정이 예전처럼 격렬하게 요동치지 않는 것이다. 이 중립성이 곧 놓아줌의 상태를 유지하게 해준다. 이는 내적인 용서와도 같으며, 결국 자신에게 주는 선물이다.

** 케나는 치료를 받으면서 표정이 밝아졌다. "저는 엄마와 감정 이야기를 해본 적이 없어요. 엄마는 감정을 꽉 걸어 잠그고 사시는 분이었거든요. 그런데 이제는 엄마에게 사랑한다고 말할 수 있게 되었어요. 웃긴 건 제가 전에는 이 말을 전혀 하지 않았다는 사실조차 엄마는 전혀 눈치채지 못했다는 거예요. 이제야 회복 과정과 용서가 전부 저를 위한 것이라는 걸 알겠어요. 정말 마음이 한결 가벼워요."

이런 용서는 엄마를 이해하면서, 슬프고 상처 입은 아이였던 과거의 감정을 넘어설 수 있도록 도와준다. 루이스 스미즈Lewis Smedes는 『수치와 영광: 잘못된 수치심 치유하기』 Shame and Grace: Healing the Shame We Don't Deserve에서 이를 다음과 같이 설명한다.

용서를 통해 치유받는 첫 번째이자, 어쩌면 유일한 사람은 바로 용서를 행한 사람 자신이다. (…) 우리가 진심으로 용서를 해주면 죄수는 자유를 얻는다. 그리고 자유인이 된 그 죄수가 다름 아닌 바로 우리 자신이었음을 깨닫게 된다.

물론 내가 제안하는 용서의 방식만이 유일한 길은 아니다. 많은 이들이 종교적 배경을 통해 용서를 배우기도 한다. 예를 들어, 12단계 중독 회복 프로그램에서는 진정한 용서는 상처를 준 사람이 잘되기를 바라고, 그 사람이 바라는 삶을 위해 기도할 수 있을 때 가능하다고 가르친다. 더 나아가 자신이 건강과 풍요, 행복을 누리길 바라듯이, 그 사람도 그런 삶을 살 수 있도록 기도하라고 권한다. 헨리 나우웬Henri Nouwen은 『꼭 필요한 것 한 가지, 기도의 삶』The Only Necessary Thing: Living a Prayerful Life에 이렇게 썼다.

> 용서란 서툴게 사랑하는 이들 사이에서 실천되는 사랑의 또 다른 이름이다. 냉엄한 진실은 우리 모두 서툴게 사랑한다는 사실이다. 우리는 날마다, 매 순간, 끊임없이 용서하고 또 용서받아야 한다. 이것이야말로 인간이라는 연약한 존재가 할 수 있는 가장 위대한 일이다.

회복 단계에서 가장 중요한 목표는, 당신이 선택한 용서의 방식이 원망을 철저히 지워내어 더 이상 피해자라는 감각조차 남지 않게 만드는 것이다. 만약 여전히 피해자의 마음가짐으로 살아간다면, 당신의 삶은 상처로 규정될 위험에 놓인다. 이는 곧 엄마의 실패가 여전히 당신을 지배하게 두는 것과 같다. 피해자라는 감정에서 벗어나는 것이야말로 진정한 회복의 신호다.

엄마의 선물

세상에는 완전히 악한 사람도 또 완전히 선한 사람도 없다는 점을 잊지 마라. 엄마가 나르시시스트적 성향을 지녔든, 완전히 나르시시스트 성격장애를 보이든, 그녀 안에도 분명 선한 부분이 있다. 아마도 당신에게 재능, 열정, 관심사, 지식을 물려주었을 것이다. 그 선물들을 떠올려보라. 당신은 예술적 감각, 음악적 재능, 손재주를 전해 받았을 수도 있고, 아름다운 몸매, 머리칼, 아름다운 눈동자, 고운 피부를 빼닮았을 수도 있다. 아니면 주름 하나 없이 벽지를 바르는 능력 같은 특별한 기술일 수도 있다.

노트를 펴서 엄마에게서 어떤 선물을 받았는지 적어보라. 그리고 그에 대해 감사하라. 내가 아주 어렸을 때 할머니가 끊임없이 반복해서 들려주신 말이 있다. 내가 다른 사람의 단점을 조금이라도 꼬집으면, 나를 무릎 위에 앉히시고는 부드러운 목소리로 타이르셨다. "어떤 사람이든 정말 자세히 들여다보면 그 안에 보석이 있는 법이란다." 나는 이 말이 사실임을 살아오면서 깊이 느꼈다. 엄마에게서도 그 보석과 선물을 찾아보라. 그것은 지금 당신이 생각하는 것보다 훨씬 큰 힘이 되어 줄 것이다. 회복을 거의 마쳐가는 내담자가 자신의 일기에서 읽어준 내용을 읽어보자.

> 난 우리 집에서 혈기왕성한 기운을 물려받았다. 삶에 꼭 필요한 실용적인 것들을 다 갖추지는 못했지만, 정직과 성실이 내 가장 큰 자산이라는 사실을 배웠다. 근면이 얼마나 큰 가치를 지니는지, 또 높은 기준을 세우면 어떻게 양질의 결과물이 나오는지 배웠다. 유머와 웃음은 갈등을 누그러뜨려 준다는 것, 식탁에 앉는 법과 손님을 맞는 법 같은 식탁 예절, 사람들과 어울리는 법, 물건을 사는 법도 배웠다. 어찌 되었든 나는 끈질기게 버티는 힘을 갖게 되었다. 사람들 속에서 좋은 면을 보려 하고, 쉽게 용서하며, 빨리 배우는 사람이 되었다. 그리고 내가 되고 싶은 엄마상은 나의 엄마와 전혀 다르다는 사실을 고통스럽게 깨닫고, 양육과 돌봄을 스스로 터득하려고 했다. 그 결과 엄마가 된 일은 내 인생의 가장 큰 기쁨이 되었다. 나는 악순환의 고리를 스스로 끊었다.

원망을 넘어 사랑으로: 회복의 모습

나는 당신이 이제 다음과 같은 모습에 이르기를 바란다. 당신은 자기 안의 확신과 사랑을 품고 자신을 바라볼 수 있게 되었다. 어린 시절의 불안과 불편함 대신, 생명을 선물 받아 이 중요한 여정을 걸어가게 된 것에 감사하는 마음이 흘러넘친다. 이제 당신은 자신에게 주어진 길이 수많은 삶의 교훈으로 가득 차 있으며, 그것이 소중히 간직할 만한 것임을 이해한다. 당신 안에 자리한 지혜를 깨달아, 그것을 자녀와 사랑하는 이들, 그리고 세상과 나눌 수 있다. 그동안 고통 속에 가려져 있었지만, 엄마가 당신에게 특별한 선물을 주었음을 이제는 알아차리고 감사할 수 있다.

당신은 자신의 인생에 책임을 지는 주인이자 감정을 조절하는 주체이다. 견고한 자아감을 지닌 성인으로서, 자신을 소중히 여길 줄 알며 그동안 괴롭혔던 자기 의심에서도 벗어났다. 불안으로 가득 찬 어두운 어린 시절에서 벗어나 이제는 자신감과 유능함이 빛나는 햇살 속으로 걸어 나왔다.

자, 이제 당신은 치유 여정을 마무리하고, 나르시시스트 엄마의 대물림을 끝내는 마지막 단계를 밟을 준비가 되었다.

텅 빈 거울 채우기
나르시시스트 엄마로부터 받은 유산 끝내기

뇌에 각인된 트라우마는 의식적으로는 부인되더라도
반드시 다음 세대에 되풀이된다.

— 앨리스 밀러Alice Miller

드디어 여정의 마지막에 이르렀다. 지금까지 나르시시즘이라는 유산을 살펴보면서, 당신 손으로 그 고리를 끊어 아이들에게 대물림하지 않겠다고 다짐했을 것이다. 이번 장에서는 그러한 깨달음과 의지를 실제로 어떻게 활용할 수 있을지 살펴본다. 나르시시스트 엄마에게서 자란 여성들은 엄마의 특성을 물려받았거나 내면화해서 행여나 아이들, 남편, 친구들처럼 가까운 사람들에게 해를 끼칠까 봐 두려워하는 경우가 흔하다. 엘런 골롬 박사는 『거울 속에 갇혀서』를 통해 이 불안감을 이렇게 표현했다. "부모가 나르시시스트적 성향을 지녔다면, 그대로 따라 하게 되는 압력이 강하게 작용한다."

양육과정 살펴보기

아이를 키우는 독자라면 이 주제는 무엇보다 중요하다. 나는 상담을 통해서 자신의 양육에 대해 두려움을 표현하는 여성들을 많이 만났다. 젊은 엄마들은 보통 자신이 좋은 양육자가 될 수 있다는 희망을 품지만, 세월이 흐르고 아이가 자라면서, 자녀에게서 자신이 익숙하게 겪어온 나르시시스트적 행동 패턴을 보기 시작하는 경우가 있다. 그러면 공포가 엄습한다.

✶✶ 스칼렛(50세)은 아이들 문제로 깊은 두려움을 털어놓

왔다. "저는 제 아이들만큼은 절대 엄마처럼 키우지 않겠다고 수없이 다짐했어요. 그런데도 왜 이렇게 어려운 걸까요? 이제 아이들이 10대에서 20대에 접어들고 있는데, 저는 도대체 어떻게 해야 할지 정말 모르겠어요. 아이들이 자기 행동에 책임을 지지 않고, 감정을 무디게 하려고 약물에 의존하는 모습을 보게 되었어요. 너무 무섭습니다."

여기서 잠깐 내 경험을 이야기해 보겠다(사실, 이 부분은 나와 아이들 사이에 아직 의견이 일치하지 않는 유일한 부분이다). 나는 자라면서 '부모가 되면 절대 저렇게 하지 않겠다'라고 결심한 게 매우 많았다. 그래서 성인이 된 뒤에는 아동발달과 심리학을 오랫동안 공부하면서, 세대 간에 이어지는 악순환의 고리를 끊을 방법을 찾고자 했다. 첫 아이가 태어나자 나는 진지하게 다른 방식으로 양육해야겠다고 마음먹었다. 그러나 아무리 철저히 준비했어도, 직접적인 가르침보다 내 삶의 태도와 무의식적인 행동이 아이들에게 훨씬 더 크게 전달되었다. 좋은 부모가 되려고 애쓰면서도, 속으로는 '과연 이렇게 해서 아이들이 제대로 자랄 수 있을까?'라는 의문이 늘 따라다녔다. 이런 불안은 오랜 기간 이어졌고, 집중 치료를 받으면서야 비로소 사라졌다. 물론 나는 아이들에게 "너희는 부족하다"라는 말을 한 적도 없고, 실제로 그렇게 생각해 본 적도 없다. 하지만 아이들 눈에는 내가 스스로를 소중하게 여기지 않는 모습이 고스란히 비쳤다. 결국, 나는 자기 가치를 온전히 인정하지 못하는 태도를 통해, 원치 않게 그 부정적인 메시지를 아이들에게 물려준 셈이었다. 임상 현장에서 상담하다 보면, 나와 비슷한 경험을 한 여성들을 자주 만난다.

중요한 것은 직접 전달하는 말이 아니라 우리의 행동과 태도이다. 우리는 무의식적으로라도 부정적인 신념과 태도를 자녀에게 물려줄 수 있으므로, 좋은 엄마가 되려면 우리 자신을 회복하는 것이 선행되어야 한다. 상담시간에도 이 점을 얼마나 강조하는지 모른다. 우리와 아이들의 삶 속에서 나르시시즘이라는 고통스러운 유산을 함께 지워나가기 위해서이다.

물론 나 역시 부모로서 보지 못하는 사각지대가 많을 것이다. 그러나 나 자신과 내 아이들에게 한 가지 약속한 것이 있다. 치유를 향한 모든 문을 항상 열어 두겠다는 것이다. 당신도 그렇게 하길 권한다. 서로에 대한 새로운 이해를 열어가는 일은 위대한 선물이다. 우리의 엄마 세대가 변화를 받아들일 수 없었기 때문에, 대다수 딸에게 그것은 단지 꿈으로만 남을 수밖에 없었다. 하지만 희소식은 있다. 우리는 아이들을 위해서라면 그리고 그들이 이어받을 유산을 바꾸기 위해서라면 변화가 얼마든지 가능하다는 점이다.

우선 당신의 양육방식을 점검해보라. 나르시시스트 부모 밑에서 자란 이상, 어느 정도의 나르시시즘적 영향을 피할 수 없다는 불편한 현실을 인정해야 한다. 그렇게 성장한 사람이라면 누구나 크든 작든 나르시시즘적 특징을 갖기 마런이다. 듣고 싶지 않은 말일 수 있다. 나 역시 스스로 인정하기까지 오랜 시간이 걸렸다. 하지만 고치고 싶다면 반드시 직면해야 한다.

기억하라. 나르시시즘은 스펙트럼 장애다. 심각한 경우에는 전형적인 나르시시스트 성격장애의 극단에 자리하지만, 대부분은 그 중간 어딘가에 머무른다. 또 누구든지 자신을 존중하는 과정에서 일정한 나르시시즘적 성향을 보이기도 하는데, 이는 전혀 이상한 일이 아니다.

우리가 이 문제에서 '책임'을 다하려고 노력할 때, 주위에서 기대만큼 지지나 위로를 받지 못할 수도 있다. 심지어 마음속에서 '역시 나는 충분히 괜찮은 사람이 아니야'라는 목소리가 들려올 수도 있다. 하지만 분명히 말하건대, 자신의 나르시시즘적 특징을 인정하고 그것을 고치려는 노력은 책임 있는 태도이자 자기 돌봄의 행위다. 이는 당신이 자신과 회복을 진지하게 대하고 있다는 증거다. 자신에게 줄 수 있는 가장 큰 선물은 바로 감정과 행동을 스스로 관리하고 다스리는 법을 배우는 것이다. 회복은 평생 이어지는 과정이지, 어느 한순간에 끝나는 일이 아니다. 그러니 부끄러움이나 죄책감을 느낄 필요는 없다. 이제 당신은 피해자 역할에서 벗어나, 강인하고 자립적이며 사랑을 품은 성인 자아로 서는 것이다. 그것만으로도 '충분히 괜찮은' 자신이다.

좋은 부모가 되려는 이 여정에서 당신은 결코 혼자가 아니다. 엄마가 되는 것만큼 무거운 책임감을 안겨주는 일이 또 있을까. 이 자각과 열망은 할머니, 증조할머니가 되어서도 이어진다. 올바른 양육을 하고 싶다는 갈망은 여성 영혼 깊은 곳에 자리한 본능이다. 누구나 실수를 하고, 더 잘했어야 했다는 아쉬움을 품는다. 특히 아이들에게 잘못했을 때는 더욱 그렇다. 그 실수가 사랑하는 아이들에게 상처를 남길 수 있기 때문이다. 그러나 나르시시즘적 배경이 전혀 없는 사람조차 완벽한 부모가 되는 것은 불가능하다. 세상에 완벽한 부모란 없다. 만약 오히려 누군가가 '나는 완벽한 부모였어'라고 주장한다면, 나는 『정신질환의 진단 및 통계 편람』을 꺼내어 어떤 망상 장애에 해당하는지부터 살펴보고 싶을 것이다. 내 가장 친한 친구인 케이와도 부모로서 저지른 실수에 관해 이야기한 적이 있다. 대화를 마친 뒤 케이가 웃으며 이렇게 말했다. "카릴, 네가 세계 최고의 엄마가 되려는 생각을 버리는 걸 보니 훨씬 더 좋아 보여!"

자, 이제는 나르시시즘적 영향을 벗어나 보다 건강한 방식으로 아이를 양육할 수 있는 비법에 대해서 알아보자.

공감

공감은 사랑의 초석이자 가장 중요한 덕목이다. 공감의 부재는 나르시시스트 엄마들의 전형적인 특징이기도 하다. 아이에게 공감한다는 것은 아이의 처지에서 감정을 함께 느끼고, 이를 받아들이는 일이다. 이 능력이야말로 아이들에게 크나큰 용기를 주는 일이며 연민과 섬세함이 빚어내는 예술이다. 반드시 아이의 의견에 동의할 필요는 없다. 중요한 건 아이 곁에 있다는 사실이다. 잠시 자신의 감정과 생각을 내려놓고, 아이의 정서적 욕구에 맞추어 아이가 왜 그런 마음이 드는지, 어디에서 비롯된 것인지 귀 기울이는 태도가 필요하다. 규칙을 정하거나 조언하고 충고하기보다는, 아이들의 감정을 있는 그대로 느껴야 한다.

그러려면 아이가 드러내는 감정을 알아차리고, 그 순간 그대로 인정해줘야 한다. "화난 것 같구나." "슬프지?" "마음이 많이 상했네." 아이의 나이를 막론하고 이런 방식으로 공감을 받아본 경험은 스스로 자신이 중요한 사람이라는 느낌을 들게 한다.

아이와의 관계에서 공감을 실천하기 가장 어려운 순간은 아이가 바로 당신에게 화를 낼 때다. 그럴 때 기억해야 할 점은, 공감은 아이의 주장에 동의하는 것이 아니라, 그 감정이 실제로 존재함을 인정하는 일이라는 것이다.

예를 들어보자. 다섯 살 된 손녀가 저녁을 먹기 전에 쿠키를 달라고 했다. 나는 "저녁 먹고 나서 먹자"라고 단호히 말했다. 그러자 아이는 다섯 살답게 입을 삐죽거리며 "할머니, 미워!"라고 외쳤다. 물론 나를 미워하는 게 아니라는 걸 나도 알고, 아이도 안다. 단지 지금 당장 쿠키를 못 먹어서 화가 난 것이다. 그래서 나는 이렇게 말했다. "얘야, 할머니가 진짜로 싫은 건 아니잖아. 그런데 쿠키를 못 먹게 하니까 화가 난 거지? 그 마음 이해해. 사실 할머니도 지금 당장 쿠키가 먹고 싶어. 하지만 저녁 먹기 전에 쿠키를 먹으면 밥맛

이 없잖아. 그러니까 쿠키는 밥 먹고 나서 같이 먹자. 화난 마음을 솔직히 말해줘서 오히려 고맙구나." 손녀가 진짜 원한 건 바로 자기감정이 인정받는 경험이었다. 내가 그렇게 말해주자 아이는 금세 진정되었다. 만약 그 자리에서 나까지 화를 내거나 벌을 주었다면 상황은 더 나빠졌을 것이다. 아이는 감정을 드러내면 안 된다고 생각하며 억누르려 했을 테니까.

학교에 다니는 나이가 되거나 10대에 접어들면, 아이들은 일부러 무례하게 굴 때가 많다. 이럴 때 부모는 분명하게 경계선을 세우고, 부적절한 행동에는 반드시 그에 따른 결과가 있음을 알려주어야 한다. 그러나 동시에 아이의 말 속에 숨어 있는 감정을 인정해주는 일도 필요하다. 예를 들어, 통제 불능 상태의 10대 소녀가 "엄마는 정말 최악의 엄마야!"라고 말하는 것은 단지 쇼핑몰에 못 가게 한 것에 화가 났기 때문일 수 있다. 이 경우 엄마는 그런 언행이 용납되지 않음을 분명히 하되, 아이가 화가 났다는 사실 자체는 인정해줄 수 있다. 처음 해보는 부모들은 이 방법의 효과가 놀랍도록 크다고 말한다. 아이의 분노가 금세 가라앉기 때문이다. 자신이 존중받고, 감정이 인정받았다고 느끼는 순간 아이는 훨씬 더 이성적으로 변한다. 아이에게도 목소리가 주어진 셈이다.

우리 아들이 열두 살이었을 때, 하루는 학교에서 돌아오더니 씩씩거리며 물건을 집어 던졌다. 저녁 식사 자리에서는 접시를 집어 들더니 식탁 위에 탁 내려치기까지 했다. 순간 나도 모르게 "뭐 하는 짓이야! 그만하고 방으로 들어가!"라고 소리치고 싶었지만, 꾹 참고 대신 이렇게 말했다. "얘야. 뭔가 큰일이 있었구나. 지금 많이 화가 났네. 무슨 일인지 이야기해줄래?" 그러자 아이는 금세 화를 누그러뜨리고는 누나와 있었던 일을 털어놓기 시작했다. 정확히 어떤 일이었는지는 기억나지 않지만, 분명한 건 내가 그때 방으로 가라고 소리를 질렀거나 벌을 주었다면 상황은 더 악화되었을 거란 점이다. 아이의 화가 난 '이유'보다 더 중요한 것은 바로 그 순간 아이의 감정을 '인정'해주는 일이었다. 아이는 자신의 감정을 드러내고, 그것이 존중받는 경험이 필요했다. 그 덕분에 아끼는 법랑 접시는 무사히 살아남았다. 얼마나 다행인가!

책임감

자신의 감정과 행동에 대해 책임지는 것은 정신 건강과 마음의 평화를 위해 꼭 필요한 일이다. 나르시시스트 엄마의 딸들은 대부분 '책임 떠넘기기'blame game를 보며 자랐다. 엄마는 자기 행동이나 감정에 책임을 지지 않고 늘 남에게, 특히 우리에게 투사하곤 했다.

책임감을 지닌다는 것은 이런 관점을 갖는 것이다. "무슨 일이 일어나든, 내 감정과 행동은 나의 책임이다." 다시 말해, 그 누구도 내 감정을 만들어낼 수 없고, 내가 술을 마시게 강요할 수도 없으며, 다른 사람에게 공격적으로 행동하게 만들 수도 없다. 우울하게 만들 수도, 아이에게 화를 내거나 손찌검하게 만들 수도 없다. 물론 과속운전이나 불법을 저지르게 할 수도 없다. 모든 결정은 내가 내리는 것이며, 거의 모든 상황에서 선택권은 내게 있다. 내가 피해자인지 아닌지 역시 내가 선택하는 것이다.

아이들에게도 자기 행동에 책임을 져야 한다는 사실을 가르치는 것이 중요하다. 그러려면 부모는 명확한 경계와 한계를 세우고, 아이가 그 선을 넘었을 때는 나이에 맞게 자연스럽고 합당한 결과를 경험하게 해야 한다. 이때 매를 드는 식의 가혹한 훈육이나 아이에게 수치심과 굴욕감을 주는 방식은 절대 피해야 한다. 중요한 것은 옳고 그름의 기준을 분명히 제시하고, 그에 따른 결과를 일관되게 적용하는 일이다.

만약 아이가 자기 행동에 책임지는 법을 배우지 못하면, 커서 '내가 당연히 누릴 권리다'라는 특권의식을 지니게 되는데, 이는 나르시시즘의 대표적인 특징이다.

특권의식

우리 아이들이 부모의 눈에 특별한 존재로 느껴지는 것은 중요하다. 그러나 세상 모든 사람의 눈에 특별하게 보일 필요는 없다. 아이들은 다른 사람의 욕구 역시 자기 것만큼이나 중요하다는 사실을 배워야 한다. 부모가 타인을 존중하는 모습을 보여주고, 또 각자가 세상에 기여할 수 있는 고유한 장점을 지녔음을 일깨워줄 때, 아이들은 이를 자연스럽게 깨닫는다. 그렇게 아이는 자신을 유일무이한 존재로 여기면서도, 동시에 지구라는 큰 공동체 속 수많은 사람 가운데 하나라는 사실을 받아들인다. 무리 속에서 눈에 띄지 않더라도 충분히 만족스럽고 평화롭게 살 수 있다는 점을 배우는 것이다. 따라서 부모는 아이에게 잘못된 특권의식을 심어주지 않기 위해, 아이가 세상에서 차지하는 자리와 주변 사람들과의 관계, 그리고 그에 따르는 책임을 자각하도록 인도하고, 방향을 제시하며, 돕는 데 집중해야 한다.

많은 부모가 아이들에게 학업이나 운동에서 무슨 수를 써서라도 최고가 되라고 압박하는 듯하다. 그러나 이런 '소유'와 '성취'에 대한 과도한 압력은 아이가 자기 책임을 배우는 기본 원칙을 종종 비껴가게 만든다. 아이의 능력이나 재능을 과대평가하지 말고, 현실적인 눈으로 바라보아야 한다. 아이의 실제 성취를 인정하고 그에 합당한 칭찬을 해주라. 성취의 순간에 함께 기뻐해 주는 것은 중요하지만, 부모의 기대에 미치지 못했다고 해서 아이가 '나는 충분히 괜찮지 않다'라는 생각을 품게 해서는 안 된다. 그런 압박은 아이 안에 혼란과 원망을 낳고, 잘못된 특권의식을 심어줄 수 있다.

가치

아이에게 가치를 가르치는 일은 성장과 발달에 있어 매우 중요하다. 그러나 그보다 먼저 부모 스스로 무엇을 믿고, 무엇을 믿지 않는지 분명히 알아야 한다. 수백 명의 내담자와 상담하면서 내가 늘 놀라는 점은, 세계관이나 가치관에 관해 물었을 때 선뜻 답하지 못하는 이들이 많다는 사실이다. 하지만 회복 과정을 거친 당신이라면 이제 자신이 믿는 바와 지닌 가치가 무엇인지 알게 되었을 것이다. 나는 당신이 정직, 진실, 배려, 공감, 연민, 용서, 건강한 자존감, 자기 돌봄, 옳고 그름을 구분하는 감각을 가르치는 것이 얼마나 중요한지 깨닫길 바란다. 요즘은 아이가 다른 사람을 어떻게 대하는지보다 사람들이 자기 아이를 어떻게 보는지에 더 관심을 두는 부모가 많다.

가치를 가르치는 가장 좋은 방법은 바로 그것을 몸소 실천하는 것이다. 아이에게 정직하고, 배려하며, 연민과 성실로 타인을 대하는 모습을 보여주라. 자기 존중과 자기 돌봄의 중요성을 강조하려면 스스로 잘 돌보는 모습을 보여주는 것이 가장 확실하다. 이웃이나 TV, 영화, 학교, 뉴스에서 일어나는 일을 예로 들어 아이와 함께 가치에 관해 이야기하라. 아이가 참여하는 모든 활동은 가치를 배우고, 옳고 그름을 구분하도록 돕는 배움의 장이 될 수 있다. 다만 지나치게 비판적이거나 가혹한 태도는 피하라. 다정하면서도 분명하게, 그리고 성실하게 상황을 다루는 법을 보여주는 것으로 충분하다.

또한, 아이들이 다른 사람에게 도움을 주거나 무언가를 나누는 경험을 하도록 하라. 처음에는 단순히 주변 사람을 돕는 데 불과하겠지만, 점차 지역사회 공동체에 기여하는 활동으로 발전할 수 있다. 이런 '기여'의 경험은 타인 역시 소중한 존재임을 배우게 한다.

아이의 성취보다
존재 자체를 소중히 여기기

아이를 사랑한다는 건 아이가 무엇을 이루었는지가 아니라, 존재 그 자체를 존중하는 일이다. 나르시시스트 엄마의 딸로 자란 이들은 '무엇을 했는가'가 '어떤 사람인가'보다 더 중요하다는 가르침을 받으며, 부모가 진짜 자신을 알지 못한다고 느끼며 성장한 경우가 많다.

아이들이 어떤 사람인지 알아주라. 무엇을 좋아하고 싫어하는지, 부모와는 별개로 어떤 일에 관심을 두는지 살펴보라. 아이의 선한 마음, 친절함, 유머 감각, 지능을 존중하라. "우리 아들은 축구 선수야" "우리 딸은 발레리나야"와 같이 아이를 성취로 정의하지 말라. 자존감이 성취에만 매여 있으면, 아이는 또다시 스스로 '무언가를 잘해야만 괜찮은 사람'이라고 여기는 성취 의존적 나르시시스트로 자라날 수 있다. 물론 목표를 이루었을 때는 마땅히 인정하고, 자랑스럽게 여겨도 좋다. 하지만 동시에 CEO가 되지 않거나 스타 농구선수가 되지 않아도 똑같이 사랑받는 존재임을 아이가 알게 하라.

내가 이 책을 집필하던 중 오랜 친구에게서 연락이 왔다. 그녀의 아들은 대학에서 야구 장학금을 받게 되었는데, 친구는 아들의 성취보다도 '너그러운 마음씨'에 대해 더 길게 이야기했다. 그녀는 아들의 성취를 자랑스러워했지만, 동시에 존재 자체를 진심으로 사랑하고 있었다. 참으로 균형 잡힌 태도가 아닐 수 없다.

나다운 삶

아이가 '진짜 자기 자신'으로 살아가도록 격려하라. 자기감정과 생각을 솔직하게 표현하는 것이야말로 중심을 단단히 세운 사람으로 성장하는 핵심이다. 우리 같은 여성들은 '가짜 모습'으로 사는 법을 배워야 했다. 그러나 그런 이미지 중심의 삶을 아이에게까지 물려주어서는 안 된다. 아이가 타인의 경계와 감정을 존중하면서도, 당당하고 진실하게 자신을 드러낼 수 있도록 이끌어주라. 세상 모두가 당신과 당신의 아이를 좋아할 필요는 없다.

나다운 삶을 허락한다는 건, 아이의 감정을 있는 그대로 받아들이고 표현하도록 격려하는 것이다. 설령 당신이 동의하지 않거나 듣기에 불편하더라도 말이다. "좋아 보이기 위해 거짓말하라"거나 "네가 실제로 느끼는 건 무시하라"는 식으로 가르쳐서는 안 된다. 가족 안의 불편한 진실, 즉 '거실 속 코끼리'를 방치해서도 안 된다. 건강하지 못한 가족의 비밀을 아이에게 지키라고 요구하지 마라. 아이는 스스로나 남에게 거짓을 말해가며 겉모습을 유지할 필요가 없다는 것을 배워야 한다. 우리는 그게 얼마나 정신을 병들게 하는 일인지 뼈저리게 경험해왔지 않은가.

얼마 전 나는 한 엄마가 울고 있는 아이에게 이렇게 말하는 걸 보았다. "울면 안 돼. 우는 아이는 아무도 안 좋아해." 순간 아이의 표정은 금세 굳어버렸고, 그 말이 이미 익숙한 메시지라는 걸 알 수 있었다. 아마 그 엄마 역시 그런 말을 들으며 자랐을 것이다. 문제는 이런 태도가 아이에게 자기감정을 부정하게 만들고, 진짜 자기를 희생해 부모가 원하는 '이미지'에 맞춰 살도록 강요한다는 데 있다. 아이와 대화할 때 이런 실수를 경계하라. 아이에게 가면을 쓰도록 강요한다면, 결국 '있는 그대로의 나는 받아들여지지 않는다'라는 잘못된 믿음을 심어주게 된다.

부모의 위계

아이는 당신의 친구가 아니다. 부모와 자녀 사이에는 분명한 경계가 필요하다. 아이들은 서로 동등한 위치에 있어야 하며, 어른의 문제나 정보를 지나치게 공유해 아이들에게 떠넘겨서는 안 된다. 4장에서 다룬 건강한 가족 위계를 떠올려보라. 부모의 욕구를 채워주는 것은 아이의 일이 아니다. 부모인 당신이 아이의 욕구를 채워주어야 한다는 것을 잊지 마라.

가정 안에서는 각자의 공간과 경계를 존중해야 한다. 서로의 물건과 개인 공간을 존중하도록 가르쳐라. 또 아이가 다른 사람들에게 휘둘리지 않고 분명하게 거절 의사를 표현하는 법을 익힐 수 있도록 도와주라. 그래야 아이는 자신만의 독립적인 자아를 형성할 수 있다.

아이를 키운다는 일은 인생에서 가장 어렵지만 동시에 가장 값진 과업이다. 완벽한 부모는 세상에 없다. 그러나 위에서 말한 원칙들을 조금이라도 의식하고 있다면, 이미 당신은 부모에게서 받지 못했던 더 건강한 자각을 아이에게 물려주고 있는 것이다. 그것만으로도 커다란 선물이다.

인간관계

무의식적으로 습득한 나르시시즘적 특징은 성인이 된 뒤의 인간관계에도 영향을 미친다. 그러니 무엇보다 먼저 이 특징들을 인식하고 통제하려는 노력이 필요하다. 물론 쉽지 않은 과정이지만, 그렇다고 해서 당신이 좋은 사람이 아니라는 뜻은 아니다. '나는 충분히 괜찮지 않다'라는 의미도 아니다. 그저 당신이 고통스럽고 다루기 어려운 어린 시절을 가진 한 인간이라는 의미일 뿐이다. 하지만 성인이 된 지금, 중요한 것은 자신의 삶에 온전히 책임을 지고 거울 앞에서 정직하게 자신을 마주하는 일이다. 과거의 고통과 슬픔을 넘어서고, 그 경험들을 품은 채 내적으로 더 성숙해지고, 복잡다단

한 자기 모습을 하나로 통합해 나갈 수 있다.

내면의 보호자

이성 관계는 우리 안의 가장 깊은 결핍을 건드린다. 그래서 그 안에서 당신이 얼마나 성장했는지, 아니면 여전히 멈춰 있는지가 쉽게 드러난다. 우리는 사랑을 통해 과거의 트라우마를 극복하려 하지만, 흔히 연인에게서 어린 시절에 받지 못한 사랑을 채우려 한다. 그러나 이런 시도는 올바른 길이 아니며, 충분히 회복되기 전까지는 같은 패턴을 반복할 수밖에 없다. 그래서 나르시시스트 엄마의 딸들은 수차례 연애에 실패하기 마련이다.

이제는 당신 안에 있는 내면의 보호자에게 의지하라. 내면의 보호자가 주는 자존감을 통해 상처 입은 내면 아이를 다시 돌보고 새롭게 키워내야 한다. 과거의 트라우마를 씻어내야 긍정적인 새로운 메시지가 마음속에 자리 잡고, 그래야 내면의 보호자를 신뢰할 수 있다. 그럴 때 비로소 관계 선택의 기준이 달라져, 의존적이거나 공의존적인 대상이 아닌 건강하고 성숙한 연인을 만날 수 있다. 만약 내면의 보호자와의 작업이 아직 필요하다면, 12장을 다시 참고하라.

진정한 사랑 찾기

이제는 연인을 고를 때 따지던 오래된 기준들을 버려야 할 때다. "잘생겼나?" "경제적으로 여유 있나?" "직업이 번듯한가?" "차는 좋은 걸 타나?" "춤은 잘 추나?" 같은 겉모습의 조건 대신, 이제는 새로운 질문을 던져야 한다. "그의 내면은 아름다운가?" "자기감정과 행동을 스스로 잘 다스릴 수 있는가?" "진실한 감정을 느끼고, 공감을 표현할 수 있는가?" "자신과 나를 진심으로 사랑할 수 있는가?" "자기 영혼과 나의 영혼이 함께 어울려 춤출 수 있는가?" 지금까지 회복의 길을 잘 걸어왔으니, 이제는 다음과 같이 의미 있는 요소를 통해서 삶의 동반자를 찾도록 하라. 당신이 이미 결혼했거나 사귀는 사람이 있다면, 지금 현재 상대가 이런 점을 충분히 보이는지 곰곰이 생각해 보라.

- 함께 있을 때 따뜻하며 배려하는 모습을 보이는가? 진실성 있게 행동하는가?
- 평생 당신과 함께 배우고 성장하려는 의지와 능력이 있는가?
- 진정한 공감을 할 줄 알고, 고통이나 문제를 함께 풀어나가려는 태도가 있는가?
- 당신과는 별개로 자기만의 삶, 관심사, 취미, 열정을 가지고 있는가?
- 가치관과 인생관이 대체로 비슷한가?
- 공통의 관심사가 있어 함께 즐겁게 여가 시간을 보낼 수 있는가?

- 유머 감각이 있고, 그것을 상처 주지 않고 따뜻하게 사용하는가?
- 당신의 가장 친한 친구이자 영혼의 반려자가 되고 싶어 하며, 실제로 그렇게 행동하는가?
- 자신의 감정을 솔직히 표현하고, 당신의 감정에도 귀 기울이며 자기 내면과 연결되어 있는가?
- 삶의 모호함과 회색지대를 인정하고, 당신과 자신, 타인의 약점이나 실패를 너그러이 받아들일 수 있는가?
- 물질적인 삶뿐 아니라 영혼의 삶에도 풍요로움을 더해주어, 함께 있을 때 세상이 더 빛나게 느껴지게 하는가?
- 당신 안의 가장 좋은 면을 끌어내는 사람인가?

이성 관계에서 회복을 위한 실천 과제

이제는 이전과는 다른 방식의 사랑을 선택하거나, 현재의 관계를 더욱 건강하게 가꾸고자 한다면, 회복 과정에서 무엇을 유념해야 할까? 설령 '진실한 사랑의 조건'에 맞는 짝을 만난다 해도, 회복의 길을 꾸준히 걸어가지 않는다면 그 관계는 결국 만족스럽지 않고 불행한 관계가 될 것이다. 다음은 이성 관계에서 반드시 붙들어야 할 중요한 실천 과제들이다.

- 사랑은 서로 주고받는 것임을 기억하라. 감사하는 마음으로 주고받아라.

- 상대가 당신에게 무엇을 해줄 수 있는지가 아니라, 그 사람 존재 자체를 사랑하라.
- 엄마와의 미해결 과제가 자극될 때는 치유 단계로 돌아가라. 그것이 전적으로 당신의 몫임을 인정하라. 그가 함께하려 한다면 더할 나위 없는 '왕자님' 같은 사람이겠지만, 기본적으로는 당신이 감당해야 할 과제다.
- 어린 시절 상처 때문에 남을 신뢰하기가 쉽지 않으며, 이는 평생 다뤄야 할 회복 과제라는 점을 처음부터 그에게 알려라. 그 문제를 상대에게 투사하지 않고 스스로 풀어나가도록 노력하라.
- 의존적이거나 공의존적인 행동을 하지 않도록 자기 안의 의존 욕구와 싸워라. 건강한 관계는 서로에게 의지하면서도 각자의 독립성을 존중할 때 유지된다.
- 서로의 개인적 영역에 경계를 두고 존중하라. 필요할 때는 각자 사적인 시간을 허락하고, 어려움이 생기면 곧바로 대화하라.
- 언제나 진실하게, 있는 그대로의 자신으로 관계에 임하라.
- 신체적·정서적·영적·지적 차원에서 자신을 돌보라. 상대도 그렇게 하길 기대할 수는 있지만, 당신이 통제하거나 강요할 수는 없다.
- 다른 무엇보다도, 자신의 감정과 행동에 책임을 져라.
- 그가 경솔하게 "너, 꼭 네 엄마처럼 굴고 있어"라고 말한다면, 그런 표현은 상처가 된다는 점을 차분히 알리고, 다시는 그런 말을 하지 말아 달라고 단호하게 말하라.

친구 관계

나르시시스트 엄마 밑에서 자란 여성들은 친구를 사귀고 관계를 유지하는 일조차 쉽지 않을 때가 많다. 하지만 앞에서 살펴본 상호성, 의존성, 공의존성, 경계 설정 같은 인간관계의 핵심요소가 친구 관계에서도 그대로 적용된다.

건강한 우정에서 무엇보다 중요한 것은 상호성이다. 이성 관계와 마찬가지다. 주고받는 일이 늘 동시에 이루어질 필요는 없지만, 전체적으로는 균형이 맞아야 한다. 만약 한 친구는 계속해서 주는 역할만 하고 다른 친구는 항상 받기만 한다면, 그 관계는 결국 의존적이거나 공의존적인 관계로 흐른다. 만일 당신이 삶에서 큰 위기를 맞았거나 중요한 프로젝트로 인해 당분간 상호적인 관계를 맺기 어렵다면, 친구들에게 이를 솔직히 알려라. 힘든 상황에서 억지로 베풀다가는 자신도 소진되고, 친구 관계마저 지칠 수 있다. 대신 위기가 지나면 다시 서로 주고받을 수 있다는 점을 친구들에게 이야기해라. 과잉성취형 여성일수록 이런 행동을 특히 어려워한다. 늘 바쁘게 지내는 데 익숙하다 보니 '항상 뭔가를 주어야 한다'는 압박을 느끼고, 주지 못하는 자신에게 죄책감을 안게 되는 것이다. 그러다 결국 죄책감을 견디지 못해 소중한 우정을 포기하기도 한다. 하지만 좋은 친구 관계에서는 결코 그럴 필요가 없다.

또한, 친구의 말이나 행동이 당신을 아프게 했다면, 분명하게 경계를 세워야 한다. 진실한 우정을 유지하려면 이렇게 말할 수 있어야 한다. "그 말은 나에게 상처가 돼." "지금은 이 이야기를 하지 않는 게 더 편할 것 같아." 만약 친구가 놀라거나 당황한다면, 그 이유를 차분히 설명하고 대화를 이어가라. 경계를 분명히 하고 이를 공유하는 일은 우리가 아끼는 사람과 진정성 있는 관계를 맺는 과정의 일부다.

많은 나르시시스트 엄마의 딸들이 특히 여성 친구 관계에서 어려움을 겪는다. 가장 흔한 이유는 여성 친구들이 지나치게 정서적 요구를 하거나, 우정에 대해 비현실적인 기대를 하기 때문이다. 나는 이런 반응이 나르시시스트 엄마와의 경험에서 비롯되었다고 본다. 엄마가 늘 자기중심적이고 과도한 요구와 기대를 쏟아냈기 때문에, 비슷하게 행동하는 여성 친구를 만나면 본능적으로 물러서고 싶은 충동이 생기는 것이다. 이 경우에는 내가 내 욕구와 경계를 충분히 표현하지 못한 건 아닌지, 아니면 정말 엄마와 닮은 친구를 반복해서 선택해 온 것은 아닌지 상황을 제대로 살펴야 한다. 만약 후자라면, 정서적으로 건강하고 관심사가 비슷한 여성들과 새로운 우정을 맺길 시도하라.

당신의 에너지를 빼앗지 않고 삶을 풍요롭게 해주는 친구를 찾아라. 당신의 힘과 열정을 기뻐해 주고, 당신도 그들을 진심으로 축하할 수 있는 친구를 찾아라. 반대로 경쟁적이고 질투심 많은 친구라면, 그것이 그저 어린 시절의 기억을 건드린 것은 아닌지 먼저 점검하라. 그러나 정말로 경쟁과 질투심에 사로잡힌 친구라면 가능한 피하는 게 낫다. 서로의 성취를 함께 기뻐하고 축복할 수 있는 친구는 그야말로 하늘이 내린 선물이다. 그런 친구를 찾는 데 시간과 노력을 들일 가치는 충분하다. 건강한 사람들과 관계를 맺는 것은 선택이 아니라 필수다.

거울

이 책을 읽으면서 아마 당신 자신을 돌아보며 평가하는 순간들이 있었을 것이다. 그 과정에서 고쳐야 할 나르시시즘적 특징을 발견했을지도 모른다. 온전한 회복은 그것들을 정직하게 마주하는 데서 시작된다. 그렇다고 해서 스스로를 나쁘다고 여기거나 '나는 충분히 괜찮지 않다'라고 느낄 필요는 없다. 다만 필요한 것은 책임감 있게 인정하는 태도다. 다음은 『정신질환의 진단 및 통계 편람』에 실린 나르시시즘의 아홉 가지 특징이다. 당신이 어머니를 떠올리며 살펴보았던 바로 그 항목들이다. 이제 이번에는 그 목록을 스스로에게 적용해보자.

내게 나르시시스트 특징이 있는가?

1. 나의 성취를 과장하거나 실제로 하지도 않은 일을 했다고 말한 적이 있는가? 다른 사람보다 더 중요한 사람처럼 행동하지는 않는가?

2. 사랑·외모·성공·지능에 대해 비현실적인 기대를 하고 있지 않은가? 이를 통해 힘을 얻으려 하지는 않는가?

3. 나는 아주 특별하기에 최고의 기관이나 가장 뛰어난 전문가만이 나를 이해할 수 있다고 믿지 않는가?
4. 과도할 정도로 끊임없이 칭찬과 존경을 받고 싶어 하지 않는가?
5. 특별 대우를 받아야 한다는 권리의식, 다른 사람보다 더 높은 지위를 누려야 한다는 생각을 품고 있지 않은가?
6. 내가 원하는 것이나 필요한 것을 얻기 위해 타인을 이용하지는 않는가?
7. 공감 능력이 부족해 타인의 감정이나 욕구를 보지 못하는 건 아닌가? 다른 사람의 입장이 되어볼 수 있는가? 공감을 표현할 수 있는가?
8. 다른 사람에게 질투나 경쟁심을 느끼지는 않는가? 혹은 근거 없이 사람들이 나를 질투한다고 생각하지는 않는가?
9. 친구, 동료, 가족 앞에서 거만하게 굴거나 자신이 더 우월한 사람인 것처럼 행동하지는 않는가?

그리고 내가 하나를 더 붙인다면
10. 진실한 사랑을 할 수 있는가?

나르시시스트 엄마를 둔 딸 중에 이 항목들 모두에 해당하는 사람은 거의 없다. 그러나 몇몇 항목에서 자신을 발견할 수도 있을 것이다. 이 목록을 자신의 성장을 점검하는 잣대로 삼아라. 건강한 자아를 갖고 훌륭한 엄마가 되기 위해서 가장 중요한 자질은 사랑하고 공감하는 능력이다. 사실 딸들 대부분은 이미 타고난 모성 본능을 지니고 있다. 다만 그것을 다듬고 갈고닦을 필요가 있을 뿐이다.

당신은 이미 회복의 길 위에 서 있다. 과거를, 그리고 자신을 진지하게 마주했고, 그 과정에서 절실함을 잃지 않았다. 오래된 상처가 서서히 사라지고, 동시에 과거로부터의 새로운 자유, 그리고 '나다움'을 향한 자유를 맛보기 시작했다. 당신은 느낄 수 없는 감정은 치유할 수도 없다는 사실을 깨닫고, 새로운 사고방식과 삶의 방식을 받아들이고 두려움 없이 첫걸음을 내디뎠다. 이제 당신은 자신의 감정과 욕구를 솔직하고 분명하게 표현할 수 있다. 비현실적인 기대에서 벗어나, 오롯이 자신의 가치와 열정을 따라 살아갈 수 있다. 드디어 진정한 내면의 소리를 따를 수 있게 되었다. 앞으로도 회복의 여정과 새로운 발견의 기쁨으로 자신만의 길을 개척해 나갈 당신 곁에 언제나 내가 있을 것이다.

나는 왜 늘
인정받으려고 애쓸까
나르시시스트 엄마로부터
벗어나 나답게 서는 법

캐릴 맥브라이드 지음
이현정 옮김

2025년 12월 19일
초판 1쇄 발행

펴낸이	한철희
펴낸곳	돌베개
등록	1979년 8월 25일 제406-2003-000018호
주소	(10881) 경기도 파주시 회동길 77-20 (문발동)
전화	(031) 955-5020
팩스	(031) 955-5050
홈페이지	www.dolbegae.co.kr
전자우편	book@dolbegae.co.kr
블로그	blog.naver.com/imdol79
페이스북	/dolbegae
인스타그램	@Dolbegae79
편집	한광재
표지디자인	김민해
본문디자인	이은정·이연경
마케팅	고운성·김영수·정지연
제작·관리	윤국중·이수민·한누리
인쇄·제본	영신사

ISBN 979-11-94442-80-6 (03180)

· 책값은 뒤표지에 있습니다.